古典文獻研究輯刊

三四編

潘美月・杜潔祥 主編

第49冊

法藏敦煌遺書 P.2325 號《法句經疏》校釋研究

張 遠 著

國家圖書館出版品預行編目資料

法藏敦煌遺書 P.2325 號《法句經疏》校釋研究／張遠 著 --

初版 -- 新北市：花木蘭文化事業有限公司，2022〔民111〕

目 2+270 面；19×26 公分

（古典文獻研究輯刊 三四編；第 49 冊）

ISBN 978-986-518-904-4（精裝）

1.CST：法句經疏 2.CST：注釋 3.CST：研究考訂

011.08   110022691

古典文獻研究輯刊

三四編 第四九冊   ISBN：978-986-518-904-4

法藏敦煌遺書 P.2325 號《法句經疏》校釋研究

作　者　張遠

主　編　潘美月、杜潔祥

總 編 輯　杜潔祥

副總編輯　楊嘉樂

編輯主任　許郁翎

編　輯　張雅淋、潘玟靜、劉子瑄　美術編輯　陳逸婷

出　版　花木蘭文化事業有限公司

發 行 人　高小娟

聯絡地址　235 新北市中和區中安街七二號十三樓

　　　　　電話：02-2923-1455／傳真：02-2923-1452

網　址　http://www.huamulan.tw 信箱 service@huamulans.com

印　刷　普羅文化出版廣告事業

初　版　2022 年 3 月

定　價　三四編 51 冊（精裝）台幣 130,000 元

法藏敦煌遺書 P.2325 號《法句經疏》校釋研究

張遠 著

作者簡介

張遠，出生北京，祖籍湖北，2013 年至今在中國社會科學院外國文學研究所、梵文研究中心工作。北京大學英語系學士（2006），中國社會科學院外文系碩士（2009），北京大學南亞系博士（2013），哈佛大學南亞系聯合培養博士生、訪問學人（2011～2012，2015）。師從中國社會科學院黃寶生研究員、北京大學王邦維教授、哈佛大學 Michael Witzel 教授，研究興趣為印度古典文學、梵語戲劇、中印交流史。出版專著《戒日王研究》（入選「中國社會科學院青年學者文庫」；社會科學文獻出版社，2018 年 4 月）。主持國家社科基金青年項目課題《梵語戲劇家跋娑作品研究》，承擔國家社科基金特別委託項目「梵文研究及人才隊伍建設」子課題《戒日王戲劇翻譯與研究》。在國內外發表中英文學術論文、譯文等數十篇。

提　　要

　　本書為法國國家圖書館藏敦煌遺書 P.2325 號《法句經疏》的校釋和研究。全書依照 P.2325 號《法句經疏》原圖，並勘英藏敦煌遺書 S.6220 號《法句經疏》（殘卷）原圖，提供對於《法句經疏》全本之精校錄文、必要注釋和系統研究。敦煌遺書本《法句經》現於初唐，全文五千餘字，以寶明菩薩問名號由來起始，分兩會說法，以佛陀為寶明菩薩授記收場，並說聞經因緣，應奉經、護經如眼，頗具文學性和可讀性，深受時人喜愛與重視。如陳寅恪先生在《金明館叢稿二編》之《敦煌本心王投陀經及法句經跋尾》中所言，「倫敦博物館藏敦煌寫本……斯坦因第貳仟貳壹號《佛說法句經》一卷。又，巴黎國民圖書館藏敦煌寫本伯希和第貳叄貳伍號《法句經疏》一卷，今俱刊入大正續藏疑似部中。……經文雖偽撰，而李唐初葉即已流行民間矣。」其傳播之廣、影響之深在特定時期甚至超過了藏內《法句經》。P.2325 號《法句經疏》篇幅約為敦煌《法句經》的三倍，是現存唯一的對於敦煌《法句經》的完整注疏。疏文採用先總論，再分釋的形式，細至句詞，條分縷析，是研究敦煌《法句經》及其流傳的不可多得的重要史料，對於考察唐代佛教的發展狀況，敦煌文獻的書寫儀式，大乘空觀和般若思想的演變，攝論宗等中國部派佛教的沿革，禪宗思想的形成與發展，佛教與中國文人的關聯，以及「偽經」或編譯經在佛教典籍漢化與流傳過程中的地位和作用，乃至敦煌寫卷特別是敦煌草書寫卷的書寫特色等方面，都具有無可替代的學術價值。本書校釋部分按總紙數依次標注頁號，按總行數依次標注行號，對寫卷原圖分行釋文、逐字校勘，盡可能使用寫卷中出現的原字，以最大限度保持寫卷原貌，凡遇錯、漏、衍等均予更正、出校，並補入必要注釋以饗讀者。本書研究部分涵蓋寫卷概覽、書寫特色、異體字、通假字、形近字、錄文勘誤、結構框架、疏文釋義、藏內引文、書寫儀式、學術價值等內容。此等對法藏敦煌遺書 P.2325 號《法句經疏》之校釋與研究，無論在國內還是國外都尚屬首次。

目

次

縮略語表

CBETA＝中華電子佛典協會資料庫。

《大正藏》＝《大正新脩大藏經》（大藏出版株式會社）；在本書校釋部分之注釋中代指《大正藏》內《法句經疏》（T2902）錄文。

《敦煌寶藏》＝黃永武主編，《敦煌寶藏》，新文豐出版公司，1981～1986年，中國臺北。

敦煌《法句經》＝敦煌遺書中不同於藏內《法句經》的二十餘件中土之人借托佛言編撰之《法句經》或《佛說法句經》的通稱。

《敦煌秘笈》＝武田科学振興財团杏雨書屋編，《敦煌秘笈》，武田科学振興財团，2012年，日本大阪。

《敦煌學大辭典》＝季羨林主編，《敦煌學大辭典》，上海辭書出版社，1998年12月，上海。

《法句經疏》＝法藏敦煌遺書 P.2325 號《法句經疏》，敦煌《法句經》現存唯一的完整注疏。

《佛教大辭典》＝任繼愈主編，《佛教大辭典》，江蘇古籍出版社，2002年12月，南京。

P.2192 號《法句經疏》（擬）（殘卷）＝法藏敦煌遺書 P.2192 號《法句經疏》（擬）（殘卷）。

S.6220 號《法句經疏》（殘卷）＝英藏敦煌遺書 S.6220 號《法句經疏》（殘卷）。

《索引新編》＝敦煌研究院編，《敦煌遺書總目索引新編》，中華書局，2000年7月，北京。

　　《卍新續藏》＝《卍新纂續藏經》（株式會社國書刊行會）。

　　藏內《法句經》＝藏內《法句經》的通稱，包括巴利語《法句經》，梵語、混合梵語、犍陀羅語、吐火羅語《法句經》，漢譯、藏譯《法句經》等。

敦煌《法句經》與《法句經疏》
（代前言）

（一）藏內《法句經》與敦煌《法句經》

《法句經》，本意為由「法句」連綴而成的經典。我們通常所說的藏內《法句經》，也就是匯集《阿含》等經中佛陀自說偈的格言詩集，蘊含佛教義理、人生感悟，生動曉暢、經久不衰。正如水野弘元在《佛典成立史》中所說，《法句經》是大小乘佛經中最受西方人喜愛的經典，其在佛教中的地位，甚至與《聖經》在基督教中的地位相當。〔註1〕藏內《法句經》與十二分教中的「譬喻經」（avadāna）和「自說經」（udāna，又譯「優陀那」）文體均有重合，所屬派別不同，偈頌數目各異，品數亦有差別。現存的相關版本，包括漢譯《法句經》（T0210，法救撰，三國維祇難等譯）、《法句譬喻經》（T0211，晉法炬共法立譯）、《出曜經》（T0212，法救撰，晉竺佛念譯）、《法集要頌經》（T0213，法救集，宋天息災譯）、《四十二章經》（T0784，東漢迦葉摩騰共法蘭譯），巴利語《法句經》（*Dhammapada*）〔註2〕，梵語《法集要

〔註1〕水野弘元著，劉欣如譯，《佛典成立史》，東大圖書公司，2009年1月，中國臺北，第41，63～64頁。

〔註2〕巴利語三藏寫定於公元前1世紀。巴利語《法句經》屬巴利語《小部》（Khuddakanikāya）第二部經，是早期佛教的格言詩集。巴利聖典學會的版本(Hinüber, Oscar von, & K. R. Norman. *Dhammapada*. Oxford: Pali Text Soceity, 1995)共423頌，分26品。黃寶生先生在《巴漢對勘〈法句經〉》中指出，維祇難等漢譯《法句經》第9至35品在品名和次序上都可與巴利語《法句經》一一對應。黃寶生，《巴漢對勘〈法句經〉》，中西書局，2015年5月，上

頌經》（*Udānavarga*，又譯《自說品》）及其藏譯，混合梵語《法句經》（巴特那《法句經》）和《大事譬喻》（*Mahāvastu-avadāna*），吐火羅語《自說莊嚴經》（*Udānālaṅkāra*），犍陀羅語《法句經》（于闐《法句經》和不列顛《法句經》〔註3〕），等。〔註4〕近代以來，又譯成英、日、德、法、俄、意等文本在世界範圍內廣泛流傳。〔註5〕例如魏查理（Charles Willemen）在《漢譯〈法集要頌經〉（*Udānavarga*）（大正藏 213 號）的英譯》中分析《法句經》、《法句譬喻經》、《出曜經》和《法集要頌經》所屬的不同部派佛教體系，指出《法集要頌經》的梵語原本與 9 世紀上半期流傳的藏譯本非常接近，進而提供了該經的完整英譯。〔註6〕

敦煌遺書中保存的二十餘件名為《法句經》或《佛說法句經》的佛經，實為中土之人借托佛言編撰而成，既非格言詩集（「法句」），亦非佛陀所言（「經」），與佛教藏經內《法句經》或「法句體」著作並無關聯，亦未收入歷代藏經，僅見於疑偽經錄，所幸於敦煌遺書中得以留存。敦煌遺書出土後，收入日本《大正藏》第 85 卷。為與藏內同名《法句經》相區別，本書將這部編撰色彩濃厚的經典稱為「敦煌《法句經》」。

（二）敦煌《法句經》（《寶明菩薩》）得名由來

P.2325 號《法句經疏》第 464 至 466 行稱：「《花首經》言：『眾緣所生法，

海，導言，第 1，8 頁。參見張遠《梵語、巴利語、犍陀羅語佛典研究現狀及前景展望》，《佛學研究》2015 年第 1 期（總第 24 期），第 216～218 頁。

〔註3〕提摩西·倫茨（Timothy Lenz）在《新發現的犍陀羅語〈法句經〉和佛陀前生故事——不列顛圖書館佉盧文殘片第 16 和 25 號》中指出，不列顛《法句經》（殘卷）共 15 行，包括 13 頌，是繼于闐《法句經》之後發現的唯一犍陀羅語《法句經》寫本，與于闐《法句經》中的《比丘品》相對應。二者屬於同一犍陀羅語源頭的兩個副本。Lenz, Timothy. *A New Version of the Gāndhārī Dharmapada and a Collection of Previous-Birth Stories: British Library Kharoṣṭhī Fragments 16 +25, Gandhāran Buddhist Texts Vol. 3*. Seattle: University of Washington Press, 2003, pp.13~15, 18~19. 不列顛《法句經》（殘卷）正文，見第 51～78 頁。參見張遠《梵語、巴利語、犍陀羅語佛典研究現狀及前景展望》，第 221～222 頁。

〔註4〕《法句經》譯本及「法句體」著作的不同版本，參見黃寶生著，《巴漢對勘〈法句經〉》，導言，第 2～7 頁。

〔註5〕水野弘元著，劉欣如譯，《佛典成立史》，第 41 頁。

〔註6〕Willemen, Charles. A Collection of Important Odes of the Law: The Chinese *Udānavarga Fa ji yao song jing* 法集要頌經（Taisho 213）. Berkeley, CA: Institute of Buddhist Studies and BDK America, 2013, pp.3～18. 參見張遠《梵語、巴利語、犍陀羅語佛典研究現狀及前景展望》，第 216 頁。

我說即是空，亦為是假名，亦是中道義。未曾有一法，不從眾緣生，是故一切法，無不是空者。」〔註7〕這段話事實上引自《中論》卷四《觀四諦品第二四》：「眾因緣生法，我說即是無，亦為是假名，亦是中道義。未曾有一法，不從因緣生，是故一切法，無不是空者。」〔註8〕據《釋淨土群疑論探要記》卷十四：「先列經論，即有十二經一論名等者等，取《寶積經》、《大悲經》、《大般若經》、《大集念佛三昧經》、《大乘起信論》等。是等經論，泛明念佛如花首等者，明所列諸經，立於異名《花首經》。」〔註9〕《花首經》（或《華首經》）並未獨立見於藏經，實為一些主要大乘經論的異名或代稱，取「眾花之首」之意。

敦煌《法句經》經名之由來，與《花首經》亦有幾分相似，對於佛所言說的經典通稱「法句」，取「宣法成句」之意。如 P.2325 號《法句經疏》第 20 至 21 行稱：「今此《經》者，文雖簡略，義包群典，眾經之總要，至極之深法」。又在第 31 至 32 行稱：「法者，有其四種，謂理、教、行、果。今言法句，則通收四門」。敦煌《法句經》之編撰者取名「《法句經》」，旨在宣稱這部著作的核心地位。

又，《大唐內典錄·歷代所出疑偽經錄》及《開元釋教錄·偽妄亂真錄》中均稱有一部偽《法句經》，共兩卷，其中下卷題名《寶明菩薩》。所指當為敦煌《法句經》。

《大唐內典錄》卷十《歷代所出疑偽經錄》：「《法句經》兩卷（下卷《寶明菩薩》）。」〔註10〕

《開元釋教錄》卷十八《偽妄亂真錄》：「《法句經》二卷（下卷《寶明菩薩》。時聞多有一卷流行，與集傳中《法句經》名同文異。此是人造。）」〔註11〕

敦煌《法句經》中，貫穿始末的人物正是寶明菩薩。英藏 S.4666 號將

〔註7〕 法藏 P.2325 號《法句經疏》原文均引自《國際敦煌項目》數據庫（http://idp.bl.uk）P.2325 號影印件。
〔註8〕《中論》（T1564），《大正藏》第 30 卷，第 33 頁第 2 欄第 11 至 14 行。
〔註9〕《釋淨土群疑論探要記》（D8914）卷 14，《國家圖書館善本佛典》第 44 冊，第 8914 號，第 676 頁第 1 欄第 5 至 8 行。
〔註10〕《大唐內典錄》（T2149）卷 10，《大正藏》第 55 卷，第 335 頁第 3 欄第 23 行。
〔註11〕《開元釋教錄》（T2154）卷 18，《大正藏》第 55 卷，第 677 頁第 1 欄第 6 行。

第一品題「諸菩薩融心覺序品第一」稱作「寶（寶）明（明）菩薩問字品弟（第）一」；第二品，不壞諸法菩薩說宿緣品，不壞諸法菩薩是寶明菩薩的別稱；第七品，寶明聽眾等悲不自勝品；第十二品，即為寶明授記品。寶明菩薩之名號數見於品題。可知現存的敦煌《法句經》，別名《寶明菩薩》。

敦煌《法句經》作者不詳。現存寫卷中均未出現著者或譯者之名，僅於法藏 P.2308 號《法句經》第 1 行，題署「《法句經》德真寺比丘僧樂真注」。另在法藏 P.2192 號《法句經疏》（擬）（殘卷）卷尾有題記，謂：「辰年六月十一日勘校了，有學者達理而悟道。」水野弘元認為作者可能是一位與禪宗有某種關係的自由思想家。〔註 12〕岡部和雄認為作者與禪宗北宗有關。田中良昭則認為作者很可能是法藏 P.2308 號中出現的「德真寺比丘僧樂真」。〔註 13〕

（三）敦煌《法句經》現存副本

敦煌《法句經》現存副本，分藏於中、法、日、英等地。其中，中藏 11 件，法藏 3 件，日藏 2 件，英藏 9 件，總計 25 件。〔註 14〕

中國國家圖書館藏 8 件

（1）北敦 03645 號（原北京圖書館編號：北 8666；千字文編號：為 045）。殘卷，首尾俱殘。未出現經名及品名。起首與英藏 S.33 號相接。結尾與北敦 03646 號（北 8667）相接。內容為第八品後半部分。〔註 15〕

〔註 12〕 水野弘元著，《偽作の法句経について》，載：《駒澤大學佛教學部研究紀要（第十九號）》，昭和三十六年三月（1961 年 3 月），日本東京，第 32～33 頁。

〔註 13〕 季羨林主編，《敦煌學大辭典》，上海辭書出版社，1998 年 12 月，上海，第 742 頁。參見任繼愈主編，《佛教大辭典》，江蘇古籍出版社，2002 年，南京，第 828 頁。

〔註 14〕 《敦煌學大辭典》（第 742 頁）稱總計十九件。其中據稱甘肅省博物館藏一件，有誤。甘肅省博物館所藏，僅見甘博 001 號，《法句經卷下》，為前涼時期藏內《法句經》，首行題名《道行品法句經第廿八》，並非敦煌《法句經》。參見甘肅藏敦煌文獻委員會編，《甘肅藏敦煌文獻》（第四卷），甘肅人民出版社，1999 年 1 月，蘭州，第 1～3，368～369 頁。另，《敦煌遺書總目索引新編》（敦煌研究院編，中華書局，2000 年 7 月，北京）索引，第 62 頁，《佛說法句經》條所列「S.2692 號」並非敦煌《法句經》，而是《佛說法王經》；「P.2192 號」為敦煌《法句經》的注釋本。又，《索引新編》索引，第 101 頁，《法句經》條所列「P.2381 號」並非敦煌《法句經》，而是藏內《法句經》古寫本；「P.3086 號」是《法句譬喻經》；「北 8727 號（河 001 號）」亦為《法句譬喻經》。

〔註 15〕 寫卷影印版見黃永武主編，《敦煌寶藏》第 111 冊，新文豐出版公司，1981～

（2）北敦 03646 號（北 8667；為 046）。殘卷，首尾俱殘。未出現經名。起首與北敦 03645 號（北 8666）相接。結尾與北敦 03421 號（北 8668）相接。中有品題第九：煩惚（惱）即菩提品弟〔註16〕九。〔註17〕

（3）北敦 03421 號（北 8668；露 021）。殘卷，首尾俱殘。未出現經名。起首與北敦 03646 號（北 8667）相接。結尾與北敦 03424 號（北 8669）相接。中有品題第十、十一：求善知識不惜內外壽命嫌疑品第十，普光問如來慈偈荅〔註18〕品第十一。〔註19〕

（4）北敦 03424 號（北 8669；露 024）。殘卷，首尾俱殘。未出現經名。起首與北敦 03421 號（北 8668）相接。結尾與北敦 03417 號（北 8301）相接。中有品題第十二：即為寶明授記品弟十二。〔註20〕

（5）北敦 03417 號（北 8301；露 017）。殘卷，首殘尾全。起首與北敦 03424 號（北 8669）相接。尾題：《佛說法句經》一卷。中有品題第十三、十四：傳持品第十三（首行），護經如眼寧喪身命不怠品第十四。〔註21〕

上述五件中，前四件首尾俱殘，未出現經名；第五件首殘尾全，尾題：《佛說法句經》一卷。〔註22〕英藏 S.33 號、北敦 03645 號、北敦 03646 號、北敦 03421 號、北敦 03424 號、北敦 03417 號這六件寫卷首尾相續，實為一部殘卷拆分而成。〔註23〕

（6）北敦 03123 號（北 8664；騰 023）。殘卷，首尾俱殘。未出現經

1986 年，中國臺北，第 127～128 頁。參見《索引新編》，第 447 頁。

〔註16〕「弟」，古同「第」。敦煌寫卷中「第」常作「弟」。

〔註17〕寫卷影印版見《敦煌寶藏》第 111 冊，第 128～129 頁。參見《索引新編》，第 447 頁。

〔註18〕「荅」，古同「答」。敦煌寫卷中「答」常作「荅」。

〔註19〕寫卷影印版見《敦煌寶藏》第 111 冊，第 129～130 頁。參見《索引新編》，第 440 頁。

〔註20〕寫卷影印版見《敦煌寶藏》第 111 冊，第 130～131 頁。參見《索引新編》，第 440 頁。

〔註21〕寫卷影印版見《敦煌寶藏》第 109 冊，第 581～582 頁。參見《索引新編》，第 440 頁。

〔註22〕寫卷影印版見《敦煌寶藏》第 111 冊，第 127～131 頁；第 109 冊，第 581～582 頁。

〔註23〕參見曹凌編著，《中國佛教疑偽經綜錄》，上海古籍出版社，2011 年 12 月，上海，第 288 頁。書中所列北敦 3423 號，實應為北敦 3424 號。見方廣錩主編，《中國國家圖書館藏敦煌遺書總目錄·新舊編號對照卷》，中國人民大學出版社，2013 年 4 月，北京，第 145 頁。

名。中有品題第三、第四：觀聲性空證實際品第三，觀三處空得菩提品第四。〔註 24〕

（7）北敦 02580 號（北 8665；歲 080）。殘卷，首尾俱殘。未出現經名。中有品題第五、第六：親近真善知識品第五，二十一種譬喻善知識品第六。〔註 25〕

（8）北敦 15566 號。殘卷，首尾俱殘。存 7 行。未出現經名。無品題。內容為完整的第十二品。〔註 26〕

北京大學圖書館藏 1 件

（9）北大 D103 號。內容完整，首尾俱全。首題：《佛說法句經》。尾題：《佛說法句經》。中無品題。〔註 27〕

中國臺灣「中央圖書館」藏 1 件（李盛鐸舊藏）

（10）臺中圖 119 號 C。殘卷，首尾俱殘。共 4 頁，存 72 行。未出現經名。中有品題第五至七：親近真善知識品第五，二十一種譬喻善知識品第六，寶明〔註 28〕聽眾荨〔註 29〕悲不自勝品第七。內容參照《大正藏》第 85 卷，T2901《法句經》，第 1433 頁第 1 欄第 13 行至第 1434 頁第 1 欄第 13 行。〔註 30〕

天津市圖書館藏 1 件

（11）津圖 067 號。長 29.1cm，寬 26.4cm。殘卷，首尾俱殘。共 1 頁，

〔註 24〕寫卷影印版見《敦煌寶藏》第 111 冊，第 125～126 頁。參見《索引新編》，第 432 頁。

〔註 25〕寫卷影印版見《敦煌寶藏》第 111 冊，第 126～127 頁。《中國國家圖書館藏敦煌遺書總目錄・新舊編號對照卷》將北敦 03123 號定為「《法句經》（偽經丙本）」（第 133 頁），將北敦 02580 號和前述相互綴連的五件均定為「《法句經》（偽經乙本）」（第 110，145，154 頁）。參見《索引新編》，第 417 頁。

〔註 26〕寫卷影印版見中國國家圖書館編，《國家圖書館藏敦煌遺書》，北京圖書館出版社，2012 年 5 月，北京，第 144 冊，第 65 頁。

〔註 27〕寫卷影印版見北京大學圖書館、上海古籍出版社編，《北京大學圖書館藏敦煌文獻②》，上海古籍出版社，1995 年 10 月，上海，北大 D103《佛說法句經》，第 61～66 頁。

〔註 28〕「明」，古同「明」。

〔註 29〕「荨」，古同「等」。敦煌寫卷中「等」常作「荨」。

〔註 30〕寫卷影印版見潘重規編，《國立中央圖書館藏敦煌卷子》，石門圖書公司，1976 年 12 月，中國臺北，第六冊，第 119 號丙《佛說法句經》，第 1117～1125 頁。參見敦煌學會編印，《敦煌學（第二輯）國立中央圖書館藏敦煌卷子專輯》，香港新亞研究所敦煌學會，1975 年 12 月，中國香港，第 44～45 頁。

存 17 行，每行 17 字。內容參照《大正藏》第 85 卷，T2901《法句經》，第 1434 頁第 2 欄第 17 行至第 3 欄第 7 行。〔註31〕

法國國家圖書館藏 3 件

（12）法藏 P.2308 號。長 319.7cm，寬 25.2 至 27.1cm。內容完整，首尾俱全。共 238 行。首題：《法句經》德真寺比丘僧樂真注。尾題：《法句經》一卷。中有全十四品題：法句經菩薩融心覺品〔註32〕，不壞〔註33〕諸法〔註34〕說宿緣品第二，觀音〔註35〕聲性空證實際品第三，觀三處空得菩提品第四，勸近〔註33〕善知識品第五，法句經廿一種譬喻善知識品第六，寶明〔註37〕聽眾等悲不自勝品第七，普光莊嚴菩薩證信品第八，煩惱（惱）即菩提品第九，求善知識不惜內外壽命嫌疑品第十，普光問如來慈偈荅品第十一，即為寶明〔註38〕授記品第十二，傳持品第十三，護經如眼寧喪身命不怠品第十四。〔註39〕為敦煌《法句經》正文，並無首題所稱樂真比丘的注釋。

（13）法藏 P.3922 號 A。寫卷中兩部文獻之第一部。貝葉式裝幀，共 9 頁，每頁長 28.5 至 29.8cm，寬 7 至 7.3cm。殘卷，首殘尾全。無首題。尾題：《法句經》一卷。從左至右橫向書寫。書寫形式及寫卷裝幀均比較特殊（其餘敦煌《法句經》寫卷為從右至左縱向書寫之卷軸裝幀）。中有品題第五至十四：勸〔註40〕近真善知識品第五，二十一種譬喻善知識品第六，寶明聽〔註41〕眾等悲不自勝品第七，普光莊嚴〔註42〕等證信品第八，煩惱

〔註31〕天津圖書館歷史文獻部，《天津圖書館藏敦煌遺書目錄》，載：季羨林、饒宗頤主編，《敦煌吐魯番研究（第八卷）》，中華書局，2005 年 1 月，北京，第 327 頁。

〔註32〕《大正藏》中村不折氏藏本作「諸菩薩融心覺序品第一」。

〔註33〕「壞」，古同「壞」。

〔註34〕此處《大正藏》中村不折氏藏本有「菩薩」二字。

〔註35〕「音」，《大正藏》中村不折氏藏本無。

〔註33〕此處《大正藏》中村不折氏藏本有「真」。

〔註37〕「明」，古同「明」。

〔註38〕「明」，古同「明」。

〔註39〕寫卷影印版見《國際敦煌項目》數據庫（http://idp.bl.uk）P.2308。參見《索引新編》，第 232 頁。

〔註40〕「勸」，法藏 P.3922 號 A 此處殘缺，似為「勸」。

〔註41〕「聽」，古同「聽」。

〔註42〕《大正藏》中村不折氏藏本此處有「菩薩」二字。

（惱）即菩提品第九，求善知識不惜內外壽命嫌疑品第十，普光問如來慈偈荅品第十一，即為寶明授記品第十二，傳持品第十三，護經如眼寧喪身命不怠品第十四。〔註 43〕

（14）法藏 P.3924 號 B。寫卷中三部文獻之第二部。殘卷，由若干殘片連綴而成，缺數葉。存 119 行。首題：《佛說法句經》。尾題：《佛說法句經》一卷。中有品題第一、二、十三、十四：諸菩薩融心覺序品第一，不壞〔註 44〕諸法菩薩說宿緣品第二，傳持品第十三，護經如眼寧喪身命不怠品第十四。〔註 45〕

日本台東區立書道博物館藏 1 件（中村不折氏舊藏）

（15）書道博物館藏 90 號。長 484.9cm，寬 24.9cm。內容完整，首尾俱全。首題：《佛說法句經》諸菩薩融心覺序品第一。尾題：《佛說法句經》一卷。中有全十四品題：諸菩薩融心覺序品第一，不壞〔註 46〕諸法菩薩說宿緣品第二，觀聲性空證實際品第三，觀三處空得菩提品第四，親近真善知識品第五，廿一種譬喻善知識品第六，寶明聽眾等悲不自勝品第七，普光庄〔註 47〕嚴菩薩等證信品第八，煩惚（惱）即菩提品第九，求善知識不惜內外壽命嫌疑品第十，普光問如來慈偈荅品第十一，即為寶明授記品第十二，傳持品第十三，護經如眼寧喪身命不怠品第十四。〔註 48〕今《大正藏》收錄者，乃以此日本東京都台東區書道博物館中村不折氏藏本為底本，再校勘英國國家圖書館藏斯坦因本 S.2021 號《佛說法句經》而成。錄文見《大正藏》第 85 卷，T2901《法句經》，第 1432 頁第 2 欄第 3 行至第 1435 頁第 3 欄第 4 行。參照書道博物館藏 90 號圖版、英藏 S.2021 號《佛說法句經》圖版、法藏 P.2308 號《法句經》圖版及法藏 P.2325 號《法句經疏》中所引《法句經》原文，可知《大正藏》中錄文及斷句多有訛誤。亟待出版更為準確的校釋版本。

〔註 43〕寫卷影印版見《國際敦煌項目》數據庫（http://idp.bl.uk）P.3922。《索引新編》，第 306 頁，稱「缺前三品」。其實第四品亦殘缺。

〔註 44〕「壞」，古同「壞」。

〔註 45〕寫卷影印版見《國際敦煌項目》數據庫（http://idp.bl.uk）P.3924。參見《索引新編》，第 306 頁。

〔註 46〕「壞」，古同「壞」。

〔註 47〕「庄」，古同「莊」。

〔註 48〕寫卷影印版見磯部彰編，《台東區立書道博物館所藏中村不折舊藏禹域墨書集成》卷中，第 90 號，株式會社二玄社，2005 年 3 月 18 日，第 112～117 頁。

日本私人收藏 1 件

（16）出口氏藏吐魯番文書 234 號。長 20.1cm，寬 13.4cm。殘卷，首尾俱殘。共 1 頁，存 13 行。未出現經名。無品題。內容為第四品起首處，參照《大正藏》第 85 卷，T2901《法句經》，第 1432 頁第 3 欄第 20 行至第 1433 頁第 1 欄第 9 行。〔註 49〕

英國國家圖書館藏 9 件

（17）英藏 S.33 號。長 159cm，寬 25.5cm。〔註 50〕殘卷，首尾俱殘。未出現經名。中有品題第五至八：親近真善知識品第五，廿〔註 51〕一種譬喻善知識品第六，寶明聽眾等悲不自勝品第七，普光庄嚴菩薩等證信品第八。〔註 52〕

（18）英藏 S.837 號。長 50cm，寬 28cm。殘卷，首尾俱殘。未出現經名。中有品題第十、十一：求善知識不惜內外壽命嫌疑品第十，普光問如茲偈答品第十一。〔註 53〕第十一品題《普光問如茲偈答品第十一》為朱字書於寫卷背面。

（19）英藏 S.2021 號。長 472.44cm，寬 26cm。殘卷，首殘尾全。無首題。尾題：《佛說法句經》一卷。中有品題第三至十四：觀聲性空證實際品第三，觀三處空得菩提品第四，勸近真善知識品第五，廿一種譬喻善知識品第六，寶明聽眾等悲不自勝品第七，普光庄嚴菩薩等證信品第八，煩怵（惱）即菩提品第九，求善知識不惜內外壽命嫌疑品第十，普光問如茲偈答品第十一，即為寶明授記品第十二，傳持品第十三，護經如眼寧喪身命不怠品第十四。〔註 54〕

（20）英藏 S.3968 號。長 342.9cm。殘卷，首殘尾全。無首題。尾題：

〔註 49〕寫卷影印版見藤枝晃編著，《吐魯番出土仏典の研究——高昌殘影釋錄》（高昌殘影——出口常順藏吐魯番出土佛典斷片圖錄），日本京都：法藏館，1978 年，第 135～136 頁。

〔註 50〕敦煌《法句經》副本的長寬資訊引自《國際敦煌項目》數據庫（http://idp.bl.uk）。

〔註 51〕「廿」，古同「廿」。

〔註 52〕寫卷影印版見《敦煌寶藏》第 1 冊，第 179～181 頁。參見《索引新編》，第 1 頁。

〔註 53〕寫卷影印版見《國際敦煌項目》數據庫（http://idp.bl.uk）S.837。參見《索引新編》，第 28 頁。

〔註 54〕寫卷影印版見《敦煌寶藏》第 15 冊，第 312～319 頁。參見《索引新編》，第 61 頁。

《佛說法句經》。中無品題。內容從第三品後半部分至第十四品。〔註55〕

（21）英藏 S.4106 號。長 420cm，寬 27cm。殘卷，首殘尾全。尾題：《佛說法句經》一卷。中有品題第四至十四：觀三處空得菩提品第四，親近真善知識品第五，二十一種譬喻善知識品第六，寶明〔註56〕聽〔註57〕眾等悲不自勝品第七，普光庄嚴菩薩等證信品第八，煩惱（惱）即菩提品第九，求善知識不惜內外壽命媿（嫌）疑品第十，普光問如來慈偈答品第〔註58〕十一，即為寶明〔註59〕授記〔品〕〔註60〕第十二，傳持品第十三，護經如眼寧喪身命不怠品第十四。〔註61〕

（22）英藏 S.4666 號。長 45.72cm。殘卷，首尾俱殘。未出現經名。中有品題第一、第二：寶明〔註62〕菩薩問字品第一，不壞〔註63〕諸法菩薩說宿緣品第二。第一品題《寶明菩薩問字品第一》不同於現存其他副本。〔註64〕

（23）英藏 S.7614 號、（24）S.8495 號、（25）S.12213 號〔註65〕，未見。

此外，浙江省圖書館（浙敦 048）及浙江省博物館（浙博 23）所藏晚唐寫本《佛說法句經》一卷引首。長 33.9cm，寬 25cm。引首紙 1 頁，褐色麻紙。全文僅存首題「《佛說法句經》一卷」1 行，7 字，濃墨楷書。亦應為敦煌《法句經》之引首。〔註66〕

（四）敦煌《法句經》全經紀要

敦煌《法句經》，經錄所載一卷或兩卷。現存副本均未見分卷。北大 D103

〔註55〕寫卷影印版見《敦煌寶藏》第 32 冊，第 628～633 頁。參見《索引新編》，第 121 頁。

〔註56〕「明」，古同「明」。

〔註57〕「聽」，古同「聽」。

〔註58〕「第」，原文為「十」，似有塗改痕跡，有誤。更正為「第」。

〔註59〕「明」，古同「明」。

〔註60〕「品」，英藏 S.4106 號無。

〔註61〕寫卷影印版見《國際敦煌項目》數據庫（http://idp.bl.uk）S.4106。參見《索引新編》，第 125 頁。

〔註62〕「明」，古同「明」。

〔註63〕「壞」，古同「壞」。

〔註64〕寫卷影印版見《敦煌寶藏》第 37 冊，第 276 頁。參見《索引新編》，第 146 頁。

〔註65〕參見曹凌編著，《中國佛教疑偽經綜錄》，第 289 頁。

〔註66〕黃征、張崇依著，《浙藏敦煌文獻校錄整理》，上海古籍出版社，2012 年 6 月，上海，第 2805 號《佛說法句經》一卷引首校釋，第二冊，第 348 頁。

號、北敦 15566 號、英藏 S.3968 號未分品，亦無品題，其中北大 D103 號為未分品之全本；北敦 03645 號〔註67〕、日本出口氏藏吐魯番文書 234 號為未見品題之殘卷；北敦 03123 號、北敦 02580 號、北敦 03646 號、北敦 03421 號、北敦 03424 號、北敦 03417 號、臺中圖 119 號 C、津圖 067 號〔註68〕、法藏 P.2308 號、法藏 P.3922 號 A、法藏 P.3924 號 B、日本書道博物館藏 90 號、英藏 S.33 號、英藏 S.837 號、英藏 S.2021 號、英藏 S.4106 號、英藏 S.4666 號有品題，其中法藏 P.2308 號、書道博物館藏 90 號為包含十四品題之全本。此經最初的流傳形態很可能並未分品，品題為傳誦過程中為方便講習而補入。〔註69〕全十四品題〔註70〕及各品梗概如下。

全十四品題：諸菩薩融心覺序品第一〔註71〕，不壞諸法菩薩〔註72〕說宿緣品第二，觀〔註73〕聲性空證實際品第三，觀三處〔註74〕空得菩提品第四，親〔註75〕近真〔註76〕善知識品第五，〔註77〕廿〔註78〕一種譬喻善知識

〔註67〕 北敦 03645 號與包含品題的殘卷 S.33 號、北敦 03646 號、北敦 03421 號、北敦 03424 號、北敦 03417 號等可相互綴合，實為同一件寫卷分割而成，因而其應屬分品的傳本系統。

〔註68〕 未見影印版。《天津圖書館藏敦煌遺書目錄》（季羨林、饒宗頤主編，《敦煌吐魯番研究（第八卷）》，中華書局，2005 年 1 月，北京，第 327 頁）稱，首尾俱殘，內容為《大正藏》第 85 卷，T2901《法句經》，第 1434 頁第 2 欄第 17 行至第 3 欄第 7 行。與對照本略有參差。據此推測，津圖 067 號很可能包含品題《煩惱即菩提品第九》。

〔註69〕 曹凌認為，敦煌《法句經》可分成以北大 D103 號為代表的不分品的形態和以 P.2308 號為代表的分為十四品的形態。從其各品字數極不均衡及部分品題和文字內容並不匹配的情況來看，可能此經最早出現的是不分品的形態，而分品的形態為後代改作。參見曹凌編著，《中國佛教疑偽經綜錄》，第 300 頁。

〔註70〕 全十四品題底本使用日本書道博物館藏 90 號。

〔註71〕 「諸菩薩融心覺序品第一」，英藏 S.4666 號作「寶明菩薩問字品第一」；法藏 P.2308 號作「法句經菩薩融心覺品」。

〔註72〕 「菩薩」，法藏 P.2308 號無。

〔註73〕 此處法藏 P.2308 號有衍文「音」。

〔註74〕 「處」，英藏 S.4106 號為異體字。

〔註75〕 「親」，《大正藏》中村不折氏藏本、北敦 02580 號、臺中圖 119 號 C、英藏 S.33 號、英藏 S.4106 號作「親」；法藏 P.2308 號、英藏 S.2021 號作「勸」；法藏 P.3922 號 A 此處殘缺，似為「勸」。繁體字「親」與繁體字「勸」字形相近。

〔註76〕 「真」，法藏 P.2308 號無。

〔註77〕 此處法藏 P.2308 號有衍文「法句經」。

〔註78〕 「廿」，《大正藏》中村不折氏藏本、法藏 P.2308 號、S.2021 號作「廿」；英藏 S.33 號作「卄」；北敦 02580 號、臺中圖 119 號 C、法藏 P.3922 號 A、英藏 S.4106 號作「二十」。

品第六，寶明〔註79〕聽〔註80〕眾等悲不自勝品第七，普光莊〔註81〕嚴菩薩〔註82〕等〔註83〕證信品第八，煩惱〔註84〕即菩提品第九，求善知識不惜內外壽命嫌〔註85〕疑品第十，普光問如來慈〔註86〕偈答品第〔註87〕十一，即為寶明〔註88〕授記品〔註89〕第十二，傳持品第十三，護經如眼寧喪身命不怠品第十四。〔註90〕

各品梗概：諸菩薩融心覺序品第一：佛陀在日月宮中，菩薩、僧眾、俗眾等悉來集會。寶明菩薩也在其中。不壞諸法菩薩說宿緣品第二：寶明菩薩原名「等賢比丘」，後號「不壞諸法」，前問佛陀「寶明」之號由來。佛陀以「說食尋飽，不須食故」為喻，說名字性空。觀聲性空證實際品第三：佛陀以「及其睡時，見身飛行」為喻，說聲性空。觀三處空得菩提品第四：佛陀以陽焰、夜夢，及空谷響、芭蕉堅、水中月、空中花、石女兒、電久住、水龜毛、走兔角為喻，說「內、外、中間」三處性空。親近真善知識品第五：佛陀總釋善知識，並勸眾生親近。廿一種譬喻善知識品第六：佛陀以二十一

〔註79〕「明」，《大正藏》中村不折氏藏本、法藏 P.3922 號 A、英藏 S.33 號、英藏 S.2021 號作「明」；臺中圖 119 號 C、法藏 P.2308 號、英藏 S.4106 號作「明」。

〔註80〕「聽」，法藏 P.3922 號 A、英藏 S.4106 號作「聽」。

〔註81〕「莊」，《大正藏》中村不折氏藏本、英藏 S.33 號、英藏 S.2021 號、英藏 S.4106 號作「庄」；法藏 P.2308 號作「莊」。

〔註82〕「菩薩」，法藏 P.3922 號 A 無。

〔註83〕「等」，法藏 P.2308 號無。

〔註84〕「惱」，《大正藏》中村不折氏藏本、北敦 03646 號作「惚」；法藏 P.2308 號、法藏 P.3922 號 A、英藏 S.4106 號作「惱」；英藏 S.2021 號作「怵」。

〔註85〕「嫌」，英藏 S.4106 號作「嬈」。

〔註86〕「來慈」，《大正藏》中村不折氏藏本、北敦 03421 號、法藏 P.2308 號、法藏 P.3922 號 A、英藏 S.4106 號作「來慈」；英藏 S.837 號、英藏 S.2021 號作「茲」。

〔註87〕「第」，英藏 S.4106 號誤作「十」。

〔註88〕「明」，《大正藏》中村不折氏藏本、北敦 03424 號、法藏 P.3922 號 A、英藏 S.2021 號作「明」；法藏 P.2308 號、英藏 S.4106 號作「明」。

〔註89〕「品」，英藏 S.4106 號無。

〔註90〕全十四品題以《大正藏》中村不折氏藏本為底本，將原文異字更為正字，並附其他副本品題校勘。現存品題原文，「第」，除英藏 S.837 號第十一品題使用「第」外均使用「苐」；「壞」，均使用「壞」；「寶」，均使用「寶」；「等」，均使用「苐」；「答」，均使用「荅」；「譬」，均使用異體字；「來」，均使用「来」；「喪」，除法藏 P.3922 號 A、英藏 S.2021 號使用正字外均使用異體字。上述情況此處均已更為正字，不再一一注明。

種譬喻釋善知識。寶明聽眾等悲不自勝品第七：寶明菩薩等眾得聞深法，念及未曾報善知識恩，舉聲大慟，震撼三界。普光莊嚴菩薩等證信品第八：普光莊嚴菩薩等眾前來集會，請問親近善知識法。煩惱即菩提品第九：佛陀以堅船渡大海、執仗行險路、寶服妙藥、獅子王、須弥山、金翅鳥為喻，說煩惱即菩提，依善知識得度。求善知識不惜內外壽命嫌疑品第十：佛陀說應不惜身命、不起疑惑供養善知識。普光問如來慈偈答品第十一：佛陀以二十四偈為普光莊嚴菩薩等眾說甚深法句。即為寶明授記品第十二：佛陀為寶明菩薩授記。傳持品第十三：文殊師利菩薩問聞經因緣。佛陀答聞經功德，稱修行至八地之上方可得聞。護經如眼寧喪身命不怠品第十四：佛陀說應守護、奉行此經。

敦煌《法句經》全文約五千餘字，分兩會說法，結構嚴謹，層層深入。內容排斥小乘，讚美大乘，說諸法性空甚深法句，稱「煩惱即菩提」，依善知識方得解脫，實乃從大乘經典中摘取文句，編纂而成。從可讀性上來看，這是一部比較有趣的小經，懸念疊出，引人入勝。從第二品寶明菩薩問名字由來，引出佛陀說名字空、聲空、三處空等，進而說親近善知識法，在第七品佛陀第一會說法結束時有一個小高潮，並在第十二品佛陀第二會說法完成時到達全經高潮。同時，這部小經還頗具文學性，全經用喻達 42 處之多，例如第四品「如空谷嚮、如芭蕉堅、如水中月、如空中花、如石女兒、如電久住、如水龜毛、如走兔角」八喻證「究竟無實」；第六品「善知識者是汝父母，養育汝等菩提身故」等二十一種譬喻善知識；以及第九品「譬如有人持堅牢船，度（渡）於大海，不動身心而到彼岸」等六喻，證善友自利、利人，所度眾生依之獲益。〔註91〕

（五）敦煌遺書中之五件《法句經疏》

敦煌《法句經》疏本，敦煌遺書中存有 5 件，分別為英藏 S.6220 號，法藏 P.2192 號，日本杏雨書屋藏第 736 號，日本杏雨書屋藏第 285 號，法藏 P.2325 號。前四件均為殘卷。僅 P.2325 號《法句經疏》首尾俱全。

第一件，英藏 S.6220 號《法句經疏》（殘卷）。長 25.5cm。首尾俱殘。未出現經名。僅存 17 行。第 1 至 5 行、第 16 至 17 行亦殘缺不全。第 14 至 15

〔註91〕敦煌《法句經》概覽，參見張遠《敦煌遺書〈法句經〉略考》，載：《世界宗教文化》2020 年第 5 期，第 152～159 頁。

行有「故言《仏（佛）說法句經》一卷也」的表述。所存內容與法藏 P.2325 號《法句經疏》第 29 至 44 行基本一致。〔註 92〕本書稱之為英藏 S.6220 號《法句經疏》（殘卷）。

第二件，法藏 P.2192 號《法句經疏》（擬）〔註 93〕（殘卷）。長 2235.6 cm，寬 26.3 至 28.4cm。首殘尾全。存 1533 行。尾題：《佛說法句經》一卷。實則並非敦煌《法句經》正文，而是對敦煌《法句經》的不同於法藏 P.2325 號及英藏 S.6220 號的另一種版本的注釋，篇幅極其宏大，又細緻入微。是研究敦煌《法句經》及其流傳的重要資料。研究者從用語考察，認為該疏文約形成於 7 世紀中葉。疏中引用其他經論六十餘處。注明出處者，有《究竟大悲經》、《諸法無行經》、《持心梵天所問經》、《淨名經》、《楞伽經》等，可考者有《二入四行論》等。反映出一定程度的禪宗傾向。卷尾有題記，謂：「辰年六月十一日勘校了，有學者達理而悟道。」該疏未見於歷代經錄，亦未被歷代藏經所收。本書稱之為 P.2192 號《法句經疏》（擬）（殘卷）。

第三件，日本杏雨書屋藏第 736 號《佛說法句經疏》（殘卷）。長 127.2 cm，寬 27.9cm。首尾俱殘。存 88 行。第 83 至 88 行前部亦殘缺不全。所存內容大致為對敦煌《法句經》第一品、第二品之注疏。〔註 94〕似未見於現存其他版本之《法句經疏》。日本學者田中良昭等將之歸入禪宗系。〔註 95〕

第四件，日本杏雨書屋藏第 285 號《佛說法句經并法句經疏》（殘卷）。長 1656.5cm，寬 28.5cm。首殘尾全。存 1100 餘行。尾題：《佛說法句經》一卷。所存內容大致為對敦煌《法句經》第三品至第十四品之注疏。〔註 96〕其中，部分內容為敦煌《法句經》正文，部分內容與 P.2192 號《法句經疏》（擬）（殘卷）相一致。田中良昭等亦將之歸入禪宗系。〔註 97〕

〔註 92〕寫卷影印版見《敦煌寶藏》第 45 冊，第 135 頁。參見《索引新編》，索引，第 101 頁，正文第 192 頁。《敦煌寶藏》及《索引新編》均擬題名《法句經疏釋》。實為與法藏 P.2325 號《法句經疏》同本異出之殘卷。

〔註 93〕參見《索引新編》，索引，第 62 頁。《索引新編》名之為《佛說法句經》，實為敦煌《法句經》的注釋本，此處依季羨林先生主編之《敦煌學大辭典》擬名為《法句經疏》。

〔註 94〕寫卷影印版見《敦煌秘笈》第 4 冊，第 248～250 頁。

〔註 95〕田中良昭、程正《敦煌禪宗文獻分類目錄（3）注抄‧僞經論類（2）》，載：《駒澤大學佛教學部論集（第四十四號）》，2013 年 10 月，日本東京，第 458 頁。

〔註 96〕寫卷影印版見《敦煌秘笈》第 9 冊，第 267～287 頁。

〔註 97〕田中良昭、程正《敦煌禪宗文獻分類目錄（3）注抄‧僞經論類（2）》，載：

　　第五件，法藏 P.2325 號《法句經疏》，是現存唯一的對於敦煌《法句經》的完整注疏，具有無可替代的學術價值，也是本書著重考察的對象。本書依照法藏敦煌遺書 P.2325 號《法句經疏》原圖，並勘英藏敦煌遺書 S.6220 號《法句經疏》（殘卷）原圖，提供對於《法句經疏》全本之精校錄文、必要注釋和系統研究。校釋部分按總紙數依次標注頁號，按總行數依次標注行號，對寫卷原圖分行釋文、逐字校勘，盡可能使用寫卷中出現的原字，以最大限度保持寫卷原貌，凡遇錯、漏、衍等均予更正、出校，並補入必要注釋以饗讀者。研究部分涵蓋寫卷概覽、書寫特色、異體字、通假字、形近字、錄文勘誤、結構框架、疏文釋義、藏內引文、書寫儀式、學術價值等內容。此等對法藏敦煌遺書 P.2325 號《法句經疏》之校釋與研究，無論在國內還是國外都尚屬首次。

《駒澤大學佛教學部論集（第四十四號）》，2013 年 10 月，日本東京，第 458 頁。

《法句經疏》校釋

凡　例

　　一、《法句經疏》校釋部分按總紙數依次標注頁號，按總行數依次標注行號，對寫卷原圖分行釋文、逐字校勘，同時加入必要注釋。錄文盡可能使用寫卷中出現的原字，以最大限度保持寫卷原貌，亦便於讀者對照原圖筆跡。其餘部分使用標準繁體字。

　　二、寫卷正文中出現的非常規現象，除《凡例》「三」、「四」、「五」所列之部分情形外，均加注說明。寫卷原圖中經文寫錄者留下的各種標記，如旁注、改字、倒乙符、重文符、合文符等，均在注釋中詳細標明。

　　三、寫卷中使用頻率較高的異體字僅在前三次出現時加注，此後注釋從略。

　　例如：異體字「寂」（疏文中首次出現在第 2 行，下同；以首現先後為序），古同「寂」；「淂」（4），此處同「得」；「㳂」（6），古同「流」；「慎」（7），古同「順」；「圎」（11），古同「圓」；「乗」（12），古同「乘」；「経」（13），古同「經」；「昰」（16），古同「足」；「衆」（20），古同「眾」；「土」（24），古同「土」；「仏」（25），古同「佛」；「㓛」（29），古同「功」；「𤯱」（29），古同「眾」（草書異體字「𤯱」見於《康熙字典》，在疏文中與草書字「衆」並存。因二者字形及寫法均存在差異，錄文將二者分別釋出）；「寶」（31），古同「寶」；「脩」（35），古同「修」；「弟」（45），此處同「第」；「數」（67），古同「數」；「噁」（78），古同「惡」；「尒」（83），古同「爾」

（爾）；「牒」（123），古同「牒」（疏文中通篇以「牒」替代「牒」，疑為避唐太宗李世民之諱）；「覩」（161），古同「睹」；「涅」（240），古同「涅」，等。

四、異體字（*）僅在無法依原樣錄入的情況下使用繁體規範字替代。

例如：「聖*」（5）「滿**」（15）、「滿*」（15）、「我*」（50）、「染*」（220）、「義*」（253）、「龜*」（272）、「焚*」（378）等，使用與之對應的繁體規範字。

五、草書字（包括與現代簡體字同形之草書字）在錄文中統一使用與之對應的繁體規範字。

例如：草書字「泝」（30）、「又」（35）、「㐅」（40）、「寸」（47）、「易」（312）、「嶮」（432）等，錄文中一律使用「深」、「五」、「舉」、「等」、「易」、「嶮」等繁體規範字。偏旁「讠」為「言」之草書寫法，與之相聯的「说*」（25）、「谈」（26）、「辩」（28）、「记」（31）、「谓」（32）、「诠」（33）、「诸」（37）、「讬*」（46）、「诤」（53）、「请」（80）、「诘」（89）、「论」（96）、「诳」（148）、「计」（155）、「调」（222）、「诲」（345）、「诣」（404）、「诵」（456）等草書字或草書異體字，錄文中一律使用「說」、「談」、「辯」、「記」、「謂」、「詮」、「諸」、「託」、「諍」、「請」、「詰」、「論」、「誑」、「計」、「調」、「誨」、「詣」、「誦」等繁體規範字。此外，與現代簡體字形同或形近之「来」（7）、「废」（13）、「陈」（25）、「为」（25）、「觉」（26）、「则」（28）、「尽」（37）、「时」（43）、「发*」（50）、「书」（53）、「见」（57）、「学」（58）、「师」（60）、「违」（61）、「传」（62）、「烦」（65）、「应」（68）、「财」（76）、「马」（76）、「报」（78）、「问」（83）、「勑」（91）、「会」（99）、「东」（100）、「着」（108）、「责」（125）、「腾」（135）、「约」（153）、「转」（215）、「热」（222）、「坚*」（256）、「长」（327）、「乐」（391）、「绝」（434）、「觅」（504）等草書字或草書異體字，錄文中統一使用「來」、「廢」、「陳」、「爲」、「覺」、「則」、「盡」、「時」、「發」、「書」、「見」、「學」、「師」、「違」、「傳」、「煩」、「應」、「財」、「馬」、「報」、「問」、「勑」、「會」、「東」、「著」、「責」、「騰」、「約」、「轉」、「熱」、「堅」、「長」、「樂」、「絕」、「覓」等繁體規範字。

形同現代簡體字之「无」（2）、「断」（2）、「借」（9）、「万」（14）、「号」（24）、「属」（34）、「随」（58）、「辞」（60）、「与」（84）、「决」（95）、「并」（106）、「况」（139）、「乱」（179）、「瞩」（181）、「盖」（248）、「盗」（303）、

「强」（364）、「弥」（442）、「静」（515）、「于」（540）、「嘱」（556）等，古已有之，亦即古書正字，故予以保留。諸如此類因草書書寫特色帶來的草繁混用現象，如無特殊情況，不再一一加注。

上述異體字、草書字等，詳見本書研究部分之第三章「《法句經疏》異體字匯集」。

六、通假字按原文錄出并加注。詳見本書研究部分之第四章「《法句經疏》通假字匯集」。

七、凡遇原文錯、漏、衍等，均予更正、出校，同時校勘《大正藏》內《法句經疏》錄文，並將其列入研究部分之第五章「《法句經疏》形近字匯集」及第六章「《大正藏》內《法句經疏》錄文勘誤」。

八、寫卷原文無句讀。錄文依文義斷句。疏文中出現的引文或對白，在錄文中加引號；經書或作品名稱，在錄文中加書名號。

第 1 紙

1. 法句經疏〔註1〕

2. 夫至理无〔註2〕言，稱謂斯斷，玄宗幽寂〔註3〕，心行莫緣。稱

3. 謂斯斷故，則有言傷其旨〔註4〕。心行莫緣故，則作意失其真。

4. 所以掩室摩竭〔註5〕，用啓〔註6〕息言之〔註7〕際，杜口毗耶〔註8〕，以通浔〔註9〕意之

5. 路。〔註10〕斯皆理為神御〔註11〕故。聖以之嘿〔註12〕，豈曰无辯？辯〔註13〕

〔註1〕 標題行，後空。自此至第二四行為後補之隸書。寫卷現存 22 紙，其中第 1 紙長 38.5cm，第 2 紙長 12.3cm，第 3 至 22 紙長 40.7 至 41.2cm 不等。由此可見，第 2 紙應為寫卷最初形態之第 1 紙，長度原為 41cm 上下，缺損後殘存 12.3cm，以隸書紙補之。「疏」，原文為「疋」，古同「疏」。《大正藏》內《法句經疏》（T2902）錄文（以下簡稱《大正藏》）作「疏」。P.2325 號《法句經疏》寫卷原文使用草書字、異體字之處，《大正藏》多使用繁體規範字。後不再注。異體字詳見本書研究部分之第三章「《法句經疏》異體字匯集」及附錄原圖。原圖為法國國家圖書館藏品，引自 International Dunhuang Project 國際敦煌項目數據庫，網址 http://idp.bl.uk。

〔註2〕 「无」，《大正藏》作「無」。寫卷原文使用「无」之處，《大正藏》均使用「無」。形同現代簡體字之「无」與標準繁體字之「無」同屬古代正字，故予以保留。此類形同現代簡體字之古書正字均予保留，參見本書《凡例》。後不再注。

〔註3〕 「寂」，古同「寂」。

〔註4〕 「旨」，古同「旨」。此處為寫卷中出現的唯一一次「旨」之隸書字。此後出現之「百」或「旨」（第 32，33，44，88，158 行）草書字同形，故草書字錄文統一使用「旨」。

〔註5〕 「掩室摩竭」，意為世尊釋迦牟尼掩室於摩竭，以坐思的方式說法。掩室，即閉門不出。摩竭，印度古國名，即摩竭（揭）陀國之略稱，梵語為 magadha。

〔註6〕 「啓」，古同「啓」。

〔註7〕 「之」，《大正藏》誤作「無」。

〔註8〕 「杜口毗耶」，意為維摩詰（淨名）居士杜口於毗耶，以不語的方式說法。杜口，即緘口不言。毗耶，印度古國名，即毗耶離（又譯毗舍離）國之略稱，意譯為廣嚴城，梵語為 vaiśalī。「毗」，《大正藏》作「毘」。

〔註9〕 「浔」，此處同「得」。

〔註10〕 參見《六臣註文選》（景上海涵芬樓藏宋刊本）卷第五十九《碑文下》頭陀寺碑文一首：「是以掩室摩竭，用啓息言之津，杜口毗邪，以通得意之路」。

〔註11〕 「御」，原文為「淘」，古注為「潔」之異體字，亦應為「御」之異體字，此處通「御」。

〔註12〕 「嘿」，本字為正字，多用作擬聲詞或嘆詞，此處同「默」。

〔註13〕 「辯」，原文為重文符。

所不能言也！〔註 14〕

6. 但以群生弱喪〔註 15〕，亡返漂溺四流〔註 16〕，依止空聚，長縈八苦。是故

7. 如來應生王宮，示滅雙樹〔註 17〕，將明〔註 18〕生為苦囙〔註 19〕，滅為樂本。使慎〔註 20〕

8. 流〔註 21〕者還〔註 22〕原，迷徒〔註 23〕者改轍，息妄歸真，究竟常寐〔註 24〕。廓靈宇〔於〕〔註 25〕

9. 无壃〔註 26〕，曜〔註 27〕薩雲〔註 28〕以幽燭〔註 29〕，借微言以津道，託形像〔註 30〕以傳真。〔故曰：〕〔註 31〕

〔註 14〕疏文第 3 至 5 行，東晉（後秦）僧肇著《肇論》中有相近表述。參見《肇論》（T1858），《大正藏》第 45 卷，第 157 頁第 3 欄第 11 至 16 行，「然則言之者失其真，知之者反其愚，有之者乖其性，無之者傷其軀。所以釋迦掩室於摩竭，淨名杜口於毘耶，須菩提唱無說以顯道，釋梵絕聽而雨華；斯皆理為神御，故口以之而默，豈曰無辯？辯所不能言也。」此處之後，第 6 行至第 22 行第 19 字，《大正藏》未錄。

〔註 15〕「喪」，原文為「𠷔」，形近漢《曹全碑》之「喪」，故此處亦釋為「喪」。

〔註 16〕「流」，古同「流」。

〔註 17〕「示滅雙樹」，佛經中常出現「示滅雙林」、「示滅雙林樹下」等表述，指佛陀在拘尸那城娑羅雙樹下入滅。

〔註 18〕「明」，疏文中多為「明旨」之意，與「謂」、「說」等近義，作為進一步解說之標誌。

〔註 19〕「囙」，古同「因」。參見疏文第 16 行及第 18 行之「囙」。

〔註 20〕「慎」，古同「順」。

〔註 21〕「流」，古同「流」。

〔註 22〕「還」，原文為「逕」，古注為「沓」之異體字，亦應為「還」之異體字，此處通「還」。

〔註 23〕「徒」，此處通「途」。

〔註 24〕「寐」，古同「寂」。

〔註 25〕「於」，原文缺損一字。依殘存部分及文義補全為「於」。

〔註 26〕「壃」，原文為「壃」，古同「疆」。

〔註 27〕「曜」，古同「曜」。佛經中「曜」常與「曜」通用。

〔註 28〕「薩雲」，為梵語 sarva-jñāna 之音譯，意為「一切智慧」。薩，對應梵語 sarva，意為「一切」。雲，對應梵語 jñāna，意為「知識，智慧」。

〔註 29〕「曜薩雲以幽燭」，唐代釋元康《肇論疏》卷三有「曜薩雲以幽燭」的表述。釋元康稱，「薩雲，梵語也，此云一切智。照燭幽暗，故云燭幽。亦法光潛照，故云燭幽也。」參見《肇論疏》（T1859），《大正藏》第 45 卷，第 194 頁，第 1 欄第 11 至 13 行。

〔註 30〕「像」，此處通「象」。

〔註 31〕「故曰」，原文缺損。依殘存部分及文義補全為「故曰」。

10. 「兵者，不祥之罶〔註32〕，不獲已而用之。言者，不真之物，不獲已〔而〕〔註33〕陳之。」

11. 故始自麁菀〔註34〕，以四諦為言初〔註35〕。終至鵠林〔註36〕，以三點為圓〔註37〕極。其閒〔註38〕散

12. 說，流〔註39〕過八億〔註40〕。傃〔註41〕馱負而弗窮，龍宮溢而未盡。將令乘〔註42〕蹄以得

13. 兔，藉指〔註43〕以知月。知月則廢指〔註44〕，得兔則妄蹄〔註45〕。故《經》〔註46〕言：「依義不依語」。〔註47〕

〔註32〕 「罶」，古同「器」。

〔註33〕 「而」，原文無。文右似有補書之字，模糊難辨。依文義及《高僧傳》（T2059）補入。

〔註34〕 「麁菀」，即「鹿苑」，鹿野苑之略稱，又名鹿野、鹿野園、施鹿林等，梵語為 mṛgadāva。佛陀於此處初轉法輪。「麁」，古同「鹿」。「菀」，此處通「苑」。

〔註35〕 「初」，古同「初」。

〔註36〕 「鵠林」，佛陀入滅之處，即拘尸那城娑羅雙樹林，又稱「鶴林」。佛經中「鵠」常與「鶴」通用。

〔註37〕 「圓」，古同「圓」。

〔註38〕 「閒」，本字為正字，又同「閑」等，此處同「間」。

〔註39〕 「流」，古同「流」。

〔註40〕 「流過八億」，即「流（流）文數過八億」之略說。

〔註41〕 「傃」，古同「裏」。此處疑同「像」，通「象」。《高僧傳》（T2059）此處作「象馱負而弗窮」。參見法藏敦煌遺書 P.2572 號唐代《相書》（殘卷）「相脾（髀）膝第廿四」，有云：「膝如象額，富」。而法藏敦煌遺書 P.2797 號唐代《相書》（殘卷）「脽（髀）膝第〔廿四〕」作「膝如傃頭，貴」。

〔註42〕 「乘」，古同「乘」。

〔註43〕 「指」，古同「指」。

〔註44〕 「指」，古同「指」。

〔註45〕 「妄蹄」，參見《莊子》卷七《外物第二十六》：「荃者所以在魚，得魚而忘荃；蹄者所以在兔，得兔而忘蹄；言者所以在意，得意而忘言。」（王先謙撰，沈嘯寰點校，《莊子集解》，中華書局，1987 年 10 月，北京，第 244 頁）「妄」，此處通「忘」。

〔註46〕 「經」，古同「經」。此處即如佛所說，並非實指。

〔註47〕 「依義不依語」，很多佛經中都有相近表述，例如《大般若波羅蜜多經》（T0220），《大寶積經》（T0310），《大般涅槃經》（T0374）等。參見《大般涅槃經》（T0374）卷六，《大正藏》第 12 卷，第 401 頁第 2 欄第 27 至 29 行，「如佛所說，是諸比丘當依四法。何等為四？依法不依人，依義不依語，依智不依識，依了義經不依不了義經。」

14. 其在茲乎！〔註48〕雖湧〔註49〕八万異徒十二事，則經〔註50〕論所明辯其二種。其二

15. 是何？一者，大乘〔註51〕滿字教門。二謂半字教門。大乘〔註52〕滿字教門者，

16. 辯其性法二空，无作国〔註53〕果，義昰〔註54〕言周，理事俻〔註55〕舉，說

17. 應大攍〔註56〕，進成大行，運物中極，故名「大乘」。言周義昰〔註57〕，稱為

18. 滿字。小乘半字教門者，徧〔註58〕明生空，有作四諦，談国〔註59〕果未

19. 窮，理事未俻〔註60〕，說應小攍〔註61〕，進〔成〕〔註62〕小行，運物未極，故曰「小乘」。言

20. 局〔註63〕義隱，名為半字。今此《經》〔註64〕者，文雖蕑〔註65〕略，義苞〔註66〕群典，眾〔註67〕経

〔註48〕疏文第 1 至 14 行，在《高僧傳》中有相近表述。參見《高僧傳》（T2059），
　　　　《大正藏》第 50 卷，第 382 頁第 3 欄第 23 行至第 383 頁第 1 欄第 7 行。
〔註49〕「湧」，古同「復」。
〔註50〕「経」，古同「經」。
〔註51〕「乗」，古同「乘」。
〔註52〕「乗」，古同「乘」。
〔註53〕「国」，古同「因」。
〔註54〕「昰」，古同「足」。
〔註55〕「俻」，古同「備」。
〔註56〕「攍」，古注同「扨」，此處通「機」。
〔註57〕「昰」，古同「足」。
〔註58〕「徧」，原文為「徧」，古同「遍」。
〔註59〕「国」，古同「因」。
〔註60〕「俻」，古同「備」。
〔註61〕「攍」，古注同「扨」，此處通「機」。
〔註62〕「成」，原文筆畫不全。依字形及文義補全為「成」。參見疏文第 16 至 17 行
　　　　之「說應大機，進成大行」。
〔註63〕「局」，古同「局」。
〔註64〕「経」，古同「經」。此處指敦煌《法句經》。
〔註65〕「蕑」，古同「蕑」、「簡」。
〔註66〕「苞」，此處通「包」。
〔註67〕「眾」，古同「眾」。

21. 之揔〔註68〕要，至極之深法，即是大乘滿字教門。略知教所在，次

22. 釋題名。但諸経茗〔註69〕別，得名不同。或有從人為名，或〔註70〕就法彰

23. 目，或人事並陳，或法喻雙說。今此《經》〔註71〕者，人皆為名。佛是

24. 〔能說〕〔註72〕之人，法是可談之理也。天竺〔註73〕梵音，号曰「佛陁〔註74〕」。此土〔註75〕譯〔註76〕

第 2 紙

25. 〔就法彰目，或人事並陳，或法喻雙說。今此《經》者，人皆爲名。仏〔註77〕是能

26. 說之人，法是可談之理也。天〔註78〕竺梵音，号曰「仏〔註79〕陁〔註80〕」。

〔註68〕「揔」，本字為正字，音窟義擊，或音忽義同，又義去塵，此處同「總」。

〔註69〕「茗」，本字為正字，音培或音老，義為一種植物，此處同「荖」。

〔註70〕以下疏文為《大正藏》有錄文部分。其中，第 22 行第 20 字至第 24 行，與第 25 行至第 26 行第 21 字重複。

〔註71〕「經」，古同「經」。此處指敦煌《法句經》。

〔註72〕「能說」，原文二字左部殘缺。依殘存部分及疏文第 25 行末字、第 26 行首字，補全為「能說」。

〔註73〕「天竺」，印度古稱。玄奘在《大唐西域記》卷二《印度總述》中稱：「詳夫天竺之稱，異議糾紛，舊云身毒，或曰賢豆，今從正音，宜云印度。」對此，季羨林先生注釋稱：「我國記載，最早稱印度為身毒，見於《史記・大宛列傳》及《西南夷傳》。……其後又有天竺、賢豆諸名，天竺一名始見於《後漢書・西域傳》」。參見季羨林等校注，《大唐西域記校注》，中華書局，2000 年 4 月，北京，第 162～163 頁。

〔註74〕「陁」，古同「陀」。

〔註75〕「土」，古同「土」。《大正藏》誤作「出」。

〔註76〕疏文第 1 至 24 行為後補之隸書。此處第 24 與 25 行間有明顯的拼接痕跡。拼接處被遮擋的草書部分殘存「門略知教」，其中「門」、「略」完整，「知」、「教」殘缺，與隸書部分第 21 行之第 16 至 19 字同。

〔註77〕「仏」，古同「佛」。

〔註78〕「天」，正文為草書，又淺墨楷書於文右。

〔註79〕「仏」，古同「佛」。

〔註80〕「陁」，古同「陀」。

此土〔註81〕譯〔註82〕〕言，名爲覺者〔註83〕。

27. 欲〔註84〕明如來〔註85〕，獨〔註86〕秀重幽，孤明巨夜〔註87〕，照達有
　　無，解〔註88〕窮真〔註89〕俗，覺行圓〔註90〕滿，

28. 導悟群生，故稱爲「仏」〔註91〕。暢四辯〔註92〕於舌端，敷〔註93〕八音
　　〔註94〕於聽表。談法性則名

〔註81〕「土」，原文為草書之「土」，古同「土」。參見第24行隸書之「土」。《大正藏》誤作「出」。

〔註82〕疏文第22行第20字至第24行，「就法彰目，或人事並陳，或法喻雙說。今此《經》者，人皆為名。佛是能說之人，法是可談之理也。天竺梵音，號曰『佛陁』。此土譯」，與第25行至第26行第21字，「就法彰目，或人事並陳，或法喻雙說。今此《經》者，人皆爲名。仏是能說之人，法是可談之理也。天竺梵音，号曰『仏陁』。此土譯」，重複。書寫筆法略有不同。

〔註83〕「覺者」，梵語為buddha，是字根√budh（覺悟）的過去分詞，直譯為「覺悟了的」，此處為釋迦牟尼稱號，音寫作「佛陀」，略稱為「佛」，意譯為「覺者」。

〔註84〕「欲」，參見第48行之「欲」。《大正藏》誤作「無」。在佛經中，幾未見「無明」與「如來」連用。

〔註85〕「如來」，梵語為tathāgata，是tathā（如）和āgata（來）組成的复合词，此處為釋迦牟尼稱號。

〔註86〕「獨」，正文為草書，又淺墨楷書於文右。

〔註87〕「孤明巨夜」，漢文佛典中多見「巨夜之明燈」（《佛所行讚》卷五，《大正藏》第4卷，第48頁第1欄第1行）、「巨夜之銀輝」（《宗鏡錄》卷四七，《大正藏》第48卷，第691頁第3欄第22行）等表述。「巨」，《大正藏》誤作「臣」。

〔註88〕「解」，正文為草書，又淺墨楷書於文右。

〔註89〕「真」，正文為草書，又將異體字「真」淺墨楷書於文右。

〔註90〕「圓」，古同「圓」。

〔註91〕「仏」，古同「佛」。

〔註92〕「四辯」，指四無礙辯，即法無礙辯，義無礙辯，辭（詞）無礙辯，應（應說）無礙辯。參見《長阿含經》（T0001），《大正藏》第1卷，第51頁第1欄第18至19行，《長阿含經》卷八：「復有四法，謂四辯才：法辯、義辯、詞辯、應辯」。「辯」，《大正藏》誤作「辨」。

〔註93〕「敷」，原文為「敷」，古同「敷」。

〔註94〕「八音」，指佛陀說法時使用的八種聲音，即極好音，柔軟音，和適音，尊慧音，不女音，不誤音，深遠音，不竭音。參見《法華文句記》（T1719），《大正藏》第34卷，第205頁第2欄第13至15行，《法華文句記》卷三：「『八音』者：一極好，二柔軟，三和適，四尊慧，五不女，六不誤，七深遠，八不竭」。「音」，正文為草書，又淺墨楷書於文右。

29. 義俱空〔註 95〕，論善〔註 96〕友則功〔註 97〕窮後際。衆〔註 98〕乃慶所遇〔註 99〕而懷〔註 100〕悲〔註 101〕，如來愍〔註 102〕之而

30. 感傷〔註 103〕。遂使振及遐方，異土〔註 104〕雲集，再揚深〔註 105〕法，極乎〔註 106〕无動〔註 107〕。普光悟忍

31. 於无生，寶〔註 108〕明蒙記於十号。宣自金口，開〔註 109〕之彼意，故名爲「說」也。「法」者，

32. 有其〔註 110〕四種〔註 111〕，謂理、教、行、果。今言法句〔註 112〕，則通收四門。法是所詮之旨，謂理行〔註 113〕果。

〔註 95〕「空」，英藏 S.6220 號《法句經疏》（殘卷）第 1 行作「泯」。

〔註 96〕「善」，正文為草書，又淺墨楷書於文右。

〔註 97〕「功」，古同「功」。

〔註 98〕「衆」，古同「衆」，見於《康熙字典》，在疏文中與草書字「衆」（參見第 52 行，古同「衆」）並存。因二者字形及寫法均存在差異，錄文將二者分別釋出。

〔註 99〕「遇」，正文為草書，又淺墨楷書於文右。旁書似有朱筆點塗。《大正藏》誤作「過」。又，寫卷中旁書之字，常有朱筆點塗痕跡，或清晰可辨，或模糊不清。可與原圖參詳。後不再注。

〔註 100〕「懷」，古同「懷」。正文為草書，又淺墨楷書於文右。

〔註 101〕「悲」，參見第 98 行之「悲」。《大正藏》誤作「之」。

〔註 102〕「愍」，本字為正字，音敏意聰，此處同「愍」。《大正藏》誤作「愁」。

〔註 103〕「傷」，正文為草書，又淺墨楷書於文右。

〔註 104〕「土」，原文為草書之「土」，古同「土」。參見第 24 行隸書之「土」。《大正藏》誤作「出」。

〔註 105〕「深」，正文為草書（形同「沵」），又將「深」字淺墨楷書於文右。

〔註 106〕「乎」，《大正藏》誤作「樂」。

〔註 107〕「動」，正文為草書，又淺墨楷書於文右。

〔註 108〕「寶」，古同「寶」。

〔註 109〕「開」，參見第 161 行之「開」，及英藏 S.6220 號《法句經疏》（殘卷）第 2 行。《大正藏》誤作「聞」。

〔註 110〕「其」，正文為草書，又淺墨楷書於文右。

〔註 111〕「法者有其四種」，英藏 S.6220 號《法句經疏》（殘卷）第 3 行作「法有四種」。

〔註 112〕「法句」，梵語為 dharma（法）-pada（句），巴利語為 dhamma（法）-pada（句）。原文二字楷書補書於文右。「句」，形同「勾」，此處同「句」。

〔註 113〕「理行」，原文「理」字楷書補書於文右。參見英藏 S.6220 號《法句經疏》（殘卷）第 4 行之「理行」。《大正藏》誤作「行理」。

第 3 紙

33. 法句是能詮之教，謂金對〔註114〕之說。今爲對詮明旨，所以〔註115〕扃〔註116〕三爲「法」，軏〔註117〕生

34. 物解，因以名焉〔註118〕。法不自彰〔註119〕，顯在乎〔註120〕教，文勢相屬，詮理義周，故名爲

35. 「句」。「經」者，此土〔註121〕之言，梵云脩〔註122〕多羅〔註123〕。良以此土之人，貴〔註124〕重五〔註125〕經，義少相似〔註126〕，

36. 故番〔註127〕譯家以經字代脩〔註128〕多羅處〔註129〕。多羅〔註130〕有〔註131〕五義，出自《廣》〔註132〕文。一者出生，

〔註114〕「對」，古同「剛」。

〔註115〕此處原有「故頊」二字，淺墨楷書補書於文右，未見於正文。疑爲衍文。依文義去除。參見英藏 S.6220 號《法句經疏》（殘卷）第 5 行之「所以扃三爲法」。《大正藏》作「故須」。

〔註116〕「扃」，古同「局」。

〔註117〕「軏」，古同「軌」。正文爲草書，又淺墨楷書於文右。

〔註118〕「焉」，正文爲草書，又淺墨楷書於文右。

〔註119〕「法不自彰」，英藏 S.6220 號《法句經疏》（殘卷）第 5 行作「法不自弘（弘）」。「不」，《大正藏》誤作「分」。

〔註120〕「乎」，《大正藏》誤作「平」。

〔註121〕「土」，古同「土」。

〔註122〕「脩」，古同「修」。

〔註123〕「脩多羅」，梵語爲 sūtra，意爲「經」。

〔註124〕「貴」，正文爲草書，又淺墨楷書於文右。

〔註125〕「五」，正文爲草書（形同「区」），又將「五」字淺墨楷書於文右。

〔註126〕「似」，英藏 S.6220 號《法句經疏》（殘卷）第 7 行亦作「似」。《大正藏》誤作「以」。

〔註127〕「番」，此處通「翻」。英藏 S.6220 號《法句經疏》（殘卷）第 7 行作「翻」。

〔註128〕「脩」，古同「修」。

〔註129〕「處」，英藏 S.6220 號《法句經疏》（殘卷）第 8 行亦作「處」。《大正藏》誤作「修」。

〔註130〕「多羅」，即「脩多羅」之略稱，梵語爲 sūtra。

〔註131〕「有」，英藏 S.6220 號《法句經疏》（殘卷）第 8 行無。

〔註132〕「廣」，此處指《廣弘明集》。《廣弘明集》卷十九稱：「此是天竺音，經是此土語。外國名爲修多羅。此言法本。具含五義。一出生。二涌泉。三顯示。四繩墨。五結鬘。」見《廣弘明集》（T2103），《大正藏》第 52 卷，第 239 頁第 1 欄第 10 至 12 行。

37. 出生〔註133〕諸義故。二者勇〔註134〕泉〔註135〕，義味无盡〔註136〕故。
三者顯示，顯示諸義故。四者繩〔註137〕

38. 墨，分辯〔註138〕耶〔註139〕正故。五者結鬘，貫穿〔註140〕諸法故。
〔註141〕経有二義，一法，二常。常〔註142〕者，人

39. 雖〔註143〕古今，教儀恒定。〔註144〕法者，五経，顯治道之得失，明人
倫之是非〔註145〕也。多

40. 羅五義，略舉二〔註146〕條。一謂湧〔註147〕泉，二稱繩〔註148〕墨。湧
〔註149〕泉注而无竭，此義可以自

〔註133〕「出生」，原文二字為重文符。

〔註134〕「勇」，此處通「湧」。參見第40行之「湧泉」及英藏 S.6220 號《法句經疏》
（殘卷）第8行之「涌泉」。

〔註135〕「泉」，原文為「眾」（古同「眾」），有誤。依文義、英藏 S.6220 號《法句經
疏》（殘卷）第8行及《法華論疏》(T1818)，更正為「泉」。《大正藏》誤作
「眾」。

〔註136〕「盡」，正文為草書（與現代簡體字同形），又淺墨楷書於文右。

〔註137〕「繩」，古同「繩」。

〔註138〕「辯」，此處通「辨」。佛經中「辯」與「辨」常通用。

〔註139〕「耶」，此處通「邪」。《大正藏》作「邪」。

〔註140〕「穿」，古同「穿」。秦漢以來，作為字中結構之「牙」與「身」常通
用。英藏 S.6220 號《法句經疏》（殘卷）第9行作「穿」。《大正藏》誤
作「窮」。

〔註141〕此「多羅五義」，隋代吉藏撰《法華論疏》卷一釋「修多羅者凡有五義」稱：
一者顯示，謂顯示諸義故。二涌泉，謂義味無盡故。三出生，諸義出生故。
四繩墨，裁諸邪顯正故。破十病名曰裁邪，顯十種義所謂顯正。五者結鬘，
貫穿諸佛法。參見《法華論疏》(T1818)，《大正藏》第40卷，第786頁第
2欄第23行至第3欄第3行。

〔註142〕「常」，原文為重文符。

〔註143〕「雖」，正文為草書，又淺墨楷書於文右。

〔註144〕此處英藏 S.6220 號《法句經疏》（殘卷）第10至11行多「始終莫易，故謂
之常」八字。

〔註145〕此處英藏 S.6220 號《法句經疏》（殘卷）第11至12行多「可為軌用，釋為
法」七字。

〔註146〕「二」，原文為「六」，有誤。依文義及英藏 S.6220 號《法句經疏》（殘卷）
第12行，更正為「二」。《大正藏》誤作「六」。

〔註147〕「湧」，英藏 S.6220 號《法句經疏》（殘卷）第12行作「涌」。

〔註148〕「繩」，古同「繩」。

〔註149〕「湧」，英藏 S.6220 號《法句經疏》（殘卷）第12行作「涌」。

41. 常。繩〔註150〕墨則辯〔註151〕定正耶〔註152〕，茲義又當其法〔註153〕也。
卷謂卷舒，文无二軸，稱

42. 之一也〔註154〕。故云〔註155〕《仏說法句経》一卷也。□〔註156〕自下釋
文，大判有三。初明序分。「仏告

43. 寶〔註157〕明」已下，次辯〔註158〕正宗。「尒〔註159〕時文殊〔註160〕」已
下，明流通分。大聖說經衣〔註161〕有由致〔註162〕，

44. 故先明序。序〔註163〕義既興，亘〔註164〕陳〔註165〕奧旨，次辯〔註166〕
正宗。正法既宣，非唯獨益當

45. 時，遠被將來，使道光无絕〔註167〕，所以弟〔註168〕三明流通分也。序
義雖衆〔註169〕，无過

〔註150〕 「繩」，古同「繩」。
〔註151〕 「辯」，此處通「辨」。《大正藏》作「辨」。
〔註152〕 「耶」，此處通「邪」。《大正藏》作「邪」。
〔註153〕 此處英藏 S.6220 號《法句經疏》（殘卷）第 13 至 14 行多「此則兩言一會，
內外冥扶」十字。
〔註154〕 「一也」，英藏 S.6220 號《法句經疏》（殘卷）第 14 行作「為一」。
〔註155〕 「云」，英藏 S.6220 號《法句經疏》（殘卷）第 14 行作「言」。
〔註156〕 「□」，原文此處似空一格。
〔註157〕 「寶」，古同「寶」。
〔註158〕 「辯」，英藏 S.6220 號《法句經疏》（殘卷）第 16 行此處作「釋」。《大正藏》
誤作「辨」。
〔註159〕 「尒」，古同「尔」。
〔註160〕 「文殊」，全稱文殊師利，菩薩名，梵語為 mañjuśrī。英藏 S.6220 號《法句
經疏》（殘卷）第 16 行作「弥勒」。
〔註161〕 「衣」，正文為草書，又濃墨楷書於文右。此處通「亦」。英藏 S.6220 號
《法句經疏》（殘卷）第 16 行似作「衣」或「必」。《大正藏》誤作「之
依」。
〔註162〕 「致」，正文為草書，又淺墨楷書於文右。
〔註163〕 「序」，原文為重文符。
〔註164〕 「亘」，古同「宜」。
〔註165〕 「陳」，正文為草書（與現代簡體字同形），又淺墨楷書於文右。
〔註166〕 「辯」，《大正藏》誤作「辨」。
〔註167〕 「絕」，正文為草書，又淺墨楷書於文右。
〔註168〕 「弟」，此處同「第」。
〔註169〕 「衆」，古同「眾」。

46. 有二。一者，發起序。謂，起化由藉，大聖將〔註170〕說，託處假〔註171〕時，動〔註172〕地放〔註173〕光，有

47. 緣斯〔註174〕集，賴〔註175〕藉此等，起發正經，啓〔註176〕化之由，故名發起序。二者，證信序。阿

48. 難〔註177〕稟〔註178〕宣仏化，將示〔註179〕未聞，欲以聖言，澤流万代，故言如是之法，我從仏

49. 聞，證己〔註180〕所傳，深爲可信，從此立〔註181〕名，故云「證信序」。文中，初，明證信序。「於

50. 是衆〔註182〕中」已下，明發〔註183〕起序。初，證信者，仏教阿難，一切經初言〔註184〕：「如是我聞〔註185〕，

51. 一時〔註186〕，仏在某方某國某處，爲某甲等若干人說。」經文雖六句，要〔註187〕則唯

52. 三。一爲息諍，二示信相，弟〔註188〕三證說。初言〔註189〕「聞」者，

〔註170〕 「將」，《大正藏》誤作「得」。
〔註171〕 「假」，正文為草書，又淺墨楷書於文右。
〔註172〕 「動」，正文為草書，又淺墨楷書於文右。
〔註173〕 「放」，正文為草書，有塗改痕跡，又淺墨楷書於文右。
〔註174〕 「斯」，正文為草書，又淺墨楷書於文右。
〔註175〕 「賴」，《大正藏》誤作「類」。
〔註176〕 「啓」，古同「啓」。
〔註177〕 「阿難」，全稱阿難陀，佛陀弟子名，梵語為 ānanda，意譯為「歡喜」。
〔註178〕 「稟」，原文為「稟」，形近清趙之謙《楷書南唐四百九十六字冊》之「稟」，古同「稟」。
〔註179〕 「示」，《大正藏》誤作「來」。
〔註180〕 「己」，《大正藏》誤作「已」。
〔註181〕 「立」，正文為草書，又淺墨楷書於文右。
〔註182〕 「衆」，古同「眾」。
〔註183〕 「發」，原文為草書字。
〔註184〕 「言」，《大正藏》誤作「云」。
〔註185〕 「如是我聞」，梵語為 evaṃ（這樣）mayā（被我）śrutam（被聽到的），又作「聞如是」，直譯為「這樣被我聽到」。
〔註186〕 「一時」，梵語為 ekasmin（一個）samaye（時間）。
〔註187〕 「要」，《大正藏》無。
〔註188〕 「弟」，此處同「第」。
〔註189〕 「言」，《大正藏》誤作「我」。

謂阿難對衆〔註190〕陳〔註191〕己〔註192〕湌〔註193〕受，

53. 聽說非他，故稱爲「聞」，猶是「我聞」也。此則弟〔註194〕一息諍法。若書〔註195〕我〔註196〕聞之外，

54. 則便有執，有執〔註197〕則起諍。今言我從仏聞，則明己〔註198〕无執，彼亦无諍也。又，

55. 愛有二種。一者，五欲〔註199〕愛。二者，法愛。外道出家〔註200〕，能斷欲〔註201〕愛，不斷法愛。

56. 故情有所執。然仏弟子，二愛並除。法愛既盡，執竟〔註202〕都息。始稱我

57. 聞，存於此也。我〔註203〕有三種。一者，見我〔註204〕。二者，慢我。三者，名字我。阿難既

58. 是〔註205〕无學聖人，見息或〔註206〕盡，雖无二我，随世流〔註207〕布〔註208〕，故有名字我也。「如是」

59. 者，示信相也，明有信之人，能入仏法。信，言此經如是。不信者，言此經

〔註190〕「衆」，古同「眾」。
〔註191〕「陳」，正文爲草書（與現代簡體字同形），又淺墨楷書於文右。
〔註192〕「己」，敦煌草書中「己」常寫作「巳」，二者字形相近。參見本書研究部分之第五章「《法句經疏》形近字匯集」。《大正藏》作「已」。
〔註193〕「湌」，古同「餐」。
〔註194〕「弟」，此處同「第」。
〔註195〕「書」，正文爲草書（與現代簡體字同形），又淺墨楷書於文左。《大正藏》誤作「出」。
〔註196〕「我」，正文爲草書，又淺墨楷書於文右。
〔註197〕「有執」，原文二字爲重文符。
〔註198〕「己」，《大正藏》誤作「已」。
〔註199〕「五欲」，《大正藏》誤作「我」。
〔註200〕「家」，正文爲草書，又淺墨楷書於文右。
〔註201〕「欲」，《大正藏》誤作「我」。
〔註202〕「竟」，古同「競」。
〔註203〕「我」，正文爲草書，又淺墨楷書於文右。
〔註204〕「我」，正文爲草書，又淺墨楷書於文右。
〔註205〕此處《大正藏》有衍文「是」。
〔註206〕「或」，此處通「惑」。
〔註207〕「流」，古同「流」。正文爲草書，又淺墨楷書於文右。
〔註208〕「布」，正文爲草書，又淺墨楷書於文右。

60. 不如是也。故肇師〔註209〕言：「如是者，信愼〔註210〕之辞也。夫信，則所言之理愼。理

第 4 紙

61. 愼〔註211〕，則師資之道成。」〔註212〕違〔註213〕之者，正言而致〔註214〕返，還原之路〔註215〕絕。經〔註216〕无豐約，

62. 非信不傳〔註217〕。故於經首〔註218〕創建「如是」也。「一時」者，自下，時、方、人三事，證實非

63. 虛。方，是說經之處。人，謂菩薩〔註219〕等衆。「一時」者，說經時也。於此時中，仏說

64. 如是經也。又，法王〔註220〕啟〔註221〕運〔註222〕之日，大衆〔註223〕嘉集之晨，故言「一時」。「婆伽婆」〔註224〕者，

〔註209〕「肇師」，即僧肇，中國東晉僧人，師從鳩摩羅什，著有《肇論》等。「肇」，原文為「肈」，古同「肇」。

〔註210〕「愼」，古同「順」。原文或為「愼」，此處通「順」。寫卷原字，右半部分或不出頭作「頁」（如第7行，第60行第24字，第124行），或出頭似「真」（如第60行第13字，第230，360，377，394，397，414行），均為「順」之不同寫法。本書統一錄作「愼」。

〔註211〕「理愼」，原文二字為重文符。

〔註212〕引自《注維摩詰經》卷一《佛國品第一》：「肇曰：『如是，信順辭。夫信，則所言之理順。順，則師資之道成。經無豐約，非信不傳。故建言如是。』」《注維摩詰經》（T1775），《大正藏》第38卷，第328頁第1欄第12至14行。

〔註213〕「違」，正文為草書（與現代簡體字同形），又濃墨楷書於文右。

〔註214〕「致」，正文為草書，又淺墨楷書於文右。

〔註215〕「路」，正文為草書，又濃墨楷書於文右。

〔註216〕「經」，《大正藏》誤作「雖」。

〔註217〕「傳」，正文為草書（與現代簡體字同形），又淺墨楷書於文右。

〔註218〕「首」，正文為草書，又淺墨楷書於文右。

〔註219〕「菩薩」，原文二字為合文符。佛經中常將「菩薩」二字合文作「⺿⺿」。「菩薩」為「菩提薩埵」之略稱，梵語為 bodhi-sattva。

〔註220〕「王」，《大正藏》誤作「五」。

〔註221〕「啟」，古同「啓」。

〔註222〕「運」，正文為草書，又淺墨楷書於文右。

〔註223〕「衆」，古同「眾」。

〔註224〕「婆伽婆」，梵語為 bhagavat，音寫作「婆伽婆」、「薄伽梵」等，常譯作「世尊」，此處為釋迦牟尼稱號。

65. 檦〔註225〕別〔註226〕化主世尊捴〔註227〕号也。破煩惚〔註228〕習，種智
現前，覺一切法，号曰「婆伽婆」

66. 也〔註229〕。「在日月宮中」者，說經處也。下，列衆有二。初，明純衆。
二，明雜衆及他方

67. 衆也。前中，初，舉數〔註230〕列名。弟二，捴〔註231〕結。「菩薩摩訶薩」
〔註232〕者，通号也。若依梵

68. 本，應言摩訶菩提薩埵質搪〔註233〕。摩訶言大，菩提言道，薩埵名
衆

69. 生，質搪言心。謂大道心衆生也。下，明雜衆。中有二。初，明人天衆，
亦云

70. 出家、在家衆。二，明八部衆也。前中，初，明出家衆。二，明俗衆。
言「比丘〔註234〕、比

71. 丘尼〔註235〕」者，出家衆也。釋有四義。一，破煩惚〔註236〕。二，持
淨〔註237〕戒〔註238〕。三，能怖魔。四，淨

〔註225〕 「檦」，係「標」之訛字，又音義同「表」，此處同「標」。
〔註226〕 「別」，《大正藏》誤作「于」。
〔註227〕 「捴」，古同「總」。
〔註228〕 「惚」，本字為正字，音忽義失意惝惘等，此處同「惱」。《大正藏》作「惱」。
〔註229〕 「婆也」，原文第65行末字「也」與第66行首字「婆」次序顛倒。應為「号曰『婆伽婆』也」。
〔註230〕 「數」，正文為草書，又淺墨楷書於文右。
〔註231〕 「捴」，古同「總」。
〔註232〕 「菩薩摩訶薩」，梵語為 bodhi-sattva-mahā-sattva。菩，對應 bodhi，音寫作「菩提」，意為「智慧」、「覺醒」；薩，對應 sattva，音寫作「薩埵」，意為「衆生」；摩訶，對應 mahā，意為「大」；薩，對應 sattva，意為「衆生」。
〔註233〕 「摩訶菩提薩埵質搪」，梵語為 mahā-bodhi-sattva-citta。摩訶，對應 mahā，意為「大」；菩提，對應 bodhi，意為「智慧」、「覺醒」；薩埵，對應 sattva，意為「衆生」；質搪，對應 citta，意為「心」。「菩薩摩訶薩」與「摩訶菩提薩埵質搪」並非嚴格對應，大意無差，指求大道之人。
〔註234〕 「比丘」，梵語為 bhikṣu，指出家修習佛法的男子。
〔註235〕 「比丘尼（尼）」，梵語為 bhikṣuṇī，指出家修習佛法的女子。「尼」，古同「尼」。
〔註236〕 「惚」，此處同「惱」。《大正藏》作「惱」。
〔註237〕 「淨」，古同「淨」。
〔註238〕 「戒」，古同「戒」。

72. 乞食，離四口食〔註239〕也。下，明俗眾。「優婆塞」〔註240〕等〔註241〕，謂清信男女也。復有「大天」〔註242〕者，

73. 梵〔註243〕、釋〔註244〕諸天〔註245〕也。下，明八部眾。「龍」〔註246〕，有三種。一，在地龍。二，在虛空。三，在海水。

74. 之下，「夜叉」〔註247〕，漢言輕〔註248〕捷〔註249〕神，有三種。一，在地。二，在空。三，在下天，守宮城

75. 門。故《智度論》〔註250〕言：「帝釋〔註251〕有九百九十九門，門〔註252〕別有十六青衣〔註253〕夜叉守之。」〔註254〕

76. 地夜叉，但以財袘〔註255〕故，不能飛空。天夜叉，以車馬施故，能飛行。仏轉法輪

〔註239〕「食」，正文為草書，又淺墨楷書於文右。

〔註240〕「優婆塞」，梵語為 upāsaka，指在家修習佛法的男子，又譯「善男」。

〔註241〕「等」，此處省略「優婆夷」，梵語為 upāsikā，指在家修習佛法的女子，又譯「善女」。

〔註242〕「大天」，梵語為 mahā-deva，音寫作「摩訶提婆」，意為「大天神」，略稱「大天」。《大正藏》之《法句經》（T2901）錄文作「天」。

〔註243〕「梵」，指梵天，梵語為 brahman，印度教三大主神之一。此處為佛教護法神之一。

〔註244〕「釋」，指帝釋天，梵語為 śakra 或 indra，又譯「天帝釋」、「因陀羅」等，印度教重要天神。此處為佛教護法神之一。

〔註245〕「天」，梵語為 deva，音寫作「提婆」，意為「天神」，略稱為「天」。

〔註246〕「龍」，梵語為 nāga，音寫作「那伽」，直譯為「蛇」。佛經中常將 nāga 譯為「龍」或「龍蛇」。

〔註247〕「夜叉」，梵語為 yakṣa，又譯「藥叉」等，為印度教傳說中半神的一種，佛教系統中的鬼類，列入「天龍八部」。

〔註248〕「輕」，正文為草書，又淺墨楷書於文右。古同「輕」。

〔註249〕「捷」，古同「捷」。「捷」字之下，原文有衍文「有」，右側有刪除符。依文義去除。《大正藏》無衍文「有」。

〔註250〕「智度論」，此處指《大智度論》。

〔註251〕「帝釋」，指帝釋天，梵語為 śakra 或 indra，又譯「天帝釋」、「因陀羅」等，印度教重要天神。此處為佛教護法神之一。

〔註252〕「門」，原文為重文符。

〔註253〕「衣」，正文為草書，又淺墨楷書於文右。

〔註254〕引自《大智度論》卷五四《天主品第二七》：「天帝九百九十九門，門皆以十六青衣夜叉守之。」《大智度論》（T1509），《大正藏》第 25 卷，第 448 頁第 1 欄第 25 至 26 行。

〔註255〕「袘」，音移義曲，又同「袉」，此處通「施」。

77. 時，地夜叉唱，空夜叉聞。空夜叉唱，天空夜叉聞。如是乃至梵天也。
「神」

78. 者，受善惡〔註256〕雜報，似〔註257〕人天而非人天，其形勝人而劣天，
身輕〔註258〕微難見也。

79. 自下，弟〔註259〕二，以明發〔註260〕起序。就中有二。初，寶〔註261〕明
陳〔註262〕昔蒙記請，問〔註263〕立名因緣。

80. 弟二，如來正答〔註264〕也。問〔註265〕中有三。初，承力請〔註266〕問
〔註267〕彰己積習所依。言「承仏威

81. 神」〔註268〕者，聖德尊高〔註269〕，輒〔註270〕難啓〔註271〕問，自非降
神下被，无由直請也。「燃燈仏」〔註272〕

82. 者，欛〔註273〕其授記之尊。「出家學道」，正明文〔註274〕植善本也。「世
尊即授」下，弟

83. 二，明記所立名。「尔〔註275〕時寶明」下，弟三，問名字所由。但寶明
今問，多爲審

〔註256〕「恶」，古同「惡」。
〔註257〕「似」，《大正藏》誤作「以」。
〔註258〕「輕」，古同「輕」。正文為草書，又淺墨楷書於文右。
〔註259〕「弟」，古同「第」。
〔註260〕「發」，原文為草書字。
〔註261〕「寶」，古同「寶」。
〔註262〕「陳」，正文為草書（與現代簡體字同形），又淺墨楷書於文右。
〔註263〕「問」，《大正藏》誤作「而」。
〔註264〕「答」，《大正藏》誤作「道」。
〔註265〕「問」，《大正藏》誤作「而」。
〔註266〕「請」，《大正藏》誤作「清」。
〔註267〕「問」，《大正藏》誤作「而」。
〔註268〕《大正藏》之《法句經》（T2901）錄文作「承佛神力」。
〔註269〕「高」，古同「高」。
〔註270〕「輒」，正文為草書，又淺墨楷書於文右。
〔註271〕「啓」，古同「啓」。
〔註272〕「燃燈仏（佛）」，梵語為 dīpaṃkara，又譯「定光如來」、「普光如來」等。
〔註273〕「欛」，此處同「標」。
〔註274〕「文」，《大正藏》誤作「又」。
〔註275〕「尔」，古同「尔」（爾）。

84. 定其理，證成〔註276〕已解。又爲請首〔註277〕，因弘至道，望与時熙，
　　共〔註278〕聞深法。故言

85. 「云何授我号爲寶明乎？」下，答中，初，文外略明燃燈世尊〔註279〕立
　　名遠意。

86. 弟二，就文分別，即明釋迦〔註280〕正答。言遠意〔註281〕者，但寶明歷
　　〔註282〕待〔註283〕先仏，功〔註284〕行

87. 不虧〔註285〕，今奉〔註286〕釋迦，將隣道記，燃燈仏爲遣有〔註287〕所得
　　心，假〔註288〕名字以導如如〔註289〕，

88. 故復爲之彰号。先聖遠意〔註290〕，既存斯〔註291〕旨，今仏釋迦，述而
　　不作。還就

第 5 紙

89. 其所立，廣明性空，詰〔註292〕破其心，事同慈氏〔註293〕，蒙記一生當
　　得阿耨菩

〔註276〕「成」，正文爲草書，又淺墨楷書於文右。
〔註277〕「首」，正文爲草書，又淺墨楷書於文右。
〔註278〕「共」，正文爲草書，又淺墨楷書於文右。
〔註279〕「燃燈世尊」，即燃燈佛，梵語爲 dīpaṃkara，又譯「定光如來」、「普光如來」等。
〔註280〕「釋迦」，梵語爲 śākya，即釋迦牟尼，指佛陀。
〔註281〕「意」，正文爲草書，又濃墨楷書於文右。
〔註282〕「歷」，古同「歷」。
〔註283〕「待」，此處通「侍」。
〔註284〕「功」，古同「功」。
〔註285〕「虧」，原文似爲「虧」，形近元珍墓志之「虧」，古同「虧」。
〔註286〕「奉」，正文爲草書，又淺墨楷書於文右。
〔註287〕「有」，《大正藏》誤作「立」。
〔註288〕「假」，正文爲草書，又淺墨楷書於文右。
〔註289〕「如」，原文爲重文符。
〔註290〕「意」，正文爲草書，又淺墨楷書於文右。
〔註291〕「斯」，正文爲草書，又淺墨楷書於文右。
〔註292〕「詰」，《大正藏》誤作「語」。
〔註293〕「慈氏」，梵語爲 maitreya，音譯爲「彌勒」，意譯爲「慈氏」。

90. 提〔註294〕。净名〔註295〕廣問：「爲用何生得授記乎？」乃至「言如者不二不異？云何獨

91. 授？仁者當得菩提也。」〔註296〕就文分別者，於中有二。初，明爲說勅〔註297〕聽思念〔註298〕

92. 諦，謂審〔註299〕諦聽。若不審〔註300〕，則有謬聞之過。聞之不思，便有退解〔註301〕之真。

93. 思而不念，則文義俱喪。良以思而念之，則文義並存。聽无不審〔註302〕，則

94. 聞而不謬，故勅〔註303〕「諦聽，善思〔註304〕念之」也。下，弟二，明其說意。於中有三。初，

95. 明聖心等被普洽時機。二，「說斯〔註305〕決定」下，明所說法。言「大乘」〔註306〕者，如《起信

96. 論》〔註307〕說：「大義有三，謂，體、相、用也。」〔註308〕三世諸仏之

〔註294〕「阿耨菩提」，為「阿耨多羅菩提」之略寫，梵語為 anuttara-bodhi，又譯「無上菩提」、「無上覺」等。阿耨（多羅），對應 anuttara，意為「無上」（阿，對應前綴 an，表示否定，意為「無」；耨多羅，對應 uttara，意為「上」）；菩提，對應 bodhi，意為「智慧」、「覺醒」。

〔註295〕「淨名」，即維摩詰居士，梵語為 vimala-kīrti，vimala 意為「無垢」，kīrti 意為「美名」，意譯為「無垢稱」或「淨名」。鳩摩羅什譯《維摩詰所說經》，玄奘譯為《說無垢稱經》，又名《淨名經》。

〔註296〕引自《維摩詰所說經》卷一《菩薩品第四》：「若彌勒得受記者，一切眾生亦應受記。所以者何？夫如者不二不異，若彌勒得阿耨多羅三藐三菩提者，一切眾生皆亦應得。」《維摩詰所說經》（T0475），《大正藏》第 14 卷，第 542 頁第 2 欄第 13 至 16 行。

〔註297〕「勅」，古同「敕」。正文為草書（與現代簡體字同形），又淺墨楷書於文右。《大正藏》作「勅」。

〔註298〕「念」，《大正藏》誤作「定」。

〔註299〕「審」，正文為草書，又淺墨楷書於文右。

〔註300〕「審」，正文為草書，又淺墨楷書於文右。

〔註301〕「解」，正文為草書，又淺墨楷書於文右。

〔註302〕「審」，正文為草書，又淺墨楷書於文右。

〔註303〕「勅」，古同「敕」。《大正藏》作「勅」。

〔註304〕此處《大正藏》有衍文「成」。

〔註305〕「斯」，正文為草書，又淺墨楷書於文右。

〔註306〕「大乘」，梵語為 mahāyāna。

〔註307〕「起信論」，此處指《大乘起信論》。

〔註308〕引自《大乘起信論》：「所言義者，則有三種。云何為三？一者、體大，謂一

所遊履〔註309〕，運苞〔註310〕熙聖，圓〔註311〕

97. 成極果，名曰「大乘」也。三，明熙心忻〔註312〕賀，專心頂受，奉〔註313〕教而聽也。上，序

98. 分又記。下，弟二，次明正宗。但衆生根〔註314〕品万殊，藉悟多端，大悲俯應，說

99. 有兩會不同。文中有三。初從此文，終至世尊傷嘆已來，正爲此土及

100. 餘方機緣已熟者，初會說法。弟二，「於是東〔註315〕方」已下，次爲寶至世界普

101. 光大衆，弟二會〔註316〕說。弟三，「仏說經已，普光得忍」下，明二土〔註317〕時熙聞法獲

102. 益也。前初會中，文有四節〔註318〕。初，正酬寶明所請。弟二，「菩薩欲浔〔註319〕阿耨

103. 菩提」已下，因言顯理，廣明十八界空。弟三，「一切衆生欲浔〔註320〕菩提」已下，

104. 勸近善友。弟四，「於是」已下，寶明大衆聞法慶喜〔註321〕也。良以衆生无始

切法真如平等不增減故。二者、相大，謂如來藏具足無量性功德故。三者、用大，能生一切世間、出世間善因果故。」《大乘起信論》（T1666），《大正藏》第32卷，第575頁第3欄第25至28行。

〔註309〕「履」，文右淺墨楷書誤釋為「傷」。《大正藏》作「履」。
〔註310〕「苞」，此處通「包」。
〔註311〕「圓」，古同「圓」。
〔註312〕「忻」，本字為正字，音欣義闊，此處同「欣」。
〔註313〕「奉」，正文為草書，又淺墨楷書於文右。
〔註314〕「根」，《大正藏》誤作「招」。
〔註315〕「東」，正文為草書（與現代簡體字同形），又濃墨楷書於文右。
〔註316〕「會」，原文為草書之「會」（與現代簡體字同形），與「念」形似。《大正藏》作「會」。
〔註317〕「土」，古同「土」。《大正藏》誤作「出」。
〔註318〕「節」，古同「節」。
〔註319〕「浔」，此處同「得」。
〔註320〕「浔」，此處同「得」。
〔註321〕「喜」，原文為「憙」，古同「喜」。《大正藏》作「喜」。

105. 已來，尋名執義，起或〔註322〕爲業，輪迴〔註323〕生死，尓〔註324〕來不息。自非專脩〔註325〕正觀，寞〔註326〕

106. 心至理，善友良緣，義无淂返。所以勸觀名義性空并近善友也。初

107. 文有二。初，正說名字空義。弟二，「作是觀」下，明觀之利益。初文復二。

108. 初，正勸觀。弟二，「善男子若名字」已下，次，勸捨著。前文有三。初，勸。次，

109. 觀。弟三，結也。初云「且觀」者，將明〔註327〕如通聖凡窮上，所以前觀仏名，後

110. 方類釋也。下，正觀。中，初，明名不定有。二，明非无。但名无自體，託法而

111. 生。若有而爲實者，直說食名，聞便已昰〔註328〕，何待進而方飽？故云「說

112. 食与〔註329〕人，應得充〔註330〕飽」也。下，弟二，明非无者。上弁〔註331〕名依義立，不可爲有。此

113. 明義復依名，不可爲无也。文中，初，明仏智窮原。言「不空」者，若名字

114. 定无，空記何爲？故言「若字无者，不授我記及汝名」也。二，若名字定

115. 无，便无授者，不應得仏。然，昔蒙受記，今登正覺，寶明〔註332〕名字，目義

〔註322〕「或」，此處通「惑」。
〔註323〕「輪迴」，梵語為 saṃsāra。
〔註324〕「尓」，古同「尔」（爾）。
〔註325〕「脩」，古同「修」。
〔註326〕「寞」，「寞」之減筆字，古同「冥」。
〔註327〕「明」，《大正藏》誤作「以」。
〔註328〕「昰」，古同「足」。
〔註329〕「与」，正文為草書，又淺墨楷書於文右。
〔註330〕「充」，《大正藏》作「充」。《大正藏》之《法句經》（T2901）錄文作「無」，有誤。形同現代簡體字之「无」與「充」字形相近。依文義，應為「充」。
〔註331〕「弁」，此處同「辯」。《大正藏》作「辯」。
〔註332〕「明」，古同「明」。

116. 非虛，何得定无？故云「如无授者，我不應得仏」也。弟三，捴〔註333〕
結〔註334〕。云：「當知

第6紙

117. 字句〔註335〕其以久如」者，論實夫如也。不二不異。異〔註336〕，便定
有〔註337〕。二，即定无。良

118. 由非定有故，隨目何義不異！一切非定无故，雖〔註338〕恒呂〔註339〕法，
未曾同彼。未〔註340〕

119. 曾同故，无定所屬。不異一切故，俻〔註341〕題諸法也。下，勸捨著也。
但寶明〔註342〕

120. 雖復久存學道，良未洞達音聲法門，於善惡〔註343〕言下，猶懷〔註344〕
取捨。蒙

121. 仏授記，情生踴躍。今明毀譽等法，其唯是聲。聲〔註345〕賴〔註346〕緣
生，究竟空

122. 寂〔註347〕，豈容善惡〔註348〕於其〔註349〕間來〔註350〕！文中有二。

〔註333〕「捴」，古同「總」。
〔註334〕「結」，正文為草書，又淺墨楷書於文右。
〔註335〕「句」，形同「勾」，此處同「句」。《大正藏》作「句」。《大正藏》之《法句
經》（T2901）錄文亦作「句」。
〔註336〕「異」，原文為重文符。
〔註337〕「有」，《大正藏》誤作「意」。
〔註338〕「雖」，《大正藏》誤作「墮」。
〔註339〕「呂」，古同「召」。
〔註340〕「未」，《大正藏》誤作「末」。中華電子佛典協會資料庫（以下簡稱 CBETA）
更正為「未」。
〔註341〕「俻」，古同「備」。
〔註342〕「眀」，古同「明」。
〔註343〕「惡」，古同「惡」。
〔註344〕「懷」，古同「懷」。正文為草書，又淺墨楷書於文右。《大正藏》誤作「難」。
〔註345〕「聲」，原文為重文符。
〔註346〕「賴」，《大正藏》誤作「類」。
〔註347〕「寂」，古同「寂」。
〔註348〕「惡」，古同「惡」。
〔註349〕「其」，正文為草書，又淺墨楷書於文右。
〔註350〕「來」，正文為草書，又將「来」淺墨楷書於文右。

初，舉所觀境。弟二，「若遇〔註351〕」已下，

123. 對境脩觀，正明捨著。前中，初，㨂〔註352〕。次，勸。後〔註353〕，釋。
勸中，八風〔註354〕之內，略舉二

124. 條，則是違慎〔註355〕兩緣。違中有二。初，毀呰〔註356〕誹謗誙〔註357〕
辱，以加良善譏呵，

125. 一種小過，則重爲譏責也。下，明慎〔註358〕意〔註359〕輕〔註360〕微之
德。越分稱楊〔註361〕，名曰讚〔註362〕

126. 譽。此皆不實，如空谷響。衆生不了，妄謂爲有。理觀既无，何嗔〔註363〕？
何

127. 喜？下，對境脩。中有二。初，明遇境興觀，拀〔註364〕之歸〔註365〕空。
故言「此音聲者，

128. 爲大爲小」，乃至「都无所得」也。故《智論》〔註366〕言：「風名憂檀
〔註367〕那〔註368〕，觸齊〔註369〕而上出。

〔註351〕「遇」，正文為草書，又淺墨楷書於文右。
〔註352〕「㨂」，古同「揀」。疏文通篇以「㨂」替代「揀」，疑為避唐太宗李世民之諱。
〔註353〕此處《大正藏》有衍文「復」。
〔註354〕「八風」，喻稱「世間八法」，指：「利」、「衰」、「毀」、「譽」、「稱」、「譏」、「苦」、「樂」這八種動搖修道意志的八種影響。衰利、毀譽、稱譏、苦樂，四順四違，能動物情，名為「八風」。參見任繼愈主編，《佛教大辭典》，江蘇古籍出版社，2002年12月，南京，第61頁。
〔註355〕「慎」，古同「順」。
〔註356〕「呰」，本字為正字，音紫義弱，又義苛毀，又同「疵」、「此」，此處同「訾」。
〔註357〕「誙」，原文為「誙」，古同「誙」。《大正藏》誤作「經」。
〔註358〕「慎」，此處通「順」。《大正藏》作「順」。
〔註359〕「意」，正文為草書，又淺墨楷書於文右。
〔註360〕「輕」，正文為草書，又淺墨楷書於文右。古同「輕」。
〔註361〕「楊」，此處通「揚」。《大正藏》作「揚」。
〔註362〕「讚」，古同「讚」。
〔註363〕「嗔」，《大正藏》作「瞋」。
〔註364〕「拀」，此處同「析」。《大正藏》誤作「拆」。
〔註365〕「歸」，正文為草書，又淺墨楷書於文右。
〔註366〕「智論」，此處指《大智度論》。
〔註367〕「檀」，古同「檀」。
〔註368〕「憂檀那」，梵語為 udāna，意為「風」。
〔註369〕「齊」，此處通「臍」。《大正藏》作「臍」。

129. 是風七處觸，頂及齗〔註370〕、齒、脣〔註371〕、舌、咽及以胷〔註372〕，是中語〔註373〕言生。凡夫不知此，

130. 或〔註374〕著起瞋〔註375〕癡〔註376〕」〔註377〕也。「若无所得」下，弟二，正勸捨著。聲既自空，毀譽不實，

131. 云何妄生瞋〔註378〕喜之心也！下，弟二，觀益。中有三。初，法。次，喻。後，合。前中，

132. 初，牒〔註379〕上事。脩觀立，衣〔註380〕招勝果，故言「作是觀已」，乃至「當得菩〔註381〕提」。阿之

133. 言无，耨多羅言上，三稱正，猍〔註382〕之言真，三又云正，菩〔註383〕提稱道，即是无

134. 上菩〔註384〕提正真之道〔註385〕也。「何以故」下，弟二，釋。良由万法性空，虛通曰道，觀

135. 聲亦尒〔註386〕，何爲不證也！下，明喻合兩文。纔相飛空，睡乃騰虛，

〔註370〕 「齗」，本字為正字，又同「齘」等，此處同「齦」。

〔註371〕 「脣」，古同「唇」。

〔註372〕 「胷」，古同「胸」。

〔註373〕 「語」，正文為草書，又淺墨楷書於文右。

〔註374〕 「或」，此處通「惑」。

〔註375〕 「瞋」，正文為草書，又將「瞋」淺墨楷書於文右。《大正藏》作「瞋」。

〔註376〕 「癡」，此處同「癡」。古「疒」、「广」常混用。

〔註377〕 引自《大智度論》卷六：「風名憂檀那，觸臍而上去；是風七處觸，項及齗齒脣，舌咽及以胸，是中語言生。愚人不解此，惑著起瞋癡。」《大智度論》（T1509），《大正藏》第 25 卷，第 103 頁第 1 欄第 18 至 21 行。

〔註378〕 「瞋」，《大正藏》作「瞋」。

〔註379〕 「牒」，古同「牒」。

〔註380〕 「衣」，正文為草書，又淺墨楷書於文右。此處通「亦」。《大正藏》作「衣」。

〔註381〕 「菩」，原文略作「艹」。

〔註382〕 「猍」，古同「藐」。

〔註383〕 「菩」，原文略作「艹」。

〔註384〕 「菩」，原文略作「艹」。

〔註385〕 「无上菩提正真之道」，即「阿耨多羅三猍（藐）三菩提」，梵語為 anuttara-samyak-sambodhi，又譯「無上正等菩提」、「無上正等覺」等。阿，對應前綴 an，表示否定，意為「無」；耨多羅，對應 uttara，意為「上」；三猍（藐），對應 samyak，意為「正」、「真」；三菩提，對應 sambodhi，意為「完整智慧」、「完全覺醒」。

〔註386〕 「尒」，古同「尔」（爾）。

菩〔註387〕提久現，

136. 則切〔註388〕不唐捐。故言「菩薩〔註389〕觀空，衣〔註390〕得證」也。自下，弟二，次觀界空也。內六

137. 根、外六塵、中間六識，合為十八。文中有三。初，明猒背生死，衣〔註391〕須〔註392〕高

138. 栖空理，勸之脩觀，令斷諸或〔註393〕。弟二，「譬如楊〔註394〕炎〔註395〕」已下，明理隱難彰，

139. 借喻爲況。弟三，「諸有智者」已下，結觀脩行，明觀所成益。前中有

140. 三。初，舉果勸行其因。弟二，「或有衆生」已下，明觀脩意。弟三，「眼不

141. 自見」已下，正明脩觀，廣弁〔註396〕空義。前中復三。初，舉果勸脩，正明菩〔註397〕提

142. 體狀。弟二，寶明請問。弟三，仏言下答也。問曰：「三事本空，非今始空。

143. 體即菩〔註398〕提，无勞別證。何故乃言『欲得菩〔註399〕提，當觀三處』也？」釋言：「菩〔註400〕提

144. 體性，實无隱顯。但以无明〔註401〕所覆，有而不覺，要〔註402〕須脩觀，

〔註387〕「菩」，原文略作「艹」。
〔註388〕「切」，古同「功」。
〔註389〕「菩薩」，原文二字為合文符。
〔註390〕「衣」，正文為草書，又淺墨楷書於文右。此處通「亦」。《大正藏》作「衣」。
〔註391〕「衣」，此處通「亦」。《大正藏》作「衣」。
〔註392〕「須」，正文為草書，又淺墨楷書於文右。
〔註393〕「或」，此處通「惑」。
〔註394〕「楊」，此處通「陽」。《大正藏》作「陽」。
〔註395〕「楊（陽）炎（焰）」，梵語為 marīci 或 marīcikā，意為「空中光暈如火焰」，與 mṛgatṛṣṇā 或 mṛgatṛṣṇikā（鹿渴，渴獸將沙漠中的蜃景當作水）一樣，均喻指幻景。「炎」，古同「焰」。
〔註396〕「弁」，此處同「辯」。《大正藏》作「辯」。
〔註397〕「菩」，原文略作「艹」。
〔註398〕「菩」，原文略作「艹」。
〔註399〕「菩」，原文略作「艹」。
〔註400〕「菩」，原文略作「艹」。
〔註401〕「无明」，梵語為 avidyā，意為「無知」。
〔註402〕「要」，參見第177行之「要」。《大正藏》誤作「安」。

始方剋〔註403〕證。

第7紙

145. 譬若〔註404〕虛空，體〔註405〕性雖淨〔註406〕，然爲烟雲塵霧之所隱蔽〔註407〕，不可以空。體

146. 性淨，即使〔註408〕彰，不除而自現也。」文言「於三處中」等者，此三事无體，

147. 更相依持，離有、離无，不生、不滅，名爲不實。不實性空，稱爲解脫

148. 也。勸脩意〔註409〕中，「教如實觀」者，眼等虛妄，誑或〔註410〕凡〔註411〕夫，无其性也，以无生

149. 爲體，故今勸觀〔註412〕，捨虛會實。色心妄法，更不現前。貪嗔等或〔註413〕，自此衰喪。

150. 故《智論》〔註414〕言「內外十二入，皆是魔網，虛誑不實。於此中，生六種識，亦是

151. 魔網，虛誑不實。何者是實？唯有不二之法。謂：无眼、无色，乃至无

152. 意、无法等，是名爲實」〔註415〕也。下，正觀中，但明眼、色与心，餘者例令文別

〔註403〕 「剋」，古同「克」。
〔註404〕 「若」，《大正藏》誤作「如」。
〔註405〕 「體」，《大正藏》誤作「證」。
〔註406〕 「淨」，古同「淨」。
〔註407〕 「蘖」，古同「蔽」。
〔註408〕 「使」，《大正藏》誤作「文」。
〔註409〕 「意」，正文為草書，又淺墨楷書於文右。
〔註410〕 「或」，此處通「惑」。
〔註411〕 「凡」，原文為「凡」，古同「凡」。《大正藏》誤作「犯」。
〔註412〕 「觀」，楷書補書於文右。
〔註413〕 「或」，此處通「惑」。
〔註414〕 「智論」，此處指《大智度論》。
〔註415〕 引自《大智度論》卷五〇：「『說諸法一相』者，菩薩知內外十二入皆是魔網，虛誑不實，於此中生六種識，亦是魔網虛誑。何者是實？唯不二法——無眼、無色，乃至無意、無法等，是實。」《大智度論》（T1509），《大正藏》第25卷，第417頁第3欄第8至11行。

153. 有三。初，約无性弁〔註416〕空。〔註417〕空〔註418〕就因緣以釋。弟三，「善男子應作是念〔註419〕」已下，

154. 據〔註420〕不住，明空。今〔註421〕言「空」者，空，无有，无一切分別，悉〔註422〕不相應也。前中，初，

155. 略述計情。弟二，申理正破，但執見不同。汎〔註423〕說有三。初一是毗曇〔註424〕人〔註425〕計，

156. 謂浄色爲眼，非〔註426〕實〔註427〕，天眼所見，是不鄣〔註428〕导〔註429〕有對色。識住眼中，以瞻諸

157. 塵，名自分眼見色。弟二，成實人計。識在眼門，分別青黃，即以識爲見。弟

158. 三，大乘學者，隨文取義立，根塵和合，方能見色。良由未達深〔註430〕旨，各

159. 隨已執，計法有性，並云能見也。言「正破」者，但根塵等〔註431〕法，並依藏識。

〔註416〕「弁」，此處同「辯」。《大正藏》作「辨」。
〔註417〕此處，前文稱「有三」，前有「初」，後有「第三」，似應補入「第二」。
〔註418〕「空」，原文為重文符。
〔註419〕「念」，正文為草書，又淺墨楷書於文右。
〔註420〕「據」，古同「據」。
〔註421〕「今」，《大正藏》誤作「旨」。
〔註422〕「悉」，古同「悉」。
〔註423〕「汎」，原文為「汎」，古同「泛」。
〔註424〕「毗曇」，「阿毗曇」之略稱，梵語為 abhidharma，又譯「阿毗達磨」、「對法」等，是佛教三藏中論藏的總稱。此處指以《阿毗達磨俱舍論》、《阿毗達磨大毗婆沙論》等論藏為宗旨的毗曇宗。與後文的成實（宗）人相對。「毗」，《大正藏》作「毘」。
〔註425〕「人」，《大正藏》誤作「八」。
〔註426〕「非」，正文為草書，又淺墨楷書於文右。
〔註427〕「實」，原文似為「實」（「実」或「実」），與寫卷中其他「實」字寫法不同。《大正藏》作「實」。
〔註428〕「鄣」，古同「障」。
〔註429〕「导」，此處同「礙」。
〔註430〕「深」，正文為草書（形同「沵」），又將「深」淺墨楷書於文右。
〔註431〕「等」，正文為草書（形同「卄」），又將「等」淺墨楷書於文右。「苐」，古同「等」。

160. 一心因緣糾〔註432〕起，竟〔註433〕无自體，誰〔註434〕復爲能見也！今言
「眼不自見」者，正是破辞。

161. 若謂眼有見性，則未曾〔註435〕不見，開即覩〔註436〕外，青、黃、赤、
白可能見。自體既

162. 不自見，豈〔註437〕有見塵之〔註438〕見！故《論》〔註439〕言：「是眼則
不能自見其己體。若不能自

163. 見，何能見餘物？」〔註440〕又，若不見自體，應自體非眼，然不見自體，
而是眼者，

164. 此則見非是眼，云何名眼能見？若尔，應有離〔註441〕見之眼、離〔註442〕
眼之見也。彼

165. 云「眼是不可見有對色，故不自見」者。若尔，眼體既不爲他所見，云

166. 何能見他？如《百論》言：「四大非現見，云何生現見！」〔註443〕又，
眼不自見，而能見

167. 他者，亦應半見、半非見。半見可名眼，半不見應非眼。次破識見，類

168. 前可〔註444〕知。故言「眼不自見」。既不自見，故知无性空也。「色不自
名」者，色體无

169. 心，不自言色，對眼彰自，假吊〔註445〕色名，故知无性也。「心无形

〔註432〕「糾」，文右淺墨楷書「故酉」二字，當為對「糾」之反切。《大正藏》誤作
「幻」。

〔註433〕「竟」，參見第 210 行之「竟」。《大正藏》誤作「意」。

〔註434〕「誰」，正文為草書，又淺墨楷書於文右。《大正藏》誤作「雖」。

〔註435〕「曾」，正文為草書，又將「曾」淺墨楷書於文右。「曾」，古同「曾」。

〔註436〕「覩」，古同「睹」。

〔註437〕「豈」，參見第 171 行之「豈」字。《大正藏》誤作「覺」。

〔註438〕「之」，《大正藏》誤作「立」。

〔註439〕「論」，此處指《中論》。

〔註440〕引自《中論》卷一《觀六情品第三》：「是眼則不能，自見其己體；若不能自
見，云何見餘物？」《中論》（T1564），《大正藏》第 30 卷，第 6 頁第 1 欄第
6 至 7 行。

〔註441〕「離」，正文為草書，又淺墨楷書於文右。

〔註442〕「離」，正文為草書，又淺墨楷書於文右。

〔註443〕引自《百論》卷二《破塵品第六》：「四大非眼見，云何生現見。」《百論》
（T1569），《大正藏》第 30 卷，第 176 頁第 3 欄第 28 至 29 行。

〔註444〕「可」，原文淺墨補書於文右。

〔註445〕「吊」，原文應為「吊」，與「另」形近。《大正藏》作「吊」。

質」者，心若有

170. 體，應有所在。若言：「在內不應，緣境方生。定居其外，則身內无心。」應

171. 同木石，內外推〔註 446〕求，莫〔註 447〕知〔註 448〕其所，豈有形質也！故《起信論》〔註 449〕言：「心无形，求

172. 十方，求之終不可得。」〔註 450〕下，弟三，捴〔註 451〕結〔註 452〕。眼、色无性，則无所不在。故得「眼住

第 8 紙

173. 於內，色常處外，心无形質，的无所在」也。下，約因緣釋。中有三。初，明眼、

174. 色相依，二俱无體。二，明眼、色既空，无所染著。三，明菩薩〔註 453〕了〔註 454〕知因緣寂滅

175. 不壞〔註 455〕假名，而說諸法實相。亦可明法性自尔，本來空寂，眾生不達，計

176. 之爲實，妄取色塵，貪求无昰〔註 456〕也。前中，初，明眼藉緣生，所以爲空。二，明

177. 空眼所見，色亦无實也。初，明「眼不自見」等者，但眼爲見也，要〔註 457〕藉五緣。一，

〔註 446〕「推」，正文為草書，又淺墨楷書於文右。
〔註 447〕「莫」，正文為草書，又淺墨楷書於文右。
〔註 448〕「知」，正文為草書，又淺墨楷書於文右。
〔註 449〕「起信論」，此處指《大乘起信論》。
〔註 450〕引自《大乘起信論》：「所謂推求五陰色之與心，六塵境界畢竟無念，以心無形相，十方求之終不可得。」《大乘起信論》（T1666），《大正藏》第 32 卷，第 579 頁第 3 欄第 21 至 22 行。
〔註 451〕「捴」，古同「總」。
〔註 452〕「結」，正文為草書，又淺墨楷書於文右。
〔註 453〕「菩薩」，原文二字為合文符。
〔註 454〕「了」，《大正藏》誤作「可」。
〔註 455〕「壞」，古同「壞」。
〔註 456〕「昰」，古同「足」。
〔註 457〕「要」，正文為草書，又淺墨楷書於文右。

178. 賴根不壞〔註458〕，以爲所依。二，有色塵現前，在於可見。弟三，中間无擁，衣〔註459〕假〔註460〕

179. 其空。弟四，塵无闇〔註461〕弊〔註462〕，以明來照。弟五，意〔註463〕識不乱，念欲取塵。——〔註464〕諸緣，

180. 迭相依持，離有、離无，不生、不滅。何者？眼不自見，衣〔註465〕藉餘緣，不可爲有。

181. 緣不獨生，還〔註466〕依眼瞩，豈得爲无？非有故，不生。非无故，不滅。既離有、離

182. 无，生滅俱泯，何得不空？故言「眼不自見，属諸因緣」等也。然，既眼藉餘

183. 緣，見无自性。執眼能見，理恐爲難。緣不自生，賴眼方瞩。徧〔註467〕談色等，

184. 良爲未允〔註468〕。諸緣无性，各〔註469〕不自生。无性則空，空〔註470〕无共〔註471〕者。而言和〔註472〕合〔註473〕見塵，

185. 義將安在？眼識既然，餘識亦尔，皆藉因託緣，方始覺聞，熾燃〔註474〕建立〔註475〕，

186. 未曾暫起也。下，明色空。中，初，明對眼爲色。二，釋空眼所見，體

〔註458〕「壞」，古同「壞」。
〔註459〕「衣」，正文爲草書，又淺墨楷書於文右。此處通「亦」。《大正藏》作「衣」。
〔註460〕「假」，正文爲草書，又濃墨楷書於文下。
〔註461〕「闇」，古同「暗」。
〔註462〕「弊」，古同「蔽」。
〔註463〕「意」，正文爲草書，又淺墨楷書於文右。
〔註464〕「一」，原文爲重文符。
〔註465〕「衣」，正文爲草書，又淺墨楷書於文右。此處通「亦」。《大正藏》作「亦」。
〔註466〕「還」，《大正藏》誤作「置」。
〔註467〕「徧」，原文爲「徧」，古同「遍」。
〔註468〕「允」，文右淺墨楷書一「尹」字，似爲「允」注音。《大正藏》誤作「說」。
〔註469〕「各」，《大正藏》誤作「名」。
〔註470〕「空」，原文爲重文符。
〔註471〕「共」，正文爲草書，又淺墨楷書於文右。
〔註472〕「和」，正文爲草書，又淺墨楷書於文右。
〔註473〕「合」，正文爲草書，又淺墨楷書於文右。
〔註474〕「燃」，此處通「然」。參見第214，317，320行之「熾燃」。
〔註475〕「立」，正文爲草書，又淺墨楷書於文右。

无實也。

187. 下，明无染。中，初，明三事俱空，故无所著。二，例釋餘五也。言「識空滅諸

188. 行」〔註476〕者，識爲初心，相等從生。識性既空，所以諸行不起，亦可捨此取彼，

189. 稱之爲行。昔由妄計有實，緣念〔註477〕不住。今既悟達本无，則分別永亡。

190. 故言「滅於諸行」也。下，明因緣寂滅。中有三。初，明眼藉諸緣，見无自性，

191. 雖恒了境，未曾有生。色名從眼，名无自體。名終曰〔註478〕名，不可爲實。不可

192. 爲實故，則用時恒寂。恒見恒名故，則寂時常用也。故言「知眼属緣」，乃至

193. 「名終曰〔註479〕名，猶爲无名」也。下，弟二，明眼色既空，心亦叵得。㷀生不達，著

194. 之无猒。故言「以斯〔註480〕空眼常看〔註481〕空色」等也。下，類釋可知也。下，約不住明空。

195. 道理而言，一切諸法，无住爲性，非內，非外，不在中間。然以凡小〔註482〕之流〔註483〕，分別

196. 未除。執眼爲內情，定住其內。色爲外塵，定在於外。故今徧〔註484〕

〔註476〕「識空滅諸行」，《大正藏》之《法句經》（T2901）錄文作「識心是空滅於諸行」。

〔註477〕「念」，《大正藏》誤作「令」。

〔註478〕「曰」，《大正藏》誤作「日」。

〔註479〕「曰」，《大正藏》誤作「日」。《大正藏》之《法句經》（T2901）錄文亦誤作「日」。

〔註480〕「斯」，正文爲草書，又淺墨楷書於文右。

〔註481〕「看」，原文爲「著」，有誤。並參北大藏 D103《佛說法句經》圖版（北京大學圖書館、上海古籍出版社編，《北京大學圖書館藏敦煌文獻②》，上海古籍出版社，1995 年 10 月，上海，第 62 頁）及《大正藏》之《法句經》（T2901，1433a08）錄文，更正爲「看」。《大正藏》作「看」。

〔註482〕「小」，《大正藏》誤作「不」。

〔註483〕「流」，正文爲草書，又將「流」淺墨楷書於文右。「流」，古同「流」。

〔註484〕「徧」，原文爲「徧」，古同「遍」。

破，眼不屚〔註 485〕

197. 內，色亦非外。此雖破而不執，言而无當也。文〔註 486〕中，初，牒〔註 487〕。次，釋。後〔註 488〕，結〔註 489〕。釋中

198. 有二。初，明眼色无住故空也。弟二，明心是无爲，相違不有。「眼住於內」

199. 等者，眼若有性，則定住於內。色有自體，則屚〔註 490〕在其外。然，眼從緣

200. 起，覩〔註 491〕色便生，不定在內，則眼无自性。色亦无定，對眼爲目〔註 492〕。故知色

第 9 紙

201. 无自體也。下，弟二，明眼之与色，若有自體者，則不藉緣生。故言「眼是

202. 有作〔註 493〕，色亦有作〔註 494〕」也。「心是无爲，不在有」者，若謂「心无所在，定爲无」者，不

203. 應緣有而生。然，既對境則生，不可爲无。而不自起，何得爲有？非有

204. 故，言无，不欲是其无〔註 495〕。非无故，言有，不欲是其有。言无不滯，有論者不累

205. 无。是以心不有，不可謂之无。心不无，不可謂之有。不有故，心相都寂。不

〔註 485〕「屚」，古同「局」。
〔註 486〕「文」，《大正藏》誤作「又」。
〔註 487〕「牒」，古同「牒」。
〔註 488〕「後」，正文為草書，又將「後」淺墨楷書於文右。
〔註 489〕「結」，正文為草書，又淺墨楷書於文右。
〔註 490〕「屚」，古同「局」。
〔註 491〕「覩」，古同「睹」。
〔註 492〕「目」，《大正藏》誤作「因」。
〔註 493〕「作」，《大正藏》之《法句經》（T2901）錄文作「住」。
〔註 494〕「作」，《大正藏》之《法句經》（T2901）錄文作「住」。
〔註 495〕「无」，原文楷書補書於文右。

206. 无故，理无不揳〔註496〕也。「是故」下，弟三，捴〔註497〕結〔註498〕。眼色但空也。又如一人，随人見別，

207. 不尋〔註499〕於心。色非定有，心不定无。好醜狀狠〔註500〕，餘人不改。色復不无，心非

208. 是有。色之与心，空无有无。一切分別，悉〔註501〕不相應。所以虛通无尋〔註502〕也。自下，

209. 大文弟二，舉喻彰法。文〔註503〕中有三。初，明炎〔註504〕随渴〔註505〕相〔註506〕，似〔註507〕水无實。弟二，「如

210. 凡夫」已下，舉夢所見，究竟〔註508〕是空。弟三，「若色」已下，廣引眾喻，以通

211. 觀門。前中，初，喻。次，合喻。中，初明炎〔註509〕随心變，顯現似〔註510〕水。愚者不知自

212. 心現，故走〔註511〕而向之，望〔註512〕濟〔註513〕其渴〔註514〕。水從心生，似而不實，逼之則无，安可淂

213. 乎？一切眾生，亦復如是。无始已來，妄習名言，熏〔註515〕自心識，了

〔註496〕 「揳」，古同「契」。
〔註497〕 「捴」，古同「總」。
〔註498〕 「結」，正文為草書，又淺墨楷書於文右。
〔註499〕 「尋」，此處同「礙」。
〔註500〕 「狠」，本字為正字，又同「很」、「狠」等，此處同「貌」。
〔註501〕 「悉」，古同「悉」。參見第154行之「悉」。《大正藏》誤作「迷」。
〔註502〕 「尋」，此處同「礙」。
〔註503〕 「文」，《大正藏》誤作「又」。
〔註504〕 「炎」，古同「焰」。
〔註505〕 「渴」，《大正藏》誤作「陽」。
〔註506〕 「相」，《大正藏》誤作「於」。
〔註507〕 「似」，《大正藏》誤作「以」。
〔註508〕 「竟」，正文為草書，又淺墨楷書於文右。
〔註509〕 「炎」，古同「焰」。
〔註510〕 「似」，《大正藏》誤作「以」。
〔註511〕 「走」，古同「走」。
〔註512〕 「望」，參見第247行之「望」。文右淺墨楷書誤釋為「寶」。《大正藏》誤作「聖」。
〔註513〕 「濟」，正文為草書，又將「濟」之異體字（筆畫不清）淺墨楷書於文右。
〔註514〕 「渴」，《大正藏》誤作「濁」。
〔註515〕 「熏」，參見第351行之「熏」。《大正藏》誤作「重」。

隨熏〔註 516〕變，顯

214. 現似塵，而復不知，似而无實，熾然貪求，造業流〔註 517〕轉。故言
「如炎〔註 518〕似水」，乃

215. 至「轉近轉滅」也。下，弟二，明智者呵責，息其妄念〔註 519〕也。下，
明合〔註 520〕喻。色法

216. 似有，狀如炎〔註 521〕水。愚者謂實，妄生追求。色從心現，體性自空。
唐勞疲

217. 極，竟无所獲〔註 522〕。故言「色亦如是，凡謂有實」，乃至「轉推轉滅
〔註 523〕」也。下，合上

218. 「智者呵責」。諸仏菩薩〔註 524〕，了知色性體空，證之相應。如炎〔註 525〕
邊經者，見彼

219. 凡夫，貪求妄色，愍而呵之。明陰〔註 526〕從〔註 527〕緣生，都〔註 528〕无
實法，但唯是似誑

220. 或〔註 529〕愚夫，何故自爲貪染，流〔註 530〕轉生死！故言「證實相者，
知此陰中，本來

221. 无色」，乃至「若有智者，妄渴心息」也。下，明受等同色，幻起无實。
故言

222.「亦如是」也。下，明夢辟〔註 531〕。依《智度論》〔註 532〕說：「夢有

〔註 516〕 「熏」，參見第 351 行之「熏」。《大正藏》誤作「重」。
〔註 517〕 「流」，正文為草書，又將「流」淺墨楷書於文右。
〔註 518〕 「炎」，古同「焰」。
〔註 519〕 「念」，正文為草書，又淺墨楷書於文右。
〔註 520〕 「合」，正文為草書，又淺墨楷書於文右。
〔註 521〕 「炎」，古同「焰」。《大正藏》誤作「災」。
〔註 522〕 「獲」，正文為草書，又淺墨楷書於文右。
〔註 523〕 「滅」，《大正藏》誤作「減」。
〔註 524〕 「菩薩」，原文二字為合文符。
〔註 525〕 「炎」，古同「焰」。
〔註 526〕 「陰」，正文為草書，又淺墨楷書於文右。
〔註 527〕 「從」，正文為草書，又淺墨楷書於文右。
〔註 528〕 「都」，正文為草書，又淺墨楷書於文右。
〔註 529〕 「或」，此處通「惑」。
〔註 530〕 「流」，正文為草書，又將「流」淺墨楷書於文右。
〔註 531〕 「辟」，原文為「辟」，古同「辟」，此處通「譬」。《大正藏》作「譬」。
〔註 532〕 「智度論」，此處指《大智度論》。

五〔註533〕種。若身中不調，若熱氣多，

223. 則夢見火、見黃、見赤。若泠〔註534〕氣多，則多見水、見白。若風氣多，則多見

224. 飛、見黑。又，所聞見事多，若思惟念故，則夢見。或天与夢，欲令知未

225. 來事故。是五〔註535〕種夢，皆无事而妄見也。㸒生亦尒。」〔註536〕身見力因緣故，妄

226. 計我所淂。真如智覺，已知无實也。文中，初，喻。後，合喻。文有二。初，明

227. 夢心妄見，謂之爲實也。種種〔註537〕光明，即身中不調，熱氣故然，又風氣偏

228. 多，所聞〔註538〕見事多，或思惟故，則夢見飲〔註539〕食〔註540〕，行至他方，乃至煞〔註541〕數〔註542〕千人

第 10 紙

229. 等，故言「譬如凡夫」等也。及其下，二，明夢覺塵无，驗知所見，從夢心而

230. 現也。又，夢見自身遠行他所，心緣善惡違愶等者，但於睡時，身心上

〔註533〕「五」，正文為草書（形同「ㄨ」），又將「五」淺墨楷書於文右。

〔註534〕「泠」，本字為正字，又通「零」、「伶」等，此處通「冷」。既為通假字，亦可理解為「冷」之異體字。

〔註535〕「五」，正文為草書（形同「ㄨ」），又將「五」淺墨楷書於文右。

〔註536〕引自《大智度論》卷六：「夢有五種：若身中不調，若熱氣多，則多夢見火、見黃、見赤；若冷氣多，則多見水、見白；若風氣多，則多見飛、見黑；又復所聞見事多思惟念故，則夢見；或天與夢，欲令知未來事故。是五種夢皆無實而妄見。人亦如是。」《大智度論》（T1509），《大正藏》第25卷，第103頁第3欄第8至13行。

〔註537〕「種」，原文為重文符。

〔註538〕「聞」，《大正藏》誤作「中」。

〔註539〕「飲」，正文為草書，又淺墨楷書於文右。

〔註540〕「食」，正文為草書，又淺墨楷書於文右。

〔註541〕「煞」，此處通「殺」。《大正藏》作「殺」。

〔註542〕「數」，古同「數」。正文為草書，又淺墨楷書於文右。

231. 見，更无別有。然以心隨或〔註543〕染，不覺妄念，非異〔註544〕謂異〔註545〕。此義云何？如人夢

232. 中，或見惡獸、怨〔註546〕家種種〔註547〕逼迫驚〔註548〕怖之事，或復失聲叫而雨淚。傍〔註549〕人

233. 了知惡事所逼，遂觸而喚之。睡人便覺，泣止聲亡。若如夢所見，定有

234. 別身。遠行他處者，豈得此間纔喚？聲振遠聞，彼身非此，忽尔而覺

235. 也。又，夢見二心，定爲異者。其人覺已，應无重緣，夢所矚塵。又，不覺

236. 而覺，方名爲覺。二心若別，覺何所覺？又，覺者覺不覺，而復不覺之

237. 外，別有覺者，亦可。或〔註550〕不自染，染〔註551〕於心，心〔註552〕不隨染，應染染〔註553〕。若心不隨染，染〔註554〕自

238. 染者，則夢者常夢，應无覺我〔註555〕。以此當知，睡夢兩身，雖非定一，然不

239. 是異。非定一故，遂有安危不同。不是異故，所以觸而便覺。今時亦然。

240. 良由生死，不離涅〔註556〕槃。无明迷故，謂為外有。諸仏菩薩〔註557〕，愍而語〔註558〕之，便悟身

〔註543〕「或」，此處通「惑」。
〔註544〕「異」，《大正藏》誤作「實」。
〔註545〕「異」，《大正藏》誤作「實」。
〔註546〕「怨」，古同「怨」。
〔註547〕「種」，原文為重文符。
〔註548〕「驚」，正文為草書，又淺墨楷書於文右。
〔註549〕「傍」，此處通「旁」。
〔註550〕「或」，此處通「惑」。
〔註551〕「染」，原文為重文符。
〔註552〕「心」，原文為重文符。
〔註553〕「染」，原文為重文符。
〔註554〕「染」，原文為重文符。
〔註555〕「我」，正文為草書，又淺墨楷書於文右。
〔註556〕「涅」，古同「涅」。
〔註557〕「菩薩」，原文二字為合文符。
〔註558〕「語」，正文為草書，又淺墨楷書於文右。

241. 心本來寂滅。若如凡所見，定為異者，則眾生永〔註559〕沉〔註560〕生〔註561〕死〔註562〕，衣〔註563〕无證聖

242. 之期〔註564〕。縱令慈氏振喚，能仁〔註565〕復暉，累聖重光，亦无奈之何。又，《論》〔註566〕言：「雖

243. 復懃精進，脩行菩提道，若先非仏性，不應得成〔註567〕仏。」〔註568〕故知生死、涅〔註569〕槃，

244. 雖不是一，竟无兩體。不是一故，生死殊〔註570〕寂。體无二故，均乎〔註571〕一味也。又，夢所

245. 見塵，餘人不覩〔註572〕，將知並從夢心而現。今時亦然。各自緣諸塵境界，互

246. 不相見，故知唯心。故《論》〔註573〕言：「一切分別，則分別自心。」〔註574〕故言「及其覺也，身光

247. 尋〔註575〕滅」，及至「都〔註576〕无色相」也。下，弟二，合喻。初，明眾生无始，積習无明，望

〔註559〕「永」，正文為草書，又將「㳂」淺墨楷書於文右。「㳂」，古同「永」。

〔註560〕「沉」，正文為草書，又淺墨楷書於文右。《大正藏》作「沈」。

〔註561〕「生」，正文為草書，又淺墨楷書於文右。

〔註562〕「死」，正文為草書，又淺墨楷書於文右。

〔註563〕「衣」，此處通「亦」。《大正藏》誤作「竟」。

〔註564〕「期」，正文為草書，又淺墨楷書於文右。

〔註565〕「能仁」，梵語為 śākyamuni，即釋迦牟尼的另一種譯法，指佛陀。

〔註566〕「論」，此處指《中論》。

〔註567〕「成」，正文為草書，又淺墨楷書於文右。

〔註568〕引自《中論》卷四《觀四諦品第二四》：「雖復勤精進，修行菩提道，若先非佛性，不應得成佛。」《中論》（T1564），《大正藏》第 30 卷，第 34 頁第 1 欄第 24 至 25 行。

〔註569〕「涅」，古同「涅」。

〔註570〕「殊」，正文為草書，又淺墨楷書於文右。

〔註571〕「乎」，正文為草書，又淺墨楷書於文右。參見第 213 行之「乎」。《大正藏》誤作「平」。

〔註572〕「覩」，古同「睹」。

〔註573〕「論」，此處指《大乘起信論》。

〔註574〕引自《大乘起信論》：「一切分別，即分別自心。」《大乘起信論》（T1666），《大正藏》第 32 卷，第 577 頁第 2 欄第 18 至 19 行。

〔註575〕「尋」，正文為草書，又淺墨楷書於文右。

〔註576〕「都」，正文為草書，又淺墨楷書於文右。《大正藏》誤作「尋」。

248. 之如崖，覆蓋自心。事同於被〔註577〕三界宅〔註578〕中，无明夢裏，妄見諸塵，謂之

249. 爲實。此正合〔註579〕上「譬如凡夫，夜夢見身」等也。故言「色亦如是」，乃至「謂呼爲

250. 實」也。二，明无明睡覺，了知三界，唯是一心。生死、涅〔註580〕槃，本性空寂。即

251. 合〔註581〕上「及其覺也，身光尋滅」等也。故言「得道覺者，乃知虛妄」等也。

252. 自下，廣陳〔註582〕八喻，以通觀門。文中，初，結〔註583〕上色空，類收万法。故言「若色，如

253. 是」等也。下，正釋。喻雖有八，義〔註584〕判爲兩。初之四喻，約依他性，顯現似〔註585〕塵。

254. 後之四喻，就分別性，究竟是无。故《攝論》〔註586〕言「幻等顯依他，說无顯分別」〔註587〕

255. 也。「如谷嚮」〔註588〕者，聲依空谷，嚮〔註589〕應耳聞，属諸因緣，竟无自體。諸法亦然。

256. 因緣幻起，究之无實，何得不空也！「如芭堅」〔註590〕者，其樹无實，但有皮葉，

〔註577〕「被」，《大正藏》誤作「彼」。

〔註578〕「宅」，正文為草書，又淺墨楷書於文右。

〔註579〕「合」，正文為草書，又淺墨楷書於文右。

〔註580〕「涅」，古同「湼」。

〔註581〕「合」，正文為草書，又淺墨楷書於文右。

〔註582〕「陳」，正文為草書（與現代簡體字同形），又淺墨楷書於文右。

〔註583〕「結」，正文為草書，又淺墨楷書於文右。

〔註584〕「義」，參見第 465 行之「義」。《大正藏》作「義」。

〔註585〕「似」，《大正藏》誤作「以」。

〔註586〕「攝論」，此處指《攝大乘論》。

〔註587〕引自《攝大乘論》卷二：「幻等顯依他，說無顯分別。」《攝大乘論》（T1593），《大正藏》第 31 卷，第 120 頁第 3 欄第 10 行。

〔註588〕「如谷嚮」，《大正藏》之《法句經》（T2901）錄文作「如空谷嚮」。「嚮」，此處通「響」。

〔註589〕「嚮」，此處通「響」。

〔註590〕「如芭堅」，《大正藏》之《法句經》（T2901）錄文作「如芭蕉堅」。

第 11 紙

257. 望〔註591〕之似有，拆〔註592〕之則空。諸法亦尒。誑人耳目，理觀皆无。故道「如芭蕉

258. 无堅」也。「如水中月」者，以月爲因，用水爲緣，因緣具〔註593〕足，遂令影現。但水

259. 无月，其影不生，不從内出。唯月无水，亦无影現，不從外來。彼此无

260. 力，各不能現，豈有自體？和合〔註594〕共〔註595〕生。故《論》〔註596〕言：「若破自性、他性，即破共

261. 義。」〔註597〕影若有體，應有來出之處。愚人不了，執之爲實。智者往觀，

262. 竟不可得。諸法亦然。但以无始、无明，起或〔註598〕爲業，重〔註599〕習藏識。即以无

263. 明或〔註600〕業爲因，藏識爲緣。因緣見故，報相斯現。推而究之，竟无來出

264. 之處，豈得爲實也！「如空中花」〔註601〕者，病眼因緣，妄見空花。花〔註602〕无自體，但由

265. 病眼而現。離眼之外，豈有一豪〔註603〕可得？万法亦然，並由心現，此

〔註591〕「望」，文右書一字，字跡模糊，似亦為「望」。
〔註592〕「拆」，此處同「析」。《大正藏》誤作「柝」。
〔註593〕「具」，正文為草書，又將異體字「具」淺墨楷書於文右。
〔註594〕「合」，正文為草書，又濃墨楷書於文右。
〔註595〕「共」，正文為草書，又濃墨楷書於文右。
〔註596〕「論」，此處指《中論》。
〔註597〕引自《中論》卷一《觀因緣品第一》：「若破自性、他性，即破共義。」《中論》（T1564），《大正藏》第30卷，第2頁第2欄第24至25行。
〔註598〕「或」，此處通「惑」。
〔註599〕「重」，《大正藏》誤作「熏」。
〔註600〕「或」，此處通「惑」。
〔註601〕「如空中花」，《大正藏》之《法句經》（T2901）錄文作「如空中華」。「華」，古同「花」。
〔註602〕「花」，原文為重文符。
〔註603〕「豪」，此處通「毫」。《大正藏》作「毫」。

外則无。故

266. 《論》〔註604〕言「心生，則種種〔註605〕法生。心滅，則種種〔註606〕法滅」〔註607〕也。下，約分別性說。文中，初，釋。

267. 次，結〔註608〕。「如石女兒」者，石女〔註609〕无兒〔註610〕，則善惡靡分。妄計興念，豈不謬乎！「如電久

268. 住」者，万法无實，念念〔註611〕不亭〔註612〕，如電尋滅，何得久住？若住生，終不滅。住

269. 滅，終不生。良以滅故，不住生。生〔註613〕故，不住滅。滅〔註614〕故，不住生，則生是空生。生〔註615〕

270. 故，不住滅，滅〔註616〕則是空滅。生滅尚空，焉〔註617〕得有住也！《論》〔註618〕言：「諸行生滅不住，

271. 无自性故空。」〔註619〕識等既然，色亦如是。始從嬰兒，終至老〔註620〕年〔註621〕。十時改變，

〔註604〕「論」，此處指《大乘起信論》。
〔註605〕「種」，原文為重文符。
〔註606〕「種」，原文為重文符。
〔註607〕引自《大乘起信論》：「心生則種種法生，心滅則種種法滅。」《大乘起信論》（T1666），《大正藏》第 32 卷，第 577 頁第 2 欄第 22 行。參見《大乘起信論》（T1667），《大正藏》第 32 卷，第 586 頁第 1 欄第 10 至 11 行。
〔註608〕「結」，正文為草書，又淺墨楷書於文右。
〔註609〕「女」，原文淺墨楷書補書於文右。
〔註610〕「无兒」，原文二字顛倒，有倒乙符。
〔註611〕「念」，原文為重文符。
〔註612〕「亭」，此處通「停」。
〔註613〕「生」，原文為重文符。
〔註614〕「滅」，原文為重文符。
〔註615〕「生」，原文為重文符。
〔註616〕「滅」，原文為重文符。
〔註617〕「焉」，正文為草書，又濃墨楷書於文右。
〔註618〕「論」，此處指《中論》。
〔註619〕引自《中論》卷二《觀行品第一三》：「諸行生滅不住，無自性故空。」《中論》（T1564），《大正藏》第 30 卷，第 17 頁第 2 欄第 8 行。
〔註620〕「老」，正文為草書，又濃墨楷書於文右。
〔註621〕「年」，正文為草書，又濃墨楷書於文右。

272. 一念不亭〔註622〕，非空如何〔註623〕也！「龜毛〔註624〕莵〔註625〕角」
〔註626〕，類前〔註627〕可知〔註628〕也。下，弟三，觀益。中有二。初，

273. 明脩〔註629〕之成〔註630〕益。弟二，「一切衆生」已下，明不脩致〔註631〕
損。前中復二。初，脈結。上

274. 來脩〔註632〕學，觀人勸勵。智者當如法性而覩〔註633〕，離生、離滅，
離有、離无，亦有、

275. 亦无，非有、非无等。如世生盲，未曾覩色，雖對青黃，无可分別。行
者

276. 觀色，知其性空，不應分別。故言「諸有智應除諸見」等也。下，弟二，
正

277. 明觀益。尋遇善友，久觀不已，自然悟无分別理。心与理冥〔註634〕，境
与神

278. 會，不久當得阿耨菩提。故言「若不分別，當知不久得无上菩提」也。

279. 下，明不脩損。中有二。初，明一切衆生，心性无染，具足恒沙諸淨
〔註635〕功德，

280. 可謂自體有大智惠〔註636〕光明義，及〔註637〕至自性清净義。然，爲无
始、无明客〔註638〕

〔註622〕「亭」，此處通「停」。
〔註623〕「何」，《大正藏》誤作「幻」。
〔註624〕「毛」，《大正藏》誤作「老」。
〔註625〕「莵」，原文爲「莵」，古同「兔」。
〔註626〕「龜毛莵角」，《大正藏》之《法句經》（T2901）錄文作「如水龜毛，如走兔
角」。
〔註627〕「前」，原文楷書補書於文右。《大正藏》無。
〔註628〕「知」，原文初寫作「智」，後塗改爲「知」。
〔註629〕「脩」，正文爲草書，又淺墨楷書於文右。
〔註630〕「成」，正文爲草書，又淺墨楷書於文右。
〔註631〕「致」，正文爲草書，又淺墨楷書於文右。
〔註632〕「脩」，正文爲草書，又淺墨楷書於文右。
〔註633〕「覩」，《大正藏》誤作「觀」。
〔註634〕「冥」，古同「冥」。
〔註635〕「淨」，古同「淨」。《大正藏》誤作「論」。
〔註636〕「惠」，古同「惠」，此處通「慧」。《大正藏》作「慧」。
〔註637〕「及」，《大正藏》誤作「乃」。
〔註638〕「客」，正文爲草書，又淺墨楷書於文下。

281. 塵煩惚〔註639〕隱於自心，不得顯用，妄執根塵，計之爲實，而增愛深。
故言

282. 「一切眾生，爲諸煩惚〔註640〕蘙〔註641〕於惠〔註642〕目」，乃至「而
〔註643〕起貪〔註644〕著」也。二，明因之造業，往〔註645〕

283. 還〔註646〕三界也。自下，大文弟三，勸近〔註647〕善友。於中有三。初，
正勸，寶明請問

284. 善智〔註648〕識相。弟二，「仏言」下，答。弟三，善知識。有如下捴
〔註649〕結也。答中有二。

第 12 紙

285. 初，明善知識，洞達深義，解窮法性，方可利人，堪爲善友。二，明依

286. 解起行，隨緣〔註650〕益物，正彰善友功能，亦可自明善友自利德，後明
利他

287. 德也。前中復二。初，舉智論境，直談法性理深。弟二，「了達」已下，
舉境

288. 論智，正明善友功力。前中，初，捴〔註651〕。次，別捴〔註652〕者。法

〔註639〕「惚」，此處同「惱」。《大正藏》作「惱」。

〔註640〕「惚」，此處同「惱」。《大正藏》作「惱」。

〔註641〕「蘙」，古同「蔽」。《大正藏》誤作「弊」。

〔註642〕「惠」，古同「惠」，此處通「慧」。《大正藏》作「惠」。《大正藏》之《法句
經》（T2901）錄文作「慧」。

〔註643〕「而」，《大正藏》誤作「如」。並參北大藏 D103《佛說法句經》圖版（北京
大學圖書館、上海古籍出版社編，《北京大學圖書館藏敦煌文獻②》，上海古
籍出版社，1995 年 10 月，上海，第 63 頁），《大正藏》之《法句經》（T2901）
錄文亦誤作「如」。

〔註644〕「貪」，原文為「會」，有誤。依文義更正為「貪」。《大正藏》作「貪」。《大
正藏》之《法句經》（T2901）錄文亦作「貪」。

〔註645〕「往」，文右書一「迥」，其下又書一「巡」。《大正藏》誤作「隨」。

〔註646〕「還」，正文為草書，又將異體字「逻」淺墨楷書於文右及文左。

〔註647〕「近」，正文為草書，又淺墨楷書於文右。

〔註648〕「智」，原文下部似有塗改，此處通「知」。

〔註649〕「捴」，古同「總」。

〔註650〕「隨緣」，原文二字顛倒，有倒乙符。

〔註651〕「捴」，古同「總」。

〔註652〕「捴」，古同「總」。

性理玄，唯仏乃窮。諸

289. 餘小〔註653〕聖，未測其原，名爲「深法」也。自下別明，即是三空門也。《智論》〔註654〕言：「觀

290. 諸法〔註655〕空，名爲『空』。於空中，不可取相。是時空轉名『无相』。无相中，不應

291. 有所作。是時无相轉名『无作』。」〔註656〕以是三門觀世間，即是涅槃。何以故？

292. 涅槃空，无相，无作。世間亦如是。彼問曰：「如《經》說涅槃一門，今何以說三？」

293. 答曰：「法雖是一，而義有三。有〔註657〕爲應度者有三，故說三門。」有愛多者、

294. 見多者、愛見等者。見多者，爲說空解脫門。觀一切法，從因緣生，

295. 无有自性。无自性故，空。空〔註658〕故，諸見滅。愛多者，爲說无作解脫門。見

296. 一切法无常，苦從因緣生。見已心猒離愛，則得入道。愛見等者，爲

297. 說无相〔註659〕解脫門〔註660〕。聞是男女等相，无故斷〔註661〕愛。一異等相，无故斷見

298. 也。故言「空、无相、无作」也。理體常冣〔註662〕，故无生滅。下，明善友切力。初，

299. 釋。後，結〔註663〕。釋中，初，揔〔註664〕。次，別。「了達諸法究竟平

〔註653〕「小」，《大正藏》誤作「不」。

〔註654〕「智論」，此處指《大智度論》。

〔註655〕「諸法」，原文二字顛倒，有倒乙符。

〔註656〕引自《大智度論》卷二〇：「觀諸法空，是名『空』；於空中不可取相，是時空轉名『無相』；無相中不應有所作，為三界生，是時無相轉名『無作』。」《大智度論》（T1509），《大正藏》第25卷，第207頁第3欄第5至8行。

〔註657〕「有」，《大正藏》誤作「存」。

〔註658〕「空」，原文為重文符。

〔註659〕此處原文有衍文「門」，右側有刪除符。

〔註660〕「門」，原文楷書補書於文右。

〔註661〕「斷」，正文為草書，又淺墨楷書於文右。

〔註662〕「冣」，古同「寂」。

〔註663〕「結」，正文為草書，又淺墨楷書於文右。

〔註664〕「揔」，古同「總」。

等」〔註665〕者，万法雖炅，无性

300. 理同，名爲「平〔註666〕等〔註667〕」。別中，初，言「无業」者，業從緣生，竟无自體，安得爲

301. 有也！何者？且如煞〔註668〕業，衣〔註669〕假〔註670〕炅緣。一，內心欲煞〔註671〕，及貪、嗔、煩惚〔註672〕，以之爲因。

302. 二，有刀扶〔註673〕空明，及所煞〔註674〕境，以爲外緣。因緣具〔註675〕故，作業方成。來无所從，

303. 滅无所至。煞〔註676〕業既尔，盜等亦然。但心无或〔註677〕，縱有空明，業亦不成〔註678〕。雖

304. 有刀杖等具〔註679〕，若離於心，及所起煩惚〔註680〕，業亦不成〔註681〕。因緣无性，各不自

305. 生。有无共〔註682〕法，內外推求，竟无所從。誰〔註683〕爲起者？所起如幻，何得有實！

306. 故《論》〔註684〕言「業不從緣生，不從非緣生。是故則无有，能起於業

〔註665〕「了達諸法究竟平等」，《大正藏》之《法句經》（T2901）錄文作「了達諸法從本已來究竟平等」。「平」，正文爲草書，又淺墨楷書於文右。「等」，正文爲草書（形同「艹」），又將「等」淺墨楷書於文右。

〔註666〕「平」，正文爲草書，又淺墨楷書於文右。

〔註667〕「等」，正文爲草書（形同「艹」），又將「等」淺墨楷書於文右。

〔註668〕「煞」，此處通「殺」。《大正藏》作「殺」。

〔註669〕「衣」，此處通「亦」。《大正藏》誤作「竟」。

〔註670〕「假」，正文爲草書，又淺墨楷書於文右。

〔註671〕「煞」，此處通「殺」。《大正藏》作「殺」。

〔註672〕「惚」，此處同「惱」。《大正藏》作「惱」。

〔註673〕「扶」，似有誤。或應作「杖」。參見第304行之「刀杖」。並參見第349行之「扶」。《大正藏》難辨。CBETA更正爲「杖」。

〔註674〕「煞」，此處通「殺」。《大正藏》作「殺」。

〔註675〕「具」，正文爲草書，又將異體字「具」淺墨楷書於文右。

〔註676〕「煞」，此處通「殺」。《大正藏》作「殺」。

〔註677〕「或」，此處通「惑」。

〔註678〕「成」，正文爲草書，又淺墨楷書於文右。

〔註679〕「具」，正文爲草書，又將異體字「具」淺墨楷書於文右。

〔註680〕「惚」，此處同「惱」。《大正藏》作「惱」。

〔註681〕「成」，正文爲草書，又淺墨楷書於文右。

〔註682〕「共」，正文爲草書，又淺墨楷書於文右。

〔註683〕「誰」，正文爲草書，又淺墨楷書於文右。《大正藏》誤作「雖」。

〔註684〕「論」，此處指《中論》。

者」〔註685〕也。「无

307. 報」者，報不自生，衣〔註686〕從或〔註687〕業而生。煩惚〔註688〕与業，自體尚空，所生果報，

308. 豈得爲有！故《論》〔註689〕言「諸煩惚〔註690〕及業，是說身因緣。煩惚〔註691〕諸業空，何況

309. 於諸身」〔註692〕也。「无因、无果」者，凡論因果之法，无有決定。離有、離无，不

310. 生、不滅，非先、非後，亦非一時。何者？夫言「因義對果爲名」，果若未生，

311. 因何所寄〔註693〕？要待〔註694〕果生，方受其名。故知无性，何得爲有？又，因无定

312. 性，隨緣改易〔註695〕。果若不生，未剋〔註696〕誰〔註697〕因？當容〔註698〕有實也。又，因若有實，

〔註685〕引自《中論》卷三《觀業品第十七》：「業不從緣生，不從非緣生，是故則無有，能起於業者。」《中論》（T1564），《大正藏》第30卷，第23頁第2欄第16至17行。

〔註686〕「衣」，正文爲草書，又淺墨楷書於文右。此處通「亦」。《大正藏》誤作「竟」。

〔註687〕「或」，此處通「惑」。

〔註688〕「惚」，此處同「惱」。《大正藏》作「惱」。

〔註689〕「論」，此處指《中論》。

〔註690〕「惚」，此處同「惱」。《大正藏》作「惱」。

〔註691〕「惚」，此處同「惱」。《大正藏》作「惱」。

〔註692〕引自《中論》卷三《觀業品第十七》：「諸煩惱及業，是說身因緣；煩惱諸業空，何況於諸身。」《中論》（T1564），《大正藏》第30卷，第23頁第1欄第29行至第2欄第1行。

〔註693〕「寄」，正文爲草書，又將異體字「寄」淺墨楷書於文右。

〔註694〕「待」，正文爲草書，又淺墨楷書於文右。

〔註695〕「易」，形同「易」。參見第559行之「易」。《大正藏》誤作「而」。

〔註696〕「剋」，此處通「克」。

〔註697〕「誰」，正文爲草書，又淺墨楷書於文右。

〔註698〕「容」，正文爲草書，又淺墨楷書於文右。

第 13 紙

313. 而生果者，爲有故生？爲无故生？果若先有，不須〔註699〕更生，以先有故。

314. 若其先无，何由可生？先無〔註700〕性故。假〔註701〕令半有半无，而復相違，亦无

315. 生義。但因生果，不出此三。三〔註702〕中既无，因義安〔註703〕在？因既由果得名，果

316. 復從因受稱。若因在先，可使從生名果。要〔註704〕由果生，方得爲因，則

317. 知先无體。何得〔註705〕從生而云爲果？此雖因果，熾然而恒寂滅也。「性」

318. 謂體性，起用爲「相」。性相俱空，稱曰「如如〔註706〕」。如收万法，統无不盡，名住〔註707〕

319. 實際也。物從緣故，不有。緣起故，不无。雖不，是於有无，而不捨，於有

320. 无，无〔註708〕爲，而无所不爲，无相，亦无所不相。故言「於畢竟〔註709〕空中，熾然建

321. 立」也。下，弟二，結〔註710〕。若能如上觀察，證之相應，方是衆生真善知識。

322. 故言「名善知識」也。下，明善友功能，隨機〔註711〕利物。於中約喻彰

〔註699〕「須」，正文爲草書，又淺墨楷書於文右。
〔註700〕「無」，正文爲草書，又淺墨楷書於文右。
〔註701〕「假」，正文爲草書，又淺墨楷書於文右。
〔註702〕「三」，原文爲重文符。
〔註703〕「安」，《大正藏》誤作「要」。
〔註704〕「要」，正文爲草書，又淺墨楷書於文右。
〔註705〕「得」，《大正藏》誤作「故」。
〔註706〕「如」，原文爲重文符。
〔註707〕「住」，《大正藏》誤作「往」。
〔註708〕「无」，原文爲重文符。
〔註709〕「竟」，正文爲草書，又淺墨楷書於文右。
〔註710〕「結」，正文爲草書，又淺墨楷書於文右。
〔註711〕「攇」，古注同「扱」，此處通「機」。

德。文

323. 有廿〔註712〕一別〔註713〕。一一〔註714〕文中，皆有三句。初，牒。次，喻。三，明善友功能，前生蒙益

324. 也。初，云「父母」者。〔註715〕弟二，喻也。此中借淺況深，故以父母爲譬。若校量

325. 劬力，亦未方其大恩。世間父母養子，但成〔註716〕八尺危脆之身，容勉

326. 水、火等難，又怖之報恩，浩天図〔註717〕極。況出世善友養育，終成〔註718〕三仏菩

327. 提金對〔註719〕之體，遠離生死、長刦〔註720〕等苦〔註721〕，无心求報〔註722〕也。何者？一切煕生，身

328. 心万法，皆由藏識而生。識不自生，復由或〔註723〕業熏〔註724〕習。此二相依，幻生

329. 果報。報〔註725〕從緣起，无有自體。從本已來，不生、不滅，即是性浄菩提。

330. 故《起信論》〔註726〕言：「明五〔註727〕陰法，自性不生，則无有滅，本

〔註712〕「廿」，古同「廿」。《大正藏》誤作「十二」。

〔註713〕「別」，《大正藏》誤作「則」。

〔註714〕「一」，原文爲重文符。

〔註715〕《大正藏》之《法句經》（T2901）《二十一種譬喻善知識品第六》，第一喻，錄文作「善知識者是汝父母，養育汝等菩提身故。」此處先將「父母」單獨解釋，再釋原因「養育汝等菩提身故」。此後譬喻之解釋均爲先釋喻體，再釋原因。

〔註716〕「成」，正文爲草書，又淺墨楷書於文右。

〔註717〕「図」，古同「圉」、「网」等，此處同「罔」。《大正藏》作「罔」。

〔註718〕「成」，正文爲草書，又淺墨楷書於文右。

〔註719〕「對」，古同「剛」。

〔註720〕「刦」，古同「劫」。

〔註721〕「苦」，正文爲草書，又淺墨楷書於文右。

〔註722〕「報」，正文爲草書（與現代簡體字同形），又淺墨楷書於文右。

〔註723〕「或」，此處通「惑」。《大正藏》作「惑」。

〔註724〕「熏」，參見第351行之「熏」。《大正藏》誤作「重」。

〔註725〕「報」，原文爲重文符。

〔註726〕「起信論」，此處指《大乘起信論》。

〔註727〕「五」，正文爲草書（形同「区」），又將「五」淺墨楷書於文右。

來涅槃故。」〔註 728〕上《經》〔註 729〕又

331. 言：「於三處中，无有實法，即爲解脫。解脫〔註 730〕者，即菩提也。」始從凡夫，上

332. 至諸仏，皆以之爲體。无始已來，无明〔註 731〕不了。妄執我，流〔註 732〕轉〔註 733〕生死，尒來

333. 无始。諸仏菩薩，證之究竟，了知炁生，与己同體，愍而不已，發大慈

334. 悲，遂語炁生：「汝之身心，本來无生，究竟寂滅，与我无別。何故自

335. 生迷或〔註 734〕，沉〔註 735〕溺三有？」然，以炁生謂有，念動生滅，我所差〔註 736〕別，目属无

336. 明心之解了切力，猶是本覺〔註 737〕。用諸仏菩薩〔註 738〕所有言教，從冣〔註 739〕清淨法

337. 界慈悲心流〔註 740〕，亦是本覺。用此二體同，而復用融。以體同用融故，聞

338. 便信受。隨分思量，久思不已，遂悟自心，緣境故生。生〔註 741〕由於境，則起不

〔註 728〕 引自《大乘起信論》：「以五陰法自性不生，則無有滅，本來涅槃故。」《大乘起信論》（T1666），《大正藏》第 32 卷，第 580 頁第 2 欄第 6 至 7 行。參見《大乘起信論》（T1667），《大正藏》第 32 卷，第 591 頁第 2 欄第 8 至 10 行。

〔註 729〕 「經」，此處指敦煌《法句經》。

〔註 730〕 「解脫」，原文二字為重文符。

〔註 731〕 「无明」，梵語為 avidyā，意為「無知」。

〔註 732〕 「流」，正文為草書，又將「流」淺墨楷書於文右。《大正藏》誤作「法」。

〔註 733〕 「轉」，正文為草書（與現代簡體字同形），又淺墨楷書於文右。

〔註 734〕 「或」，此處通「惑」。《大正藏》作「惑」。

〔註 735〕 「沉」，《大正藏》作「沈」。

〔註 736〕 「差」，正文為草書，又將「著」淺墨楷書於文右。

〔註 737〕 「本覺」，佛教教義名詞，相對於「始覺」而言，指先天固有的佛教覺悟。本覺具有兩種相狀。一是智淨相，謂本覺自性清淨心，雖因無明所動，但不失其固有非動性，故本覺智性，永不失壞。二是不思議業相，謂依上述淨智，能作一切勝妙境界。參見《佛教大辭典》，第 368 頁。

〔註 738〕 「菩薩」，原文二字為合文符。

〔註 739〕 「冣」，古同「最」。

〔註 740〕 「流」，正文為草書，又將「流」淺墨楷書於文右。

〔註 741〕 「生」，原文為重文符。

339. 屬心，未曾是生。境不自生，復從心起，雖非是生，亦不是滅。既无生、

340. 无滅，本來空寂，豈非涅槃？但作此〔註742〕觀，无明漸薄。所觀理顯，緣生

第 14 紙

341. 觀智。觀智轉明，復〔註743〕顯於理。理〔註744〕爲所觀、所乘，智是能觀、能乘。境智

342. 相乘，三秖〔註745〕圓滿。所觀理顯，名爲法身，即性净菩提。能觀智滿，成

343. 應化二身，即方便净菩〔註746〕提。如此大事，功由善友辯成〔註747〕。故言「養育汝

344. 等菩提身故」。「是汝眼目」〔註748〕者，昔未逢善友，无明所盲，造惡履〔註749〕危，顛〔註750〕

345. 墜三途。今蒙善友嘉誨，依之脩習，方踐如來所行之迹〔註751〕。如人有目，

346. 遊之正道。故言「示導汝等菩提路〔註752〕故」。「是汝脚足」者，隨逐惡人，則常

347. 沒生死。善友護持，則清〔註753〕昇出離。事同脚足，遠有所涉。故言

〔註742〕「此」，《大正藏》誤作「比」。

〔註743〕「復」，古同「復」。

〔註744〕「理」，原文為重文符。

〔註745〕「秖」，此處同「祇」。《大正藏》作「祇」。

〔註746〕「菩」，原文略作「艹」。

〔註747〕「辯成」，原文二字顛倒，有倒乙符。《大正藏》誤作「成辯」。

〔註748〕「是汝眼目」，《大正藏》之《法句經》（T2901）錄文誤作「善知識者是汝眼因」。

〔註749〕「履」，文右下淺墨楷書誤釋為「殤」。

〔註750〕「顛」，原文為「顚」，古同「顛」。

〔註751〕「迹」，古同「跡」。正文為草書，又將異體字「迹」淺墨楷書於文右。

〔註752〕「路」，正文為草書，又淺墨楷書於文右。

〔註753〕「清」，《大正藏》誤作「請」。

「荷〔註754〕負

348. 汝等離生死故」。「是汝梯橙〔註755〕」者，又〔註756〕處生死，如在深塊〔註757〕。善友策〔註758〕勵，則

349. 階之有期。故言「扶侍〔註759〕汝等至彼岸故」。「是汝飲〔註760〕食〔註761〕」者，爲惡自纏〔註762〕，則

350. 損害法身。善友示教，令脩解行，資成本性，譬同飲〔註763〕食〔註764〕。故言「能使

351. 汝等增長〔註765〕法身故」。「是汝寶衣」者，无始已來，不善熏習，染污〔註766〕净心，漂

352. 輪五道。今依善友脩習，破染興净，功德法身，不復〔註767〕随流〔註768〕。事同寶

353. 衣覆盖，諸塵不染。故言「覆盖汝等功德身故」。「是汝橋〔註769〕樑〔註770〕」者，聖者

354. 慈悲，利物无猒，故能長〔註771〕處生死，濟〔註772〕度群品。譬如橋〔註773〕樑〔註774〕，載之无倦。

〔註754〕「荷」，正文為草書，又淺墨楷書於文右。
〔註755〕「橙」，本字為正字，音澄，義為一種植物，此處同「凳」。
〔註756〕「又」，原文似為「文」，有誤。依文義更正為「又」。《大正藏》作「又」。
〔註757〕「塊」，原文為「堍」，古同「坑」。《大正藏》作「坑」。
〔註758〕「策」，古同「策」。《大正藏》作「策」。
〔註759〕「侍」，《大正藏》誤作「恃」。
〔註760〕「飲」，正文為草書，又淺墨楷書於文右。
〔註761〕「食」，正文為草書，又淺墨楷書於文右。
〔註762〕「纏」，古同「纏」。
〔註763〕「飲」，正文為草書，又淺墨楷書於文右。
〔註764〕「食」，正文為草書，又淺墨楷書於文右。
〔註765〕「長」，正文為草書（與現代簡體字同形），又淺墨楷書於文右。
〔註766〕「污」，原文或為「汙」，古同「污」。
〔註767〕「復」，《大正藏》誤作「改」。
〔註768〕「流」，正文為草書，又將「流」淺墨楷書於文右。
〔註769〕「橋」，古同「橋」。
〔註770〕「樑」，古同「梁」。
〔註771〕「長」，正文為草書（與現代簡體字同形），又淺墨楷書於文右。
〔註772〕「濟」，正文為草書，又將「濟」之異體字（筆畫不清）淺墨楷書於文右。
〔註773〕「橋」，古同「橋」。
〔註774〕「樑」，古同「梁」。

355. 故言「運載汝等度有海故」。有，謂三有：欲有，色有，无色有。此之三有，

356. 生死沉〔註 775〕溺衆生，深而且廣，故譬之如海也。「是汝財寶」者，一切衆生，從

357. 本已來，具有无念〔註 776〕本覺、恒沙功德。但以无明隱覆，不得顯用於心。

358. 譬如窮子、亦同貧女寶藏。今蒙善友開導顯示，息〔註 777〕真實身內明

359. 珠，似如長者出庫藏〔註 778〕奇珎〔註 779〕，委付其子。故言「救攝汝等離貧苦〔註 780〕故」〔註 781〕。「是汝

360. 日月」者，无明瞖〔註 782〕理，事同於暗。依擗〔註 783〕善友，慎理觀察，解至〔註 784〕或〔註 785〕喪，如

361. 日除昬〔註 786〕。故言「照曜汝等離黑暗故」。「是汝身命」者，寶命重生，初我俱

362. 然，此心相續，恒无間断〔註 787〕。聖人亦尔。護念衆生，未曾暫捨。現則安然

363. 自在，随心所適〔註 788〕，終獲〔註 789〕出世，常身命財。故言「護惜汝等无有時故」。

〔註 775〕「沉」，《大正藏》作「沈」。
〔註 776〕「念」，《大正藏》誤作「量」。
〔註 777〕「息」，參見第 364 行之「息」。《大正藏》誤作「見」。
〔註 778〕「藏」，原文淺墨楷書補書於文右。
〔註 779〕「珎」，古同「珍」。
〔註 780〕「苦」，正文為草書，又淺墨楷書於文右。
〔註 781〕「救攝汝等離貧苦故」，《大正藏》之《法句經》（T2901）錄文誤作「救攝汝等雖貧苦故」。
〔註 782〕「瞖」，古同「翳」。
〔註 783〕「擗」，古同「憑」。
〔註 784〕「至」，《大正藏》誤作「生」。
〔註 785〕「或」，此處通「惑」。《大正藏》作「惑」。
〔註 786〕「昬」，原文為「昬」，古同「昏」。
〔註 787〕「断」，正文為草書，又淺墨楷書於文右。
〔註 788〕「適」，正文為草書，又將「適」濃墨楷書於文右。
〔註 789〕「獲」，《大正藏》誤作「報」。

364. 「是汝鎧仗」者，鎧仗防身，則外息强惡〔註790〕。依友自固，則魔不能爲。故

365. 言：「降伏汝等諸魔得无畏故」〔註791〕。魔，謂四魔。一者煩惚〔註792〕魔，二謂陰魔，

366. 三曰天魔，四是外道也。「是汝綑繩〔註793〕」者，三界繫〔註794〕閇〔註795〕，猶〔註796〕如牢〔註797〕獄。善友

367. 慈悲，抚〔註798〕苦〔註799〕施安。如被囚執，仗人維偉〔註800〕。故言：「挽抚〔註801〕汝等離地獄故」〔註802〕。「是

368. 汝妙藥」者，法能遣或〔註803〕，事同良藥〔註804〕。稟之脩行，擬无不碎〔註805〕。如人服飲〔註806〕，

第 15 紙

369. 藥行至處，有病斯〔註807〕遣。故言「療治汝等煩惚〔註808〕病故」也。「是汝利刀」者，

〔註790〕 「惡」，古同「怨」。
〔註791〕 「降伏汝等諸魔得无畏故」，《大正藏》之《法句經》（T2901）錄文作「降伏（＋汝等）諸魔得無畏故」。
〔註792〕 「惚」，此處同「惱」。《大正藏》作「惱」。
〔註793〕 「繩」，古同「繩」。
〔註794〕 「繫」，古同「繫」。
〔註795〕 「閇」，古同「閉」。
〔註796〕 「猶」，正文為草書，又淺墨楷書於文右。
〔註797〕 「牢」，古同「牢」。
〔註798〕 「抚」，古同「拔」。
〔註799〕 「苦」，正文為草書，又淺墨楷書於文右。
〔註800〕 「偉」，《大正藏》誤作「維」。
〔註801〕 「抚」，古同「拔」。
〔註802〕 「挽抚汝等離地獄故」，《大正藏》之《法句經》（T2901）錄文作「梳機汝等離地獄故」。
〔註803〕 「或」，此處通「惑」。《大正藏》作「惑」。
〔註804〕 「藥」，正文為草書，又淺墨楷書於文右。
〔註805〕 「碎」，古同「碎」。
〔註806〕 「飲」，文下淺墨楷書一「盂」字，似為「飲」注音。《大正藏》無。
〔註807〕 「斯」，正文為草書，又淺墨楷書於文右。
〔註808〕 「惚」，此處同「惱」。《大正藏》作「惱」。

370. 稽流生死，竄〔註809〕由於愛。罩〔註810〕羅〔註811〕行者，事同其網。善友教導，衣〔註812〕能破

371. 裂。似如利刀，有物斯〔註813〕斷〔註814〕。故言「割斷汝等諸愛網故」也。「是汝時雨」者，

372. 卉木將枯，雨閏〔註815〕便生。善友利人，則道牙〔註816〕茲茂。事同甘雨滂沲〔註817〕，萌

373. 牙〔註818〕普洽。故言「閏〔註819〕清汝等菩提牙〔註820〕故」〔註821〕也。「是汝明燈」者，智體清潔，能

374. 造盖纒〔註822〕。類似〔註823〕明燈，暗无不破。正由善友功力，此事方成。故〔言：〕〔註824〕「能破汝

375. 等五盖〔註825〕暗故」。五盖者，一貪欲〔註826〕，二嗔〔註827〕恚〔註828〕，

〔註809〕「竄」，古同「竄」。《大正藏》作「竄」。

〔註810〕「罩」，《大正藏》誤作「罜」。

〔註811〕「罩羅」，泛指捕魚或鳥的竹器。參見《一切經音義》卷四八：「罩羅：古文羉翏，二形同，竹挍反，捕魚籠也」。《一切經音義》(T2128)，《大正藏》第54卷，第630頁第1欄第7行。

〔註812〕「衣」，正文為草書，又淺墨楷書於文右。此處通「亦」。《大正藏》誤作「竟」。

〔註813〕「斯」，正文為草書，又淺墨楷書於文右。

〔註814〕「斷」，正文為草書，又淺墨楷書於文右。

〔註815〕「閏」，古同「閏」。此處通「潤」。《大正藏》作「潤」。

〔註816〕「牙」，此處通「芽」。

〔註817〕「沲」，古同「沱」。

〔註818〕「牙」，此處通「芽」。

〔註819〕「閏」，古同「閏」。此處通「潤」。《大正藏》作「潤」。

〔註820〕「牙」，此處通「芽」。

〔註821〕「閏清汝等菩提牙故」，《大正藏》之《法句經》(T2901)錄文誤作「潤漬汝等菩提身故」。

〔註822〕「纒」，古同「纏」。

〔註823〕「似」，《大正藏》誤作「以」。

〔註824〕「言」，原文無。依文義補入。《大正藏》無。

〔註825〕「五盖」，梵語為 pañca-āvaraṇa，意譯為「五蓋」，指貪欲、嗔恚、睡眠、悼悔、疑這五種能覆蓋福德、定心等的煩惱。參見《佛教大辭典》，第256頁。

〔註826〕「貪欲」，即欲蓋，梵語為 rāga-āvaraṇa。參見《大智度論》卷十七：「貪欲之人，去道甚遠。所以者何？欲為種種惱亂住處，若心著貪欲，無由近道。」《大智度論》(T1509)，《大正藏》第25卷，第183頁第3欄第21至23行。

〔註827〕「嗔」，《大正藏》作「瞋」。

〔註828〕「嗔恚」，即嗔恚蓋，梵語為 pratigha-āvaraṇa。參見《大智度論》卷十七：「瞋恚蓋者，失諸善法之本，墮諸惡道之因，諸樂之怨家，善心之大賊，種

三睡眠〔註829〕，四悼〔註830〕悔〔註831〕，五疑〔註832〕也。「是汝善

376. 標」者，將度〔註833〕深河〔註834〕，望〔註835〕樓〔註836〕隣淺，漸蒙得達，无復沉〔註837〕溺之憂。親近善

377. 友，憒教脩行，生死大海，度〔註838〕衣〔註839〕有期〔註840〕。故言：「教示汝等趣正道故」。「是汝

378. 新〔註841〕火」者，依友習智，焚〔註842〕蕩或〔註843〕薪。功成大果，利益无崖。故言「成〔註844〕熟汝

種惡口之府藏。」《大智度論》（T1509），《大正藏》第 25 卷，第 184 頁第 1 欄第 25 至 27 行。

〔註829〕 「睡眠」，即睡眠蓋，梵語為 styāna-middha-āvaraṇa。梵語 styāna，直譯為「閑散」；梵語 middha，直譯為「怠懶」。參見《大智度論》卷十七：「睡眠蓋者，能破今世三事：欲樂、利樂、福德。能破今世、後世、究竟樂。與死無異，唯有氣息。」《大智度論》（T1509），《大正藏》第 25 卷，第 184 頁第 2 欄第 22 至 24 行。

〔註830〕 「悼」，《大正藏》作「悼」。CBETA 誤改作「掉」。

〔註831〕 「悼悔」，即悼悔蓋（或掉悔蓋），梵語為 auddhatya-kaukṛtya-āvaraṇa。梵語 auddhatya，直譯為「輕慢」；梵語 kaukṛtya，直譯為「邪惡」。參見《大智度論》卷十七：「掉悔蓋者，掉之為法，破出家心。如人攝心，猶不能住，何況掉散？掉散之人，如無鉤醉象，決鼻駱駝，不可禁制。」「悔法者，如犯大罪人，常懷畏怖，悔箭入心，堅不可拔。」《大智度論》（T1509），《大正藏》第 25 卷，第 184 頁第 3 欄第 5 至 8 行，第 11 至 12 行。

〔註832〕 「疑」，即疑蓋，梵語為 vicikitsā-āvaraṇa。參見《大智度論》卷十七：「疑蓋者，以疑覆心故，於諸法中不得定心；定心無故，於佛法中空無所得。譬如人入寶山，若無手者，無所能取。」《大智度論》（T1509），《大正藏》第 25 卷，第 184 頁第 3 欄第 21 至 24 行。

〔註833〕 「度」，此處通「渡」。

〔註834〕 「河」，正文為草書，又淺墨楷書於文右。

〔註835〕 「望」，正文為草書，又淺墨楷書於文右。

〔註836〕 「樓」，正文為草書，又將「樓」之異體字（筆畫不清）淺墨楷書於文右。

〔註837〕 「沉」，《大正藏》作「沈」。

〔註838〕 「度」，此處通「渡」。

〔註839〕 「衣」，正文為草書，又淺墨楷書於文右。此處通「亦」。《大正藏》誤作「竟」。

〔註840〕 「期」，正文為草書，又淺墨楷書於文右。

〔註841〕 「新」，正文為草書，又淺墨楷書於文右。此處通「薪」。《大正藏》作「薪」。

〔註842〕 「焚」，原文為異體字「禁」，古同「焚」。寫卷中常以「朩」替代字中結構之「火」。參見寫卷第 546 行之異體字「褻」，形作「褻」，古同「熟」。

〔註843〕 「或」，此處通「惑」。《大正藏》作「惑」。

〔註844〕 「成」，正文為草書，又淺墨楷書於文右。

379. 等涅槃食〔註845〕故」也。「是汝弓箭」者，損害善根，其唯煩惚〔註846〕。劫〔註847〕人功德，譬

380. 之如賊。懃脩正觀，滅〔註848〕之在近〔註849〕。箭傷〔註850〕惡人，其類是同。故言「射〔註851〕煞〔註852〕汝等

381. 煩惚〔註853〕賊故」也。「是汝勇將」〔註854〕者，強敵侵凌，則馮〔註855〕之猛將。生死大軍〔註856〕，衣〔註857〕依

382. 善友方破。故言「能破汝等生死軍故」也。「是如來」〔註858〕者，昔由无明在心，違

383. 背己體。理外分別，事同其志。今蒙善〔註859〕友脩習，返本還无。故曰「如來」。煩

384. 惚〔註860〕是客〔註861〕，虛无體性。正智若生，不除自遣。故言：能「破汝等煩惚〔註862〕至

385. 涅槃故」〔註863〕也。弟四，勸近。如文可知也。自下，大文弟四，寶明大眾聞法慶

〔註845〕「食」，正文為草書，又淺墨楷書於文右。
〔註846〕「惚」，此處同「惱」。《大正藏》作「惱」。
〔註847〕「劫」，古同「劫」。
〔註848〕「滅」，《大正藏》誤作「殄」。
〔註849〕「近」，正文為草書，又淺墨楷書於文右。
〔註850〕「傷」，正文為草書，又淺墨楷書於文右。
〔註851〕「射」，正文為草書，又將「社」淺墨楷書於文右。《大正藏》作「射」。
〔註852〕「煞」，此處通「殺」。《大正藏》作「殺」。
〔註853〕「惚」，此處同「惱」。《大正藏》作「惱」。
〔註854〕「是汝勇將」，《大正藏》之《法句經》（T2901）錄文誤作「善知識者是汝勇得」。「將」，正文為草書，又淺墨楷書於文右。
〔註855〕「馮」，古同「憑」。
〔註856〕「軍」，正文為草書，又淺墨楷書於文右。
〔註857〕「衣」，此處通「亦」。《大正藏》誤作「竟」。
〔註858〕「是如來」，《大正藏》之《法句經》（T2901）錄文作「善知識者是汝如來」。
〔註859〕「善」，原文楷書補書於文右。
〔註860〕「惚」，此處同「惱」。《大正藏》作「惱」。
〔註861〕「客」，文右淺墨楷書誤釋為「容」。佛經中常見「煩惱是客，不得久住」之表述。《大正藏》作「客」。
〔註862〕「惚」，此處同「惱」。《大正藏》作「惱」。
〔註863〕「破汝等煩惚至涅槃故」，《大正藏》之《法句經》（T2901）錄文作「破汝（十等）煩惱至涅槃故」。

386. 喜。於中有三。初，明聞法歡喜。弟二，「自念」下，荷〔註864〕善友恩深，身心推動。

387. 弟三，「尔時」已下，次，明世尊悲念。前中有二。初，明寶明大衆聞上所說

388. 善友功能，及聞深法，慶己〔註865〕所得，悲喜〔註866〕交懷〔註867〕。故言「聞說妙法」〔註868〕，乃至「悲

389. 啼懊惚〔註869〕，不能自裁」也。自下，弟二，以今方古，推功於昔。如上所明，善友

390. 恩德，利益衆生。其實若此。當知從本已來，恒蒙善友慈悲，

391. 抚〔註870〕苦与樂〔註871〕，曉示深法。今〔註872〕脩解行，今〔註873〕得此身，并聞正法，並是善友

392. 功能，非我〔註874〕自力。故言「自念我身」，乃至「如是遇者善知識力，非我〔註875〕

393. 力能」也。弟二，正荷〔註876〕恩深，浩天罔〔註877〕極。无始違背，无惡不造，未曾一報〔註878〕。

394. 愼教脩行，傷〔註879〕己〔註880〕迷深，所以重復悲號。文中，初，法。次，喻。故言「從本已

〔註864〕 「荷」，正文為草書，又淺墨楷書於文右。《大正藏》誤作「若」。

〔註865〕 「己」，《大正藏》誤作「已」。

〔註866〕 「喜」，原文為「憙」，古同「喜」。《大正藏》作「喜」。

〔註867〕 「懷」，古同「懷」。正文為草書，又淺墨楷書於文右。

〔註868〕 「聞說妙法」，《大正藏》之《法句經》（T2901）錄文作「聞佛說此妙法」。

〔註869〕 「惚」，此處同「惱」。《大正藏》作「惱」。

〔註870〕 「抚」，古同「拔」。

〔註871〕 「樂」，正文為草書（與現代簡體字同形），又淺墨楷書於文右。

〔註872〕 「今」，參見第389行之「今」。《大正藏》誤作「令」。

〔註873〕 「今」，《大正藏》誤作「令」。

〔註874〕 「我」，正文為草書，又淺墨楷書於文右。

〔註875〕 「我」，正文為草書，又淺墨楷書於文右。

〔註876〕 「荷」，正文為草書，又淺墨楷書於文右。

〔註877〕 「罔」，此處同「罔」。《大正藏》作「罔」。

〔註878〕 「報」，正文為草書（與現代簡體字同形），又淺墨楷書於文下。

〔註879〕 「傷」，正文為草書，又淺墨楷書於文右。

〔註880〕 「己」，《大正藏》誤作「已」。

395. 來，未曾報〔註881〕恩」，乃至「死而復蘇」〔註882〕也。寶明既自傷已迷悲號，若是今

396. 時，學者亦復須〔註883〕然。无始已來，恒蒙三保〔註884〕慈悲，示教利喜〔註885〕，方獲

第 16 紙

397. 道噐〔註886〕之身。聞法造脩，創始發心，先須〔註887〕知恩報德。憒教脩行，稱

398. 可聖心，則爲脩法供養也。自下，弟三，世尊〔註888〕悲念，振動大千，亦爲

399. 後會〔註889〕凸〔註890〕集之端也。自下，弟二會〔註891〕說法。但㐧生識欲〔註892〕，感悟有時。

400. 理不虛應，導師弗失。上來說法一周，傷〔註893〕嘆寶明，異域同聞，有

401. 緣方集也。文中有三。初，明普光大㐧，覩〔註894〕事興念，故來聽法，并事

402. 善友。弟二，「於是普光知大㐧意」〔註895〕已下，正明對機〔註896〕說授，

〔註881〕「報」，正文為草書（與現代簡體字同形），又淺墨楷書於文右。

〔註882〕「死而復蘇」，《大正藏》之《法句經》（T2901）錄文作「死而復甦」。「蘇」，原文為「蘓」，古同「蘇」。「甦」，古同「蘇」。

〔註883〕「須」，正文為草書，又淺墨楷書於文右。

〔註884〕「保」，此處通「寶」。

〔註885〕「喜」，參見第386行之「喜」。《大正藏》誤作「善」。

〔註886〕「噐」，古同「器」。

〔註887〕「須」，正文為草書，又淺墨楷書於文右。

〔註888〕「尊」，原文有塗改痕跡。

〔註889〕「會」（與現代簡體字同形），《大正藏》誤作「念」。

〔註890〕「凸」，古同「召」。

〔註891〕「會」（與現代簡體字同形），文右楷書誤釋為「念」。

〔註892〕「欲」，《大正藏》誤作「無」。

〔註893〕「傷」，正文為草書，又淺墨楷書於文右。

〔註894〕「覩」，正文為草書，與「都」形近，文右淺墨楷書釋為「都」。依文義並參第405行及第409行之「覩」，此處應為「覩」。《大正藏》誤作「都」。

〔註895〕「於是普光知大㐧意」，《大正藏》之《法句經》（T2901）錄文作「於是普光莊嚴菩薩知大眾意」。「意」，正文為草書，又淺墨楷書於文右。

〔註896〕「攍」，古注同「扳」，此處通「機」。

教事善知

403. 識法。前文有四。初，明因事興請，爲聽法之由。弟二，「寶相仏言」已下，

404. 述其所請，勅〔註897〕令速往〔註898〕。三，明普光大眾，蒙遂所期〔註899〕，咸來詣仏。弟四，

405. 世尊慰問也。前中復四。初，明釋迦慈念，動地所及。二，明普光覩〔註900〕瑞，

406. 陳〔註901〕疑請問。弟三，彼仏正答，現瑞所由。弟四，蒙決所疑，情生渴仰。

407. 遂請欲來，聞此事友。故言「与此大眾」，乃至「并聞正法」也。弟三，詣

408. 仏。中有六子句。初，明普光既至，爲物居空立，息〔註902〕示遠來求法，勵〔註903〕彼

409. 初學之心。二，彰善友功能，普周无外也。弟三，寶明覩事興諸〔註904〕。弟

410. 四，如來正答。弟五，眾情忻〔註905〕踊〔註906〕，嚴儀待〔註907〕仏。六〔註908〕，明普光雨花，遶〔註909〕仏方立〔註910〕也。

411. 下，世尊慰問。中復五。初，正慰問。弟二，普光酬答。弟三，文

〔註897〕「勅」，古同「敕」。正文為草書（與現代簡體字同形），又淺墨楷書於文右。《大正藏》作「勅」。
〔註898〕「往」，正文為草書，又淺墨楷書於文右。
〔註899〕「期」，正文為草書，又淺墨楷書於文右。
〔註900〕「覩」，正文為草書，與「都」形近，又將「覩」淺墨楷書於文右。依文義並參第409行，此處應為「覩」。《大正藏》作「覩」。
〔註901〕「陳」，正文為草書（與現代簡體字同形），又淺墨楷書於文右。
〔註902〕「立息」，《大正藏》誤作「意」。
〔註903〕「勵」，《大正藏》誤作「勸」。
〔註904〕「諸」，《大正藏》誤作「請」。
〔註905〕「忻」，此處同「欣」。
〔註906〕「踊」，古同「踊」。
〔註907〕「待」，此處通「侍」。
〔註908〕「六」，前有第408行稱「中有六子句」，並參第51及137行之「六」。《大正藏》誤作「下」。
〔註909〕「遶」，古同「繞」。原文有塗改痕跡。
〔註910〕「立」，原文濃墨楷書補書於文右。

殊〔註911〕問其來

412. 意〔註912〕。弟四，普光答。弟五，文殊申衆渴仰，催令速問也。初，云「汝之世尊

413. 氣力安不」〔註913〕者，但諸仏積行圓滿，正習俱亡，万德皆俻〔註914〕，何〔註915〕患〔註916〕之？又，如

414. 來隨慎世俗歳〔註917〕寒之儀，故問之也。自下，大文弟二，對機〔註918〕說授。中有

415. 三。初，普光申請。弟二，如來善其所問，勅〔註919〕聽深說。弟三，正說。前中，初，

416. 普光嘆法深妙，善友難議〔註920〕，自陳〔註921〕德節〔註922〕，非己所解。弟二，如仏前下

417. 鎌答興請，正問親近〔註923〕善知識法，並如文也。下，正說。中有二。初，說善

418. 知識。弟二，「尔時世尊」已下，次爲說法。前中復二。初，說善友功力，令其

419. 慕德脩恭。弟二，「若有智者」已下，正明事友儀式。初中有三。初，捴〔註924〕

〔註911〕「文殊」，全稱文殊師利，菩薩名，梵語為 mañjuśrī。「殊」，正文為草書，又淺墨楷書於文右。《大正藏》誤作「珠」。CBETA 更正為「殊」。

〔註912〕「意」，正文為草書，又淺墨楷書於文右。

〔註913〕「汝之世尊氣力安不」，《大正藏》之《法句經》（T2901）錄文作「汝之世尊氣力安否」。「不」，此處通「否」。

〔註914〕「俻」，古同「備」。

〔註915〕「何」，正文為草書，又淺墨楷書於文右。

〔註916〕「患」，正文為草書，文右淺墨楷書誤釋為「速」。《大正藏》誤作「速」。

〔註917〕「歳」，古同「歲」。

〔註918〕「擽」，古注同「扔」，此處通「機」。

〔註919〕「勅」，古同「敕」。正文為草書（與現代簡體字同形），又淺墨楷書於文右。《大正藏》作「勑」。

〔註920〕「議」，《大正藏》誤作「儀」。

〔註921〕「陳」，正文為草書（與現代簡體字同形），又淺墨楷書於文右。

〔註922〕「節」，正文為草書，又淺墨楷書於文右。

〔註923〕「近」，正文為草書，又淺墨楷書於文右。

〔註924〕「捴」，古同「總」。

420. 嘆。弟二，別釋。弟三，結〔註 925〕也。前中，捴〔註 926〕明善友功能，
　　　洞閑深法，了達貪欲、

421. 嗔恚〔註 927〕及衆塵勞〔註 928〕，並從緣生，无有實法，如幻如夢，畢竟
　　　是空。故《无

422. 行經》〔註 929〕言：「貪、嗔、癡〔註 930〕如幻，幻〔註 931〕不異三毒。凡
　　　夫強分別，我貪我嗔恚。」〔註 932〕善

423. 友慈悲，愍念衆生，无始已來，爲之疲勞。今教觀察，悟達本无，

424. 資成觀智，長養衆德。故言「能令汝等」，乃至「不起一心，得大功德」
　　　也。自

第 17 紙

425. 下，別中有六，皆初喻，後合。初之兩喻，正明善友悲願〔註 933〕弘
　　　〔註 934〕深，救物爲

426. 念，即顯利他之德。弟二，一文，明善餌法藥，芸除惱〔註 935〕病，彰自
　　　利德也。

427. 弟三，喻，明悲智德滿，善能利物，所度衆生，依之獲益也。前中有

428. 二。初一喻，正明願〔註 936〕心寬〔註 937〕遠，濟〔註 938〕物圓極。文中，

〔註 925〕「結」，正文為草書，又淺墨楷書於文右。

〔註 926〕「捴」，古同「總」。

〔註 927〕「恚」，原文有塗改痕跡。

〔註 928〕「勞」，正文為草書，又淺墨楷書於文右。

〔註 929〕「无行經」，此處指《諸法無行經》。

〔註 930〕「癡」，此處同「癡」。

〔註 931〕「幻」，原文為重文符。

〔註 932〕引自《諸法無行經》卷一：「貪瞋癡如幻，幻不異三毒，凡夫自分別，我貪
　　　　我瞋恚。」《諸法無行經》（T0650），《大正藏》第 15 卷，第 751 頁第 2 欄第
　　　　3 至 4 行。

〔註 933〕「願」，參見第 428 行之「願」。《大正藏》誤作「凡」。

〔註 934〕「弘」，古同「弘」。

〔註 935〕「惱」，原文為「悤」，古同「惚」、「惱」。《大正藏》作「惱」。

〔註 936〕「願」，正文為草書，又將「願」之異體字（筆畫不清）淺墨楷書於文右。

〔註 937〕「寬」，古同「寬」。

〔註 938〕「濟」，正文為草書，又將「濟」之異體字（筆畫不清）淺墨楷書於文右。

初，喻。次，合。故言「以大願舡〔註939〕運

429. 載汝等到涅槃岸」〔註940〕也。自下，弟二，次喻。行窮善巧，悲心普洽
也。然，行

430. 之与〔註941〕願〔註942〕，二事相須〔註943〕，闕一不可。若有願无行，其
願云虛。有行无願，其

431. 行則孤。願行相扶，方是大人之謂。故前明願，次須弁〔註944〕行也。文
中，初，喻。

432. 次，合。但路〔註945〕遊峻嶮〔註946〕，要依智者方越。鎧仗防敵，車馬
遠進，人物俱安，

433. 众禍不累。故言「恃託一人，善於伐〔註947〕藝」，乃至「得達无難」。藝
者，六藝，謂

434. 書〔註948〕、數〔註949〕、射、御、禮、樂〔註950〕也。〔註951〕下，合喻。
生死絕難，事同嶮〔註952〕路〔註953〕。行者將過，衣〔註954〕依

435. 智人方便。所行六度，究竟圓滿。羿〔註955〕本法身，德用自在。慈悲外
扶〔註956〕，

〔註939〕「舡」，古同「船」。
〔註940〕「以大願舡運載汝等到涅槃岸」，《大正藏》之《法句經》（T2901）錄文作「以
　　　　大願船，處生死海，運載汝等，不動身心，到涅槃岸」。
〔註941〕「与」，正文為草書，又淺墨楷書於文右。《大正藏》誤作「乞」。
〔註942〕「願」，正文為草書，又將「願」之異體字（筆畫不清）淺墨楷書於文右。
〔註943〕「須」，正文為草書，又淺墨楷書於文右。
〔註944〕「弁」，此處同「辯」。《大正藏》作「辨」。
〔註945〕「路」，正文為草書，又淺墨楷書於文右。
〔註946〕「嶮」，古同「險」。
〔註947〕「伐」，古同「伎」。
〔註948〕「書」，正文為草書（與現代簡體字同形），又淺墨楷書於文右。
〔註949〕「數」，古同「數」。正文為草書，又淺墨楷書於文右。
〔註950〕「樂」，正文為草書（與現代簡體字同形），又淺墨楷書於文右。
〔註951〕「六藝」，此處之六藝，為借用中國傳統之概念。
〔註952〕「嶮」，古同「險」。
〔註953〕「路」，正文為草書，又淺墨楷書於文右。
〔註954〕「衣」，正文為草書，又淺墨楷書於文右。此處通「亦」。《大正藏》作
　　　　「亦」。
〔註955〕「羿」，原文為「羿」，古同「契」。
〔註956〕「扶」，古同「拔」。

436. 防護衆生。識欲知〔註957〕報，利益无到〔註958〕。故得遠逾生死，諸難不及。故言

437. 「善識如是，法身壯大」，乃至「離於三途生死難」也。下，弟二，明自利德，

438. 如人衣〔註959〕寶，服〔註960〕天甘露，衣〔註961〕无夭命之憂。善友亦尔。恒脩智寶，以自防

439. 心。服餌真如一味之藥〔註962〕，煩惚〔註963〕雲消，逾增惠〔註964〕命。故言「善友亦然〔註965〕，服〔註966〕於

440. 法藥，消煩惚〔註967〕病，惠〔註968〕命无窮」也。自下，三喻，明依之獲〔註969〕安。初，明獸中

441. 王也，其唯師〔註970〕子。依行空曠，則諸惡獸兕不能傷〔註971〕害。依友處深，亦復

442. 如是。若有依者，遊塵勞〔註972〕中，亦无所畏。下，弟二，明須〔註973〕弥寶山，高〔註974〕而且

443. 廣。八風漂皷〔註975〕，未傾其志。善友亦然。證理究竟，固而難動。依

〔註957〕「知」，原文有塗改痕跡。
〔註958〕「到」，正文為草書。文右淺墨楷書誤釋為「利」。《大正藏》誤作「到利」二字。
〔註959〕「衣」，正文為草書，又淺墨楷書於文右。
〔註960〕「服」，正文為草書，又淺墨楷書於文右。
〔註961〕「衣」，正文為草書，又淺墨楷書於文右。此處通「亦」。
〔註962〕「藥」，正文為草書，又淺墨楷書於文右。
〔註963〕「惚」，此處同「惱」。《大正藏》作「惱」。
〔註964〕「惠」，古同「惠」，此處通「慧」。《大正藏》作「惠」。
〔註965〕「然」，《大正藏》誤作「能」。
〔註966〕「服」，正文為草書，又淺墨楷書於文右。
〔註967〕「惚」，此處同「惱」。《大正藏》作「惱」。
〔註968〕「惠」，古同「惠」，此處通「慧」。《大正藏》作「惠」。《大正藏》之《法句經》（T2901）錄文作「慧」。
〔註969〕「獲」，《大正藏》誤作「報」。
〔註970〕「師」，此處通「獅」。
〔註971〕「傷」，正文為草書，又淺墨楷書於文右。
〔註972〕「勞」，正文為草書，又淺墨楷書於文右。
〔註973〕「須」，正文為草書，又淺墨楷書於文右。
〔註974〕「高」，正文為草書，又將「高」淺墨楷書於文右。
〔註975〕「皷」，古同「鼓」。

之脩

444. 習世等人法，豈能傾動也！故言「善友亦尔」，乃至「不能吹動」也。下，
弟三，

445. 明金翅鳥王，其力雄猛。龍威雖大，尚非所擬。依之涉難，何慮危

446. 害！善友亦然。諸魔外道，雖復熾盛。朗智一擬，耶〔註976〕徒自息。故
言：乃至

447. 「不畏諸魔外道之難」也。弟四〔註977〕，捴〔註978〕結〔註979〕。如文也。
自下，弟二，事友儀式。於

448. 中有二。初，明斷或〔註980〕脩證，功由善友。開導隨逐，詣捨身命。相
續累

449. 刼〔註981〕，未報善友須〔註982〕臾之恩。況復身外所有，財属五家
〔註983〕，又是罪本，妻

450. 子是客〔註984〕，復是深因，豈得戀惜〔註985〕，自墜長〔註986〕幽！故言
「何況揣財」，乃至「而得

451. 恡〔註987〕惜」也。二，明大人善巧，利物多端。不可覩相，妄見是非。
自增或〔註988〕

〔註976〕「耶」，此處通「邪」。《大正藏》作「邪」。
〔註977〕「四」，實應為「三」。據第418至420行，第一，說善友功力。分三部分。
第一，「捴嘆」。第二，「別釋」。此處之「總結」實為第三，「結」。《大正藏》
作「四」。
〔註978〕「捴」，古同「總」。
〔註979〕「結」，正文為草書，又淺墨楷書於文右。
〔註980〕「或」，此處通「惑」。
〔註981〕「刼」，古同「劫」。
〔註982〕「須」，正文為草書，又淺墨楷書於文右。
〔註983〕「家」，正文為草書，又淺墨楷書於文右。
〔註984〕「客」，文右淺墨楷書誤釋為「容」。參見第384行之「客」。《大正藏》誤作
「若」。
〔註985〕「惜」，原文為「借」，有誤。依文義並參第451行之「恡（悋）惜」，更正
為「惜」。《大正藏》作「惜」。
〔註986〕「長」，正文為草書（與現代簡體字同形），又淺墨楷書於文右。
〔註987〕「恡」，古同「悋」、「吝」。《大正藏》作「悋」。
〔註988〕「或」，此處通「惑」。

452. 累，郭〔註989〕脩聖道。但自知眼弱〔註990〕，不能分別。勿得生疑，徒
自妨道。文

第 18 紙

453. 中，初，勸。次，釋。後，結〔註991〕。故言「若善知識諸有所作」，乃
至「應斷〔註992〕疑心」也。

454. 自下，弟二，說法。中，曲有節〔註993〕四。初，普光牒問深法，請其正
受之儀。

455. 二，明所說理深，大根方悟。小心迫迮，非其所受。如來正答，顯法

456. 殊勝。弟三，普光重請。弟四，如來偈誦酬答。於中廿〔註994〕四偈，分
之

457. 爲三。初，十八偈，正說其法。弟二，一偈，勸近善友。弟三，五偈，
明起

458. 說所由，嘆教功能。前文有二。初，九行偈，說理法。弟二，九偈，說
行

459. 法也。前中復二。初，明万法平等，性恒〔註995〕不動〔註996〕，即說名
所自〔註997〕法。弟

460. 三偈〔註998〕，說名字性空，即是能自名也。前中，初，捴〔註999〕。次，
別。捴〔註100〕中，上半，

〔註989〕「郭」，古同「障」。
〔註990〕「弱」，原文為「瘀」，疑為「弱」之異體字。《大正藏》作「瞖」。
〔註991〕「結」，正文為草書，又淺墨楷書於文右。
〔註992〕「斷」，正文為草書，又淺墨楷書於文右。
〔註993〕「節」，正文為草書，又淺墨楷書於文右。
〔註994〕「廿」，古同「廿」。《大正藏》作「二十」。
〔註995〕「性恒」，原文二字顛倒，有倒乙符。
〔註996〕「動」，正文為草書，又淺墨楷書於文右。
〔註997〕「自」，原文似為「目」，實應為「自」。依第 460 行之「說名字性空，即是
能自名也」，更正為「自」。《大正藏》作「自」。
〔註998〕「第三偈」，實為二十四偈之第九偈。
〔註999〕「捴」，古同「總」。
〔註100〕「捴」，古同「總」。

461. 勅〔註1001〕聽，明說當其理蕳〔註1002〕異隨亘〔註1003〕之教。故言「我今如實說」也。下，明

462. 法性无動〔註1004〕，本來寂滅。動，名爲執，謂住生、住滅，定有、定无，故

463. 能緣生念〔註1005〕動分別之心，故名動。然，万法緣生，離生、離滅，有无

464. 皆空，措情无地。故言「不動」也。故《花首〔註1006〕經》〔註1007〕言：「眾緣所生法，我說

465. 即是空，亦爲是假〔註1008〕名，亦是中道義〔註1009〕。未曾有一法，不從眾緣生，

466. 是故一切法，无不是空者。」〔註1010〕自下，別中有三。初，明法空。二，明眾生

467. 空。弟三，雙結〔註1011〕也。前中，初兩〔註1012〕偈，明貪、嗔等或〔註1013〕，從緣性空，即是法

〔註1001〕「勅」，古同「敕」。正文為草書（與現代簡體字同形），又淺墨楷書於文右。《大正藏》作「勅」。

〔註1002〕「蕳」，古同「簡」。

〔註1003〕「亘」，古同「宜」。

〔註1004〕「動」，正文為草書，又淺墨楷書於文右。

〔註1005〕「念」，《大正藏》誤作「令」。

〔註1006〕「首」，正文為草書，又淺墨楷書於文右。

〔註1007〕《花首經》，又名《華首經》。該經並未獨立見於藏經，卻常被其他經論引用，實為一些主要大乘經論的異名或代稱。參見《釋淨土群疑論探要記》（D8914）卷十四，《國家圖書館善本佛典》第 44 冊，第 8914 號，第 676 頁第 1 欄第 5 至 8 行，「先列經論，即有十二經一論，名等者等取《寶積經》、《大悲經》、《大般若經》、《大集念佛三昧經》、《大乘起信論》等。是等經論，泛明念佛如花首等者，明所列諸經，立於異名《花首經》。」

〔註1008〕「假」，正文為草書，又淺墨楷書於文右。

〔註1009〕「義」，參見第 253 行之「義」。

〔註1010〕引自《中論》卷四《觀四諦品第二四》：「眾因緣生法，我說即是無，亦為是假名，亦是中道義。未曾有一法，不從因緣生，是故一切法，無不是空者。」《中論》（T1564），《大正藏》第 30 卷，第 33 頁第 2 欄第 11 至 14 行。

〔註1011〕「結」，正文為草書，又淺墨楷書於文右。

〔註1012〕「兩」，文右淺墨楷書誤釋為「多」。參見第 474 行之「兩」。《大正藏》誤作「多」。

〔註1013〕「或」，此處通「惑」。

468. 性之身。一切諸仏，證之成德。初偈，上三句，明成德。弟四句，釋良〔註1014〕

469. 由法性自尓，迷即是凡，悟即成聖。若理衣〔註1015〕不然，則聖无此力。當

470. 知法性本來不動也。下，明五〔註1016〕盖〔註1017〕、五欲〔註1018〕，義同前釋也。次一偈，明滛〔註1019〕

471. 欲、耶〔註1020〕見，九結〔註1021〕、十使〔註1022〕，皆无體實，即是解脱涅槃也。次一偈，明染淨

472. 性空，无有兩體，達染无生，即便爲淨德。譬如高原之〔註1023〕地，不生

473. 蓮花。畢〔註1024〕濕淤泥，乃生此花。故言「常處於三毒，長〔註1025〕養〔註1026〕於白〔註1027〕法」。

〔註1014〕「良」，形同「艮」。《大正藏》誤作「已心」。

〔註1015〕「衣」，正文爲草書，又淺墨楷書於文右。此處通「亦」。《大正藏》作「亦」。

〔註1016〕「五」，正文爲草書字（形同「区」），又將「五」淺墨楷書於文右。

〔註1017〕「五盖」，梵語爲 pañca-āvaraṇa，意譯爲「五蓋」，指貪欲、嗔恚、睡眠、悼悔、疑這五種能覆蓋福德、定心等的煩惱。參見第 375 行，及《佛教大辭典》，第 256 頁。

〔註1018〕「五欲」，梵語爲 pañca-kāma，意譯爲「五欲」，亦稱「五妙欲」、「妙五欲」等，指能引起眾生情欲的色、聲、香、味、觸這「五境」。參見《佛教大辭典》，第 256 頁。

〔註1019〕「滛」，原文爲「滛」或「滛」，古同「淫」。

〔註1020〕「耶」，此處通「邪」。《大正藏》作「邪」。

〔註1021〕「九結」，指系縛眾生流轉三界不得解脱的九種羈絆。參見《大智度論》卷三：「結有九結：愛結、恚結、慢結、癡結、疑結、見結、取結、慳結、嫉結。」《大智度論》（T1509），《大正藏》第 25 卷，第 82 頁第 1 欄第 26 至 27 行。

〔註1022〕「十使」，指驅役眾生流轉三界的十種煩惱。參見《法門名義集》：「十使煩惱：一者，身見。二者，邊見。三者，見取。四者，戒取。五者，邪見。六者，貪。七者，嗔。八者，癡。九者，慢。十者，疑。」《法門名義集》（T2124），《大正藏》第 54 卷，第 196 頁第 1 欄第 20 至 22 行。

〔註1023〕「之」，原文有塗改痕跡。

〔註1024〕「畢」，古同「卑」。

〔註1025〕「長」，正文模糊，又淺墨楷書於文右。

〔註1026〕「養」，正文爲草書，又淺墨楷書於文右。

〔註1027〕「白」，原文有塗改痕跡。

474. 次一偈，明是非屬情，法性无二。如有兩〔註 1028〕人，互相是非。此則以彼

475. 爲非，自取其是。彼復自是，以非於此。此〔註 1029〕若定是非，則非於是。彼

476. 若定非是，則是於非。是非，則无非可非。非〔註 1030〕是，又无是可是。无

477. 是可是，雖〔註 1031〕是而无是。无非可非，雖非而无非。雖不是於是，非亦

478. 不離於是非，可謂法性，无住而〔註 1032〕无所。是故則无所不是。无所

479. 不是，則是而无是。彼此莫〔註 1033〕定乎！一切是非，何爲不宊〔註 1034〕也！文中，

480. 上半，豚法无是、无非。下，明是非性滅，本无所動〔註 1035〕。自下，弟三偈〔註 1036〕，

第 19 紙

481. 明宊生空。上三句，明空。弟四句，釋。但名、色与識，更相依起，顯

482. 現以生，未曾有實。離〔註 1037〕有、離无，不生、不滅。自體恒宊，即是涅

483. 槃也。亦可。宊故，非生。生〔註 1038〕故，不滅。但言宊生，即離生、離〔註 1039〕滅。故言

〔註 1028〕「兩」，文右誤釋爲「多」。《大正藏》作「兩」。
〔註 1029〕「此」，原文爲重文符。
〔註 1030〕「非」，原文爲重文符。
〔註 1031〕「雖」，原文有塗改痕跡。
〔註 1032〕「而」，原文有塗改痕跡。
〔註 1033〕「莫」，參見第 536 行和第 539 行之「莫」。《大正藏》誤作「難」。
〔註 1034〕「宊」，古同「寂」。
〔註 1035〕「動」，正文爲草書，又淺墨楷書於文右。
〔註 1036〕「第三偈」，實爲二十四偈之第七偈。
〔註 1037〕「離」，正文爲草書，又淺墨楷書於文右。
〔註 1038〕「生」，原文爲重文符。
〔註 1039〕「離」，正文爲草書，又淺墨楷書於文右。

484. 「一切衆生,實无有生滅」。何者?但陰陰〔註1040〕相依,自體非有。衆故,非

485. 生。依即恒持。非无故,不滅。何得不生?況〔註1041〕无生、无滅,則生是空

486. 生,滅是空滅。生滅既空,豈非寂滅也!故言「生滅即涅槃,本

487. 來无所動」也。下,弟三,一偈雙結。上半,揔結。下,明万法緣生,性

488. 相皆空也。下,弟二,明名字空。上半,正明名離〔註1042〕有无。下,明寂滅。〔空

489. 也。弟三,名字空。上半,正明名離〔註1043〕有无。下,明寂滅。〕〔註1044〕此義云何?且如

490. 堂衆〔註1045〕多人聚〔註1046〕,外有一人,久不相〔註1047〕識。具〔註1048〕錄衆名,付之令認。雖復執

491. 名求法,竟不相應。故智〔註1049〕名非定有,而復稱之,以呂〔註1050〕不差〔註1051〕,非復

492. 定无。然,有非定有,不可爲有。无不定无,不可爲无。有无不

493. 實,從本皆如。故云「俱同一寂滅」也。亦可。名之与義,互相依持,

494. 各離有无。故言「俱寂滅」也。下,弟二,說行法。中有二。初,明依

〔註1040〕「陰」,原文爲重文符。

〔註1041〕「況」,原文有塗改痕跡。

〔註1042〕「離」,正文爲草書,又淺墨楷書於文右。

〔註1043〕「離」,正文爲草書,又淺墨楷書於文右。

〔註1044〕疏文第 488 行第 24 字(即最後 1 字)至第 489 行第 18 字:「空也。第三,名字空。上半,正明名離有无。下,明寂滅。」與第 488 行第 3 字至第 23 字基本重複,疑爲衍文。

〔註1045〕「衆」,古同「眾」。《大正藏》誤作「象」。

〔註1046〕「聚」,正文爲草書,又淺墨楷書於文右。

〔註1047〕「不相」,原文二字顛倒,有倒乙符。

〔註1048〕「具」,正文爲草書,又將異體字「具」淺墨楷書於文右。

〔註1049〕「智」,此處通「知」。

〔註1050〕「呂」,古同「召」。《大正藏》誤作「名」。

〔註1051〕「差」,正文爲草書,又將「蒫」淺墨楷書於文右。「蒫」,古同「差」。

理起

495. 行。弟二偈，結勸脩行。前中，明施六〔註1052〕行。文即爲六。初一偈，
明施行。

496. 上半，明三事空。下，明福无定實。良以能施心所施物，及以前田
〔註1053〕，

497. 三事具足〔註1054〕，方生施因。更相依持，究之无實。福從而生，焉〔註1055〕
可得

498. 也！故云「施福如野馬〔註1056〕」。次一偈，明戒〔註1057〕藉緣生，又无
持者，因緣生法，

499. 滅諸戲論。若言「我能持戒〔註1058〕」，是所持能所定執，斯〔註1059〕爲
倒矣！文中

500. 三句，明戒〔註1060〕性空。下句，明持者爲倒。今明稱性興行，違則成
倒。

501. 非謂嘿〔註1061〕尔，專爲非法。餘行亦然。下〔註1062〕，明忍行。上半，
脿其情。計嗔〔註1063〕

502. 爲實，對之行忍。下，明知嗔等炎〔註1064〕，忍无所忍。正明依理起行。
何者？

503. 嗔惱〔註1065〕之生，无定所從。賴心依境，始方得起。若唯心无境，
嗔不

〔註1052〕「六」，《大正藏》誤作「亦」。
〔註1053〕「田」，《大正藏》誤作「因」。
〔註1054〕「足」，參見第279行之「足」。《大正藏》誤作「之」。
〔註1055〕「焉」，《大正藏》誤作「烏」。
〔註1056〕「馬」，正文爲草書（與現代簡體字同形），又淺墨楷書於文右。
〔註1057〕「戒」，古同「戒」。
〔註1058〕「戒」，古同「戒」。
〔註1059〕「斯」，正文爲草書，又淺墨楷書於文右。
〔註1060〕「戒」，古同「戒」。
〔註1061〕「嘿」，此處同「默」。
〔註1062〕「下」，《大正藏》誤作「今」。
〔註1063〕「計嗔」，《大正藏》誤作「此唯八」。
〔註1064〕「炎」，古同「焰」。
〔註1065〕「惱」，原文爲「憁」，古同「惚」、「惱」。《大正藏》作「惱」。

504. 自生。但境无心，亦无得起。既心境无能，又无共〔註1066〕法。內外推
求，覓

505. 无起者。嗔尚无實，忍何所忍？了境无實，嗔性自无。此則名爲

506. 法忍，思惟解忍。故言「知嗔等陽〔註1067〕炎〔註1068〕，忍亦无所忍」
也。下偈，明精進〔註1069〕。

507. 初一偈半，明說所爲。但未得謂得，名增上慢。仏爲此人說涅槃大

508. 果，非精進〔註1070〕不剋〔註1071〕。然，㷽生存有所得，斯〔註1072〕並虛
妄，何精進〔註1073〕！故也

第 20 紙

509. 云「若起精心，是妄非精」也。下半偈，次明智者了知，生死涅槃，

510. 因緣幻起，從本一如，究竟空寂。故《大品》〔註1074〕云：「縱令有法過
〔註1075〕於此者，

511. 尚談如幻，何況涅槃？」〔註1076〕是則心外无法，竟无所得。法外无心，
復无

512. 能得。能〔註1077〕所平〔註1078〕等〔註1079〕，進而无懈。行合理成，不可

〔註1066〕「共」，正文為草書，又淺墨楷書於文右。

〔註1067〕「陽」，《大正藏》誤作「湯」。

〔註1068〕「陽炎（焰）」，梵語為 marīci 或 marīcikā，意為「空中光暈如火焰」，與
mṛgatṛṣṇā 或 mṛgatṛṣṇikā（鹿渴，渴獸將沙漠中的蜃景當作水）一樣，均喻
指幻景。「炎」，古同「焰」。

〔註1069〕「進」，正文為草書，又淺墨楷書於文右。

〔註1070〕「進」，正文為草書，又淺墨楷書於文右。

〔註1071〕「剋」，此處通「克」。

〔註1072〕「斯」，正文為草書，又淺墨楷書於文右。

〔註1073〕「進」，正文為草書，又淺墨楷書於文右。

〔註1074〕「大品」，此處指《大般若波羅蜜多經》。

〔註1075〕「過」，正文為草書，又淺墨楷書於文右。

〔註1076〕引自《大般若波羅蜜多經》卷五五六《天帝品第二》：「設更有法勝涅槃者亦
復如幻，何況涅槃！何以故？諸天子！幻與有情及一切法乃至涅槃無二無
別，皆不可得、不可說故。」《大般若波羅蜜多經》（T0220），《大正藏》第
7 卷，第 871 頁第 1 欄第 13 至 16 行。

〔註1077〕「能」，原文補書於文右。《大正藏》無。

〔註1078〕「平」，正文為草書，又淺墨楷書於文右。

〔註1079〕「等」，正文為草書（形同「廿」），又將「等」淺墨楷書於文右。「等」，古

以限而爲量。故言「若能

513. 心不妄,精進无有崖」也。下,明定行。上半,臕其事定,明有紛動

514. 之過。下,釋所由。但存境住心,繫〔註1080〕相脩定。此乃心境紛然,動而非

515. 靜。未若知心无起,性恒〔註1081〕寂滅。不見心相,方爲正定。下兩
〔註1082〕偈,明惠〔註1083〕

516. 行。但万法平〔註1084〕等〔註1085〕,非定一異。一則是常〔註1086〕,異住
是斷〔註1087〕。斷〔註1088〕常〔註1089〕二執,愚

517. 者所爲。智者深悟,豈存一異!初偈,明多〔註1090〕依一成,則千万不
多。千

518. 万若多,何得言一?一〔註1091〕千一万,乃至一阿僧秖〔註1092〕。故言
「粲〔註1093〕羅及万像〔註1094〕,一

519. 法之所印〔註1095〕」。又,以一昰一,還〔註1096〕同前一,何得言二?
又,一同前而言二者,初亦

520. 應二,何獨言二〔註1097〕?理既如此,乃至无量數〔註1098〕,亦同然。

同「等」。

〔註1080〕「繫」,古同「繫」。
〔註1081〕「性恒」,原文二字顛倒,有倒乙符。
〔註1082〕「兩」,文右誤釋爲「多」。《大正藏》作「兩」。
〔註1083〕「惠」,古同「惠」,此處通「慧」。《大正藏》作「慧」。
〔註1084〕「平」,正文爲草書,又淺墨楷書於文右。
〔註1085〕「等」,正文爲草書(形同「卝」),又將「莘」淺墨楷書於文右。「莘」,古
同「等」。
〔註1086〕「常」,正文爲草書,又淺墨楷書於文右。
〔註1087〕「斷」,正文爲草書,又淺墨楷書於文右。
〔註1088〕「斷」,原文爲重文符。
〔註1089〕「常」,正文爲草書,又淺墨楷書於文右。
〔註1090〕「多」,正文爲草書,又淺墨楷書於文右。
〔註1091〕「一」,原文爲重文符。
〔註1092〕「秖」,此處同「祇」。
〔註1093〕「粲」,古同「參」。
〔註1094〕「像」,此處通「象」。
〔註1095〕「印」,原文有塗改痕跡。
〔註1096〕「還」,《大正藏》誤作「置」。
〔註1097〕「二」,與「亦」形近。《大正藏》誤作「亦」。
〔註1098〕「數」,正文爲草書,又淺墨楷書於文右。

故《智度論》〔註1099〕言:「初

521. 數〔註1100〕爲一。但有一,一〔註1101〕一故二,如是皆一,更无餘數〔註1102〕。若皆是一,則无數

522. 也。」〔註1103〕故言「云何一法中,而〔註1104〕生種種〔註1105〕見」。後偈,明一能成千,則一不爲一。一〔註1106〕

523. 若一,應離之成二。以此而言,百千万等,若少〔註1107〕此一,則千万不成。

524. 故知此一,入千成千,入万成万,何得定一!破異故言一,不欲是

525. 其一。故言「一亦不爲一,爲欲破諸數」也。愚者尋言,妄生定執。故

526. 言「淺智之所聞,見一以爲一」也。自下,弟三偈〔註1108〕,結勸脩行。然,我〔註1109〕心學

527. 法,但招漏報。菩提妙果,要〔註1110〕唯无著。故今結勸脩行,依理造脩。

528. 上半,正勸依理起行。下,明行同理寂。但行託理成,理依行顯。能

529. 所相依,二俱空寂。故言「知行亦寂滅,是即菩提道」也。自下,大文

〔註1099〕「智度論」,此處指《大智度論》。
〔註1100〕「數」,正文為草書,又淺墨楷書於文右。其上原有「云」字,右側有刪除符。《大智度論》無。《大正藏》亦無。
〔註1101〕「一」,原文為重文符。
〔註1102〕「數」,正文為草書,又淺墨楷書於文右。
〔註1103〕引自《大智度論》卷五一《含受品第二三》:「初數為一,但有一;一一故言二,如是等皆一,更無餘數法。若皆是一,則無數。」《大智度論》(T1509),《大正藏》第25卷,第427頁第1欄第14至16行。
〔註1104〕「而」,《大正藏》誤作「如」。並參北大藏D103《佛說法句經》圖版(北京大學圖書館、上海古籍出版社編,《北京大學圖書館藏敦煌文獻②》,上海古籍出版社,1995年10月,上海,第65頁),《大正藏》之《法句經》(T2901)錄文亦誤作「如」。
〔註1105〕「種」,原文為重文符。
〔註1106〕「一」,原文為重文符。
〔註1107〕「少」,《大正藏》誤作「千」。
〔註1108〕「第三偈」,實為二十四偈之第十八偈。
〔註1109〕「我」,正文為草書,又淺墨楷書於文右。
〔註1110〕「要」,正文為草書,又淺墨楷書於文右。

530. 弟二，勸近善友。上半〔註1111〕，正勸。下，明近之獲益。但理妙行深，難爲進

531. 習。自非杖託勝緣，无以脩證。自利益人，聖道方圓。故言「善學

532. 諸方便，度脫於群生」也。下，大文弟三，說所爲。中，初偈，正明教起

533. 所由，本爲群生倒或〔註1112〕。若能達捨妄情，亡言犎〔註1113〕理，則究竟无說。

534. 上半，正明說意〔註1114〕。下，明炁生无累，不復須〔註1115〕說。故言「若无我〔註1116〕見者，究

535. 竟无有說」也。下，四偈，嘆教功能。初偈，明犎〔註1117〕現之說。譬如金對〔註1118〕自

536. 固，降伏群耶〔註1119〕莫〔註1120〕俎〔註1121〕也。上半，破耶〔註1122〕。下，明外不能壞〔註1123〕也。弟二偈，明聞

第21 紙

537. 教悟理，便能抚〔註1124〕苦施安。上半，正明悟理。下，明處溺救〔註1125〕生，逢苦

538. 不倦。何者？菩薩思念，我及炁生，並是因緣幻起，本來寂滅。

〔註1111〕 「半」，《大正藏》誤作「來」。
〔註1112〕 「或」，此處通「惑」。
〔註1113〕 「犎」，原文爲「犎」，古同「契」。
〔註1114〕 「意」，正文爲草書，又淺墨楷書於文右。
〔註1115〕 「須」，正文爲草書，又淺墨楷書於文右。
〔註1116〕 「我」，正文爲草書，又淺墨楷書於文右。
〔註1117〕 「犎」，原文爲「犎」，古同「契」。
〔註1118〕 「對」，古同「剛」。
〔註1119〕 「耶」，此處通「邪」。《大正藏》作「邪」。
〔註1120〕 「莫」，正文爲草書，又淺墨楷書於文右。
〔註1121〕 「俎」，《大正藏》作「俎」。
〔註1122〕 「耶」，此處通「邪」。《大正藏》作「邪」。
〔註1123〕 「壞」，古同「壞」。
〔註1124〕 「抚」，古同「拔」。
〔註1125〕 「救」，《大正藏》無。

539. 將〔註1126〕我〔註1127〕平〔註1128〕等〔註1129〕，同歸莫〔註1130〕二。无始
顛〔註1131〕倒，違背此理。自愛增他，造集諸

540. 業。流轉生死，于今不息。自身既尔，一切众生亦然。由悟此理，
發〔註1132〕

541. 大慈悲，以己〔註1133〕之疾，愍於彼疾。一切众生，既与我〔註1134〕同
體。众生受苦〔註1135〕，

542. 即是我〔註1136〕受，何得自安！无心濟〔註1137〕抚〔註1138〕，由〔註1139〕
有此心，久處生死，在苦利人，

543. 不以爲盡。雖在三途中，究竟清涼樂也。下，一偈，明纔聞經名，聊

544. 解一句，便生净土。何況久蘊心口，如說脩〔註1140〕行也！弟四，一偈，
次明解行

545. 既圓，自然感德。大聖應機，在所護持也。故言「我恒在其中，爲

546. 護〔註1141〕如是人，令得无上道」也。上，廣明深法，澤被有緣。二众
攙〔註1142〕爇〔註1143〕，聞

〔註1126〕「將」，正文為草書，又淺墨楷書於文右。
〔註1127〕「我」，正文為草書，又淺墨楷書於文右。
〔註1128〕「平」，正文為草書，又淺墨楷書於文右。
〔註1129〕「等」，正文為草書（形同「廿」），又將「等」淺墨楷書於文右。「等」，古同「等」。
〔註1130〕「莫」，正文為草書，又濃墨楷書於文右。
〔註1131〕「顛」，古同「顛」。
〔註1132〕「發」，原文為草書字，與「友」（友）形近。
〔註1133〕「己」，《大正藏》誤作「已」。
〔註1134〕「我」，正文為草書，又淺墨楷書於文右。
〔註1135〕「苦」，正文為草書，又淺墨楷書於文右。
〔註1136〕「我」，正文為草書，又淺墨楷書於文右。
〔註1137〕「濟」，正文為草書，又將「濟」之異體字（筆畫不清）淺墨楷書於文右。
〔註1138〕「抚」，古同「拔」。
〔註1139〕「由」，原文有塗改痕跡。
〔註1140〕「脩」，正文為草書，又淺墨楷書於文右。
〔註1141〕「護」，原文為「復」，有誤。《大正藏》作「護」。依文義，並參《大正藏》
之《法句經》（T2901）錄文及北大藏 D103《佛說法句經》圖版（北京大學
圖書館、上海古籍出版社編，《北京大學圖書館藏敦煌文獻②》，上海古籍出
版社，1995 年 10 月，上海，第 66 頁），更正為「護」。
〔註1142〕「攙」，古注同「扱」，此處通「機」。
〔註1143〕「爇」，原文為異體字「爇」，古同「爇」、「熟」。

547. 皆領〔註1144〕悟。自下，大文弟三，次明聞法獲益也。於中有二。初，
明普光

548. 大衆，聞法悟忍。《智論》〔註1145〕言「於无上法中，信受通達，无导
〔註1146〕不退，名

549. 无生忍」〔註1147〕也。弟二，寶明蒙記。於中有三〔註1148〕。初，正明受
記，十号圓滿。

550. 始從如來，終至於仏，是其名也。二，明因成所感，衆純无雜。但寶

551. 明久值諸仏，每聞深法，恒脩正觀，无念爲德。故使成仏之時，所

552. 有眷属，唯是清净大菩薩衆。如《净名經》〔註1149〕言「大乘心是菩
薩

553. 净土。菩薩成仏時，大乘衆生來生其國」〔註1150〕也。三，明國界嚴净，
過〔註1151〕

554. 无量壽。但諸仏功高〔註1152〕德滿，既无上下，依随正感，理无優劣。
但

555. 以所度衆生，冝〔註1153〕聞不同。故尔所君〔註1154〕之土，階差若此也。
自下，弟三，

〔註1144〕「領」，文右淺墨楷書誤釋為「飲」。參見第228行之「飲」。《大正藏》誤作
「飲」。

〔註1145〕「智論」，此處指《大智度論》。

〔註1146〕「导」，此處同「礙」。

〔註1147〕引自《大智度論》卷五〇：「於無生滅諸法實相中，信受、通達、無礙、不
退，是名無生忍。」《大智度論》（T1509），《大正藏》第25卷，第417頁
第3欄第5至6行。

〔註1148〕「三」，原文為「二」，有誤。依文義更正為「三」。參見第553行，「三，明
國界嚴净」。《大正藏》誤作「二」。

〔註1149〕《净名經》，《維摩詰所說經》之別稱。參見第90行「净名」之注釋。維摩
詰居士，梵語為vimala-kīrti，vimala意為「無垢」，kīrti意為「美名」，意譯
為「無垢稱」或「净名」。鳩摩羅什譯《維摩詰所說經》，玄奘譯為《說無垢
稱經》，又名《净名經》。

〔註1150〕引自《維摩詰所說經》卷一《佛國品第一》：「菩提心是菩薩净土，菩薩成佛
時，大乘眾生來生其國。」《維摩詰所說經》（T0475），《大正藏》第14卷，
第538頁第2欄第3至4行。

〔註1151〕「過」，正文為草書，又淺墨楷書於文右。

〔註1152〕「高」，正文為草書，又將「高」淺墨楷書於文右。

〔註1153〕「冝」，古同「宜」。

〔註1154〕「君」，正文為草書，又淺墨楷書於文右。

556. 流通分也。於中，初，明勸學〔註1155〕。二，明〔註1156〕付嘱。前中有三〔註1157〕。初，明文殊請問

557. 持經之人，并問聞法因緣。弟二，如來正答。於中有二。初，嘆理教

558. 甚深，難爲值遇〔註1158〕。聞之獲〔註1159〕益，福不可量。於中，初，明理教既深，

559. 見聞不易〔註1160〕。聲聞緣覺，判非其分。弟二，「假〔註1161〕使〔註1162〕有人」已下，喻說校

560. 量，聞獲勝益。良由此經，文勢起盡，唯明深法，法〔註1163〕性功德，究竟

561. 无盡。聞之脩習，福亦无窮也。下，弟二，答聞法因緣，持經功

562. 德。於中，初，明親侍多仏，文值〔註1164〕善根，方得聞經。随分脩習，而未

563. 能證，會仏即答聞因緣。二，明七地〔註1165〕已還〔註1166〕，猶〔註1167〕爲空有，相間有功

〔註1155〕「學」，原文補書於文右。

〔註1156〕「二明」，原文二字顛倒，有倒乙符。

〔註1157〕「三」，原文為「三」，後文僅說到兩點。此處寫作「二」更為合理。《大正藏》作「三」。

〔註1158〕「遇」，《大正藏》誤作「過」。

〔註1159〕「獲」，正文為草書，又淺墨楷書於文右。

〔註1160〕「易」，正文為草書（形同「昜」），又將「易」淺墨楷書於文右。《大正藏》誤作「問」。

〔註1161〕「假」，正文為草書，又淺墨楷書於文右。

〔註1162〕「使」，《大正藏》誤作「文」。

〔註1163〕「法」，原文為重文符。

〔註1164〕「值」，原文為「值」，古同「值」，此處通「植」。

〔註1165〕「七地」，即「遠行地」，又名「深行地」、「深入地」，梵語為 dūraṃgamā-bhūmi，指佛教修行十個階位（即十地）中的第七個階位，住於無相行，遠離世間二乘。十地，為梵語 daśa-bhūmi 之意譯，亦稱「十住」。此處指「菩薩十地」，為大乘菩薩修行過程中的十個階位。一，歡喜地。二，離垢地。三，發光地。四，焰勝地。五，難勝地。六，現前地。七，遠行地。八，不動地。九，善慧地。十，法雲地。參見《佛教大辭典》，第38頁。

〔註1166〕「還」，正文為草書，又將異體字「遝」淺墨楷書於文右。

〔註1167〕「猶」，正文為草書，又淺墨楷書於文右。

564. 用。脩八地〔註1168〕已上，證會无生，不假〔註1169〕功用，雙行无間，方
　　　爲究竟持

第 22 紙

565. 經之人。故言「至八地菩薩〔註1170〕之手」。此明舉終括始，勸學受持。
　　　二，明

566. 大㝵奉〔註1171〕行。初言「寧喪身命〔註1172〕，莫〔註1173〕於此經而懈
　　　怠」者，无始已來，

567. 虛歷〔註1174〕生死路而復始，未能不受一刧〔註1175〕，身心大苦，竟无一
　　　豪〔註1176〕法

568. 利。今得聞經，随分脩習，及爲无上菩提，見仏之因，豈惜身

569. 命〔註1177〕而不護持也！□□〔註1178〕

570. （空）

571. 《法句経疏〔註1179〕》一卷□□〔註1180〕

〔註1168〕「八地」，即「不動地」，梵語為 acala-bhūmi，指佛教修行十個階位（即十
　　　　　地）中的第八個階位，不為一切事相煩惱所動。參見第 563 行「七地」之注
　　　　　釋，及《佛教大辭典》，第 38 頁。
〔註1169〕「假」，正文為草書，又淺墨楷書於文右。
〔註1170〕「菩薩」，原文二字為合文符。
〔註1171〕「奉」，正文為草書，又淺墨楷書於文右。
〔註1172〕「命」，正文為草書，又淺墨楷書於文右。
〔註1173〕「莫」，正文為草書，又淺墨楷書於文右。
〔註1174〕「歷」，古同「歷」。
〔註1175〕「刧」，古同「劫」。
〔註1176〕「豪」，此處通「毫」。
〔註1177〕「命」，正文為草書，又淺墨楷書於文右。
〔註1178〕第 569 行第 6 字之後，有「一切法無我何等」一句，墨跡與筆跡同正文主
　　　　　體部分不同。似與《法句經疏》無關。當為後人所加。《大正藏》未錄。
〔註1179〕「疏」，原文為「疏」，古同「疏」。
〔註1180〕第 571 行為敦煌本《法句經疏》最末一行。兩個空格之後 P.2325 寫卷的餘
　　　　　下部分是名為《金剛五禮》的另一部作品和一段介紹佛陀生平和三十二相
　　　　　的文字。其後缺損。寫卷的背面還有一些包括梵語語法在內的零散筆記。對
　　　　　於 P.2325 中與《法句經疏》無關的內容，本書暫不收錄。

《法句經疏》研究

第一章 《法句經疏》概覽

<table>
<tr><td colspan="2" align="center">法藏敦煌遺書 P.2325 號</td></tr>
<tr><td>出土地</td><td>：敦煌莫高窟</td></tr>
<tr><td>館藏地</td><td>：法國國家圖書館（Bibliothèque nationale de France）</td></tr>
<tr><td>裝　幀</td><td>：卷軸裝</td></tr>
<tr><td>材　質</td><td>：紙質寫卷，墨</td></tr>
<tr><td>紙　數</td><td>：22 紙</td></tr>
<tr><td>語　言</td><td>：中文</td></tr>
<tr><td>字　體</td><td>：第 1 紙為後補之隸書，第 2 至 22 紙主體部分為草書，間有行書、楷書</td></tr>
</table>

　　法藏敦煌遺書 P.2325 號寫卷，卷軸裝，22 紙，共 592 行。總長 870cm，寬 27.2 至 28.9cm。其中第 1 紙長 38.5cm，第 2 紙長 12.3cm，第 3 至 22 紙長 40.7 至 41.2cm 不等。紙間有剪裁和粘貼的痕跡。寫卷邊緣有受潮的痕跡和水漬。[註1] 第 1 紙為後補之隸書，第 2 至 22 紙主體部分為草書，間有行書、楷書。第 2 紙應為寫卷最初形態之第 1 紙，長度原為 41cm 上下，缺損後殘存 12.3cm，以隸書所書之第 1 紙補之。寫卷第 1 至 571 行，為《法句經疏》一卷。首尾俱全。首題：《法句經疏》。尾題：《法句經疏》一卷。除去首題行（第 1 行）4 字，正文末行（第 569 行）13 字，空行（第 570 行），尾題行（第 571 行）6 字，每行約 18 至 28 字不等。全文共 571 行，不含文側標注共計約 1 萬 4 千字。第 571 行尾題「《法句經疏》一卷」之後，至第 587 行，為《金剛五禮》一卷。第 587 至 592 行，是一段介紹佛陀生平和三十二相的文字，其後缺損。寫卷的背面還有一些包括梵語語法在內的零散文

〔註1〕 參見《國際敦煌項目》數據庫（http://idp.bl.uk）P.2325。

字，筆跡潦草，書寫淩亂，間有大量空行，很多地方僅列出標題或關鍵字詞，似為尚未補齊的聽課筆記。對於 P.2325 號寫卷中與《法句經疏》無關的內容，本書暫不詳考。令人激動而欣喜的是，P.2325 號寫卷雖然後部分存在缺損，《法句經疏》文本卻相當完整，且品相極佳。

P.2325 號《法句經疏》作者不詳。法藏 P.2308 號《法句經》第 1 行題署「《法句經》德真寺比丘僧樂真注」〔註2〕之樂真比丘或許是《法句經疏》的作者，亦可能與敦煌《法句經》的作者有關。從行文可知，疏者是一位大乘學者，對部派佛教的一些教義持批判態度。日本學者水野弘元認為疏文約產生於七世紀中葉，作者可能與攝論學派有關。宇井百壽也提出該疏之禪宗風格，或非禪宗系人所作。〔註3〕

敦煌遺書出土後，P.2325 號《法句經疏》被收入日本《大正藏》第 85 卷，T2902《法句經疏》，第 1435 頁第 3 欄第 7 行至 1445 頁第 1 欄第 6 行。遺憾的是，疏文第 6 行至第 22 行第 19 字未見於《大正藏》錄文，且《大正藏》錄文字詞斷句訛誤之多，遠多於寫卷本身的零星筆誤，嚴重影響了文義。例如疏文第 145 行，隔字錄文錯誤，第 2 字，原文為「若」（若），《大正藏》錄文作「如」；第 5 字，原文為「體」（體），錄文作「證」。又如疏文第 209 行，連續三個字錄文錯誤，第 17 字，原文為「渴」（渴），錄文作「陽」；第 18 字，原文為「相」（相），錄文作「於」；第 19 字，原文為「似」（似），錄文作「以」。這樣，「炎（焰）隨渴相，似水无實」，竟變成了「炎隨陽於，以水無實」〔註4〕，使得原本明晰的文義變得不知所云。再如疏文第 212 行，第 8 字，原文為「望」（望），錄文作「聖」；第 11 字，原文為「渴」（渴），錄文作「濁」。「望濟其渴」變成了「聖濟其濁」〔註5〕，與原意大相徑庭。疏文第 315 行第 17 字，原文為「安」（安），錄文誤作「要」〔註6〕，「三中既无，因義安在？」變成了「三中既无因義，要在……」，不僅影響了文義，還造成了斷句的錯位。類似情形，多達近三百處（詳見本書研究部分之第六章「《大正藏》內《法句經疏》錄文勘誤」）。希望《法藏敦煌遺書 P.2325 號〈法句經疏〉校釋研究》這部專著可以在某種程度上彌補這一缺憾。

〔註2〕寫卷影印版見《國際敦煌項目》數據庫（http://idp.bl.uk）P.2308。
〔註3〕《敦煌學大辭典》，第 742 頁。參見《佛教大辭典》，第 828 頁。
〔註4〕《法句經疏》（T2902），《大正藏》第 85 卷，第 1439 頁第 1 欄第 3 行。
〔註5〕《法句經疏》（T2902），《大正藏》第 85 卷，第 1439 頁第 1 欄第 7 行。
〔註6〕《法句經疏》（T2902），《大正藏》第 85 卷，第 1440 页第 3 栏第 18 行。

第二章 《法句經疏》書寫特色

　　P.2325 號《法句經疏》寫卷起首部分（第 1 紙，第 1 至 24 行）紙張顏色較深，無邊白，邊緣不規則，以中文隸書形式書寫，字跡工整，字體扁大，筆劃粗重，略顯笨拙。為後人補書。寫卷主體部分（第 2 至 22 紙，第 25 至 571 行）紙張顏色較淺，有邊白，以中文草書形式書寫，字跡清晰，字體嬌小，筆劃纖細，運筆流暢。間有行書、楷書。寫卷字形隨意性強，非規範字頻出，同一個字甚至可以出現多達五種不同的寫法。在正文右側、左側或下方，常會有以淺墨或濃墨補充、修改的痕跡。原文草書字跡難以辨認之處，寫錄講習經疏的僧人們還會楷書於文側以便理解。然寫卷的書寫者和旁書者並非一人，而旁書者們又很可能不諳草書，故而難免誤釋。從紙張的顏色，墨蹟的深淺，運筆的差異，筆劃的粗細，字體、字形、同一個字的不同寫法，以及正文間隙的注釋、筆記或改字來看，P.2325 號《法句經疏》不僅書寫者不止一人，還有多人標注、補書的痕跡，接力書寫者至少有數十人，甚至可達數百人之多。

　　P.2325 號《法句經疏》作為一部獨一無二的敦煌草書寫卷，具有以下特點。

　　第一，與現代簡體字形同或形近的草書字與規範的繁體字並存。有些字通篇使用草書字；有些字草書字與繁體正字混用；還存在同一個字部分草書化的情況，比較常見的是「訁」、「見」、「貝」等偏旁部首的草書化。這一現象與敦煌草書的書寫特色緊密相關，一些草書字的楷體化，是現代簡體字的重要來源。

　　除形同現代簡體字之「无」（疏文中首次出現在第 2 行，下同）、「断」（2）、「借」（9）、「万」（14）、「号」（24）、「属」（34）、「随」（58）、「辞」（60）、「与」（84）、「决」（95）、「并」（106）、「况」（139）、「乱」（179）、「瞩」（181）、「盖」（248）、「盗」（303）、「强」（364）、「弥」（442）、「静」（515）、「于」（540）、「嘱」（556）等古書正字外，寫卷中隨處可見與現代簡體字形同或者形近的草書字或草書異體字（*）。例如：「来」（7）、「废」（13）、「陈」（25）、「为」（25）、「觉」（26）、「则」（28）、「尽」（37）、「时」（43）、「发*」（50）、「书」（53）、「见」（57）、「学」（58）、「师」（60）、「违」（61）、「传」（62）、「烦」（65）、「应」（68）、「财」（76）、「马」（76）、「报」（78）、「问」（83）、「勅」（91）、「论」（96）、「会」（99）、「东」（100）、「着」（108）、「责」（125）、「腾」（135）、「约」（153）、「转」（215）、「热」（222）、「坚*」（256）、「长」（327）、「乐」（391）、「绝」（434）、「觅」（504）等。以及與偏旁「訁」之草書寫法相關聯的草書字，例如：「说*」（25）、「谈」（26）、「辩」（28）、「记」（31）、「谓」（32）、「诠」（33）、「诸」（37）、「讬*」（46）、「诤」（53）、「请」（80）、「诘」（89）、「谬」（92）、「论」（96）、「诳」（148）、「计」（155）、「调」（222）、「诲」（345）、「诣」（404）、「诵」（456）等。這種草書字與繁體正字混用的情況，甚至會在同一行出現。例如：第 128 行，先後使用了形同「为」的草書字「为」（為）和繁體正字「爲」（為）；第 157 行，先後使用了「識」（識）和僅偏旁草書化的「識」。還有些字，同時出現繁體正字、草書字和部分草書化的情況。例如：「論」字，在寫卷中有三種寫法，包括繁體字「論」（14），草書字「论」（96），和僅偏旁草書化的「論」（29）。

　　第二，規範字與異體字並存。

　　例如「暗」（360）與「闇」（179），「初」（42）與「礽」（11），「佛」（23）與「仏」（25），「間」（122）與「閒」（11），「就」（79）與「就」（22），「實」（62）與「窔」（370），「受」（97）與「受」（52），「授」（82）與「授」（114），「託」（9）與「话」（46），「曜」（361）與「曜」（9），「友」（390）與「友」（29），「因」（34）與「囙」（7）等，並存。甚至會在同一行出現。例如：第 76 行，先後使用了「祂」和「施」。

　　第三，異體字頻出。

　　寫卷中還留有許多具有敦煌草書特色的異體字。例如「㝵」（礙）、「闇」（暗）、「抌」（拔）、「寶」（寶）、「俻」（備）、「閇」（閉）、「蔽」（蔽）、「徧」（遍）、「稾」（稟）、「筞」（策）、「苩」（差）、「纒」（纏）、「乗」（乘）、「穿」（穿）、「舩」（船）、「脣」（唇）、「楪」（牒）、「覩」（睹）、「悪」（惡）、「仏」（佛）、「敦」（敷）、「對」（剛）、「髙」（高）、「切」（功）、「皷」（鼓）、「観」（觀）、「龜」（龜）、「軏」（軌）、「號」（號）、「弘」（弘）、「懐」（懷）、「壞」（壞）、「歓」（歡）、「�」（還）、「喚」（喚）、「恵」（惠）、「稽」（稽）、「機」（機）、「寄」（寄）、「刧」（劫）、「戒」（戒）、「經」（經）、「竟」（競）、「局」（局）、「據」（據）、「捐」（捐）、「峻」（峻）、「䛼」（謔）、「寬」（寬）、「䯻」（虧）、「歷」（歷）、「樑」（梁）、「聊」（聊）、「恰」（恪）、「麁」（鹿）、「慢」（慢）、「鬘」（鬘）、「狠」（貌）、「藐」（藐）、「憨」（憨）、「寃」（冥）、「謬」（謬）、「嘿」（默）、「尼」（尼）、「傷」（裏）、「槃」（槃）、「祇」（祇）、「啓」（啓）、「器」（器）、「橋」（橋）、「巧」（巧）、「輕」（輕）、「勸」（勸）、「染」（染）、「染」（染）、「遶」（繞）、「喪」（喪）、「叅」（參）、「昇」（昇）、「繩」（繩）、「袘」（施）、「實」（實）、「受」（受）、「授」（授）、「數」（數）、「順」（順）、「藕」（藕）、「碎」（碎）、「損」（損）、「檀」（檀）、「陁」（陀）、「池」（沱）、「冈」（罔）、「網」（網）、「微」（微）、「我」（我）、「汙」（污）、「析」（析）、「悉」（悉）、「喜」（喜）、「繫」（繫）、「嶮」（嶮，險）、「顯」（顯）、「耶」（邪）、「脩」（修）、「厭」（厭）、「義」（義）、「回」（因）、「滛」（淫）、「永」（永）、「御」（御）、「圎」（圓）、「菀」（苑）、「雜」（雜）、「讃」（讚）、「凵」（召）、「招」（招）、「肇」（肇）、「珎」（珍）、「直」（直）、「值」（值）、「植」（植）、「旨」（旨）、「指」（指）、「走」（走）、「足」（足）、「寂」（最）等。又如：「譬」的異體字「㘽」（辟）、「㗳」（辟）和通假字「僻」（辟），三種寫法並存；「辯」與異體字「辯」（辯）和通假字「弁」，三種寫法並存；「尒」（爾）的異體字「尒」和「尔」，「寂」的異體字「寂」和「家」，「類」的異體字「頪」和「類」，「冥」的異體字「寃」和「冝」，「惱」的異體字「惚」和「惚」（惚），「憑」的異體字「憑」和「馮」，「契」的異體字「栔」和「挈」（挈），「眾」的異體字「衆」和「眾」，「總」的異體字「揔」和「揔」，兩種寫法並存。

　　其中比較典型的還有多筆劃或少筆劃的異體字。異體字多一點，如：「塵」（塵）、「杜」（杜）、「昏」（昏，昏）、「伎」（伎）、「堅」（堅）、「眠」

（眠）、「泯」（泯）、「墨」（墨）、「塞」（塞）、「社」（社）、「氏」（氏）、「堂」（堂）、「土」（土）、「託」（託）、「馱」（馱）、「挽」（挽）、「夭」（夭）、「友」（友）、「壯」（壯）、「墜」（墜）；異體字少一點（撇），如：「徧」（徧、遍）、「艮」（良）、「流」（流）、「偏」（偏）、「疏」（疏，疏）、「菟」（菟，兔）、「冝」（宜）；異體字多一橫，如：「辝」（辝）、「就」（就）、「明」（明）、「萠」（萌）、「溢」（溢）、「怨」（怨）、「尊」（尊）；異體字少一橫，如：「畢」（畢）、「嗔」（嗔）、「瞋」（瞋，嗔）、「割」（割）、「害」（害）、「具」（具）、「俱」（俱）、「塪」（塪，坑）、「廿」（廿）、「真」（真）；異體字多一撇，如：「凡」（凡）、「沉」（汎，泛）、「壃」（壃，疆）；異體字少一撇，如：「卑」（卑）、「醜」（醜），等。

　　還有偏旁「彳」與「氵」的混用（「彳」與「氵」在草書中常形同或形近），例如將「得」寫作「淂」，將「復」寫作「湏」，將「後」寫作「浚」（浚）；偏旁「冫」與「氵」的混用，如「盗」（盜）、「决」（決）、「况」（況）、「泠」（冷）；偏旁「扌」與「木」的混用，如「攕」（機）、「橃」（撥）（極）；作為偏旁或字中結構的「日」、「月」、「目」的混用，如：「曜」（曜）、「閒」（間）、明（明）；作為偏旁的竹字頭「竹」與草字頭「艹」的混用〔註1〕，如：「蕳」（簡）、「萮」（簡）、「茚」（節）、「荢」（等）、「茀」（第）；「广」與「疒」的混用，如：「癡」（癡）；「穴」與「宀」的混用，如：「牢」（牢）；字中結構「口」與「厶」的混用，如：「弘」（弘）、「勾」（句）、「捐」（捐）、「強」（強）、「損」（損）、「圓」（圓）；以「朩」替代字中結構之「火」，如：草書異體字「榃」（焚，形作「榃」）、草書異體字「褺」（褺，形作「褺」）；以「夂」替代字中結構之「灬」，如：「浄」（淨）、「静」（靜）；以及字中結構的倒序或部分錯位現象，如：「槃」（槃）、「毗」（毘）、「聖」（聖）、「蘇」（蘇）、「胷」（胸）、「鄣」（障），等。詳見第三章「《法句經疏》異體字匯集」。

　　第四，草書字形楷化字及簡化字頻出。

　　疏文中出現的草書字形楷化字，除上述與現代簡體字形同或者形近的草書字或草書異體字之外，還有：「沵」（深）、「又」（五）、「顕」（顯）、「乑」（舉）、「廾」（等）、「昜」（易）、「崄」（嶮），等。草書簡化字，例如：將「心」

〔註1〕敦煌《法句經》寫卷中常見荅（答）、荢（等）、茀（第），等。

字底略作一橫，如：「里」（思）、「乞」（念）；將「菩薩」合文作「卝卝」或將「菩提」略作「卝提」。又如：將「下」簡寫為「卞」；「當」字，除第238 行使用正字「當」外，其餘均簡寫為草書字「当」（峃）（第 41 行）；「行」，除少數地方（第 2，3，17，19，86，369，370，413 行）使用正字外，多簡寫為「彳」（彳）（第 27 行）；「等」，簡寫為「卄」或使用異體字「苐」；「聞」之草書簡化字形近「冲」，正字與草書簡化字並存，甚至在同一行出現，例如第 53 行第 8 字作「聞」，而第 12 及 24 字分別作「冲」和「冲」，第 407 行第 5 字作「冲」，而第 18 字作「問」；「亦」，有時簡化為「乚」（亠）（第 54 行），還有時使用通假字「衣」，例如第 438 行，即先後出現了使用本義的「衣」、通假字「衣」和草書字「亦」。

　　第五，通假字頻出。

　　通假字的情況也比較普遍。例如「或」字，常用來替代「惑」；「煞」替代「殺」；「惠」（惠）替代「慧」；「妄」替代「忘」；「知」、「智」混用；「楊」、「揚」、「陽」混用；「辯」、「辨」混用，並寫作異體字「弁」；「衣」、「亦」混用，「衣」字，除自己的本意外，也用作「亦」的通假字；還數見與偏旁「亻」相關之通假字，如「傍」（232）通「旁」，「亭」（268，272）通「停」，「像」（9，518）通「象」，異體字「值」（562）通「植」；與「卝」字頭相關之通假字，如「苞」（20，96）通「包」，「菟」（272）通「兔」，「牙」（372，373）通「芽」，「新」（378）通「薪」，等。

　　異體字和通假字的界限有時比較模糊。比如，「泠」（223），本字為正字，又通「零」、「伶」等，疏文中用作「冷」，既為通假字，亦可理解為「冷」之異體字；「袘」（76），古同「袘」，疏文中用作「施」，既可以認為是「施」的異體字，也可以理解為通假字。疏文中除一處使用異體字「苐」（79）之外，通篇以「弟」代替正字「第」，也可以認為「弟」是「第」的異體字之一。

　　同一個字在敦煌寫卷中的不同異寫，有時是因為不同寫手書寫習慣的差異，比如「尒」的異體字「尒」和「尔」或「總」的異體字「揔」和「揔」；有時具有一定的隨意性，比如偏旁「訁」與草書化偏旁「讠」的混用；還有時是因為古代漢語裡的不同字在現代漢語中被合併成了同一個字，而在古代漢語裡，不同的書寫方式很可能表達不同含義。例如「號」字，在表示「稱號」時，使用草書字「号」；而在表示「號哭」時，則使用了異體字「嚎」（嘷）。

　　P.2325 號《法句經疏》的寫錄者們或許沒有受到很多教育，然而他們已盡了自己最大的努力，懷著虔誠的信仰，在寫經接力中，在一次次的校勘和注釋中，完成了這部萬餘字經疏的記錄，留給了我們這份品質較高的寫卷，也是這部《法句經疏》唯一傳世的完整記錄。

第三章 《法句經疏》異體字匯集

　　P.2325 號《法句經疏》這份獨一無二的主體部分以中文草書形式書寫而成的寫卷，保留了大量具有敦煌遺書特色的異體字和草書字，具有如草書字與繁體正字並存，異體字與規範字並存，異體字、通假字、草書字形楷化字頻出等特點。本章集中探討 P.2325 號《法句經疏》異體字之使用情況。

　　疏文中出現的形為「廾」、「会」、「尽」、「乑」、「论」、「㳂」、「又」、「崄」、「㑥」、「转」等之草書字，錄文已統一使用「等」、「會」、「盡」、「舉」、「論」、「深」、「五」、「嶮」、「易」、「轉」等繁體規範字。此處為便於比對草書寫法之差異，亦將部分草書字形楷化字作為特例列入異體字簡表與總表。

一、P.2325 號《法句經疏》異體字簡表

　　以下為 P.2325 號《法句經疏》異體字匯集（簡表）。以拼音為序。

表 3-1：P.2325 號《法句經疏》異體字匯集（簡表）

原　圖〔註1〕	㝵	闇	㧞	寶	畁	偹	畢	閇	葬	徧
異體字	㝵	闇	扙	寶	畁	偹	畢	閇	葬	徧
正　字	礙	暗	拔	寶	卑	備	畢	閉	蔽	遍

〔註 1〕 此表原圖為 P.2325 號《法句經疏》中首現該異體字之截圖。如首現原圖不夠清晰，則使用次現之截圖。以此類推。

原　圖	徧	辭	樹	稟	築	差	纏	嗔	瞋	塵
異體字	徧	辭	檋	稟	策	茪	纏	嗔	瞋	塵
正　字	遍	辯	標	稟	策	差	纏	嗔	嗔	塵
原　圖	乘	癡	醜	初	穿	舩	脣	辞	淂	廾
異體字	乘	癡	醜	初	穿	舩	脣	辞	淂	廾
正　字	乘	癡	醜	初	穿	船	唇	辭	得	等
原　圖	荨	芳	弟	顛	牒	覩	杜	惡	尔	尒
異體字	荨	弟	第	顛	牒	覩	杜	惡	尔	尒
正　字	等	第	第	顛	牒	睹	杜	惡	尔	尔
原　圖	凡	汎	仏	敷	復	對	高	割	功	皷
異體字	凡	汎	仏	敷	復	對	高	割	功	皷
正　字	凡	泛	佛	敷	復	剛	高	割	功	鼓
原　圖	觀	龜	軓	害	弲	弘	後	懷	壞	歡
異體字	觀	龜*	軓	害	弲	弘	後	懷	壞	歡
正　字	觀	龜	軓	害	號	弘	後	懷	壞	歡
原　圖	遝	喚	惠	会	昏	督	機	極	伎	寂
異體字	遝	喚	惠	会	昏	督	機	極	伎	寂
正　字	還	喚	惠	會	昏	稽	機	極	伎	寂
原　圖	寂	寄	堅	間	蕳	蕳	壇	刧	節	捷
異體字	寂	奇	堅*	閒	蕳	蕳	壇	刧	節	捷
正　字	寂	寄	堅	間	簡	簡	疆	劫	節	捷
原　圖	戒	尽	經	净	竟	就	局	乑	勾	具
異體字	戒	尽	經	净	竟	就	局	乑	勾	具
正　字	戒	盡	經	淨	競	就	局	舉	句	具
原　圖	俱	摅	捐	峻	塪	誑	寬	虧	牢	類
異體字	俱	摅	捐	峻	塪	誑	寬	虧	牢	類
正　字	俱	據	捐	峻	坑	誑	寬	虧	牢	類

原　圖	勮	冷	歷	良	樑	聊	恡	流	麤	论
異體字	纇	冷	歷	艮	樑	聊	恡	流	麤	论
正　字	類	冷	歷	良	梁	聊	恪	流	鹿	論
原　圖	滿	滿	慞	鬙	狠	萌	眠	藐	泯	愍
異體字	滿*	滿**	慞	鬙	狠	萌	眠	藐	泯	愍
正　字	滿	滿	慢	鬘	貌	萌	眠	藐	泯	愍
原　圖	明	窦	宾	謬	嘿	墨	惱	惚	尼	廿
異體字	明	窦	宾	謬	嘿	墨	惚	惚	尼	廿
正　字	明	冥	冥	謬	默	墨	惱	惱	尼	廿
原　圖	儰	涅	槃	辟	辟	辟	偏	撝	馮	祇
異體字	儰	涅	槃	辟	辟	辟	偏	撝	馮	祇
正　字	裹	涅	槃	辟	譬	譬	偏	憑	憑	祇
原　圖	启	契	埶	噐	橋	巧	輕	勸	染*	染
異體字	启	契	埶	噐	橋	巧	輕	勸	染*	染
正　字	啓	契	契	器	橋	巧	輕	勸	染	染
原　圖	遶	瘠	薩	塞	㐮	社	泳	糸	昇	繩
異體字	遶	瘠	薩	塞	㐮	社	泳	糸	昇	繩
正　字	遶	弱	薩	塞	喪	社	深	參	昇	繩
原　圖	聖	袘	寔	氏	適	釋	釋	受	授	熱
異體字	聖	袘	寔	氏	適	釋	釋	受	授	熱
正　字	聖	施	寔	氏	適	釋	釋	受	授	熟
原　圖	疏	數	愩	藕	碎	崴	損	檀	堂	土
異體字	疏	數	愩	藕	碎	崴	損	檀	堂	土
正　字	疏	數	順	蘇	碎	歲	損	檀	堂	土
原　圖	菟	讬	陁	池	馱	挽	冈	網	嶶	我*
異體字	菟	讬	陁	池	馱	挽	冈	網	嶶	我*
正　字	兔	託	陀	沱	馱	挽	岡	網	微	我

原　圖									
異體字	污	又	拼	悉	憶	繫	崄	顕	耶	胷
正　字	污	五	析	悉	喜	繫	嶮	顯	邪	胸
原　圖									
異體字	脩	猒	夭	曜	冝	昜	溢	義*	瞖	囙
正　字	修	厭	夭	曜	宜	易	溢	義	翳	因
原　圖									
異體字	滛	末	遊	友	洳	圎	怨	雜	讃	鄣
正　字	淫	永	游	友	御	圓	怨	雜	讚	障
原　圖									
異體字	㠙	拍	肇	珎	真	直	値	植	盲	指
正　字	召	招	肇	珍	真	直	値	植	旨	指
原　圖									
異體字	烋	衆	转	壮	墜	捴	揔	迲	昰	㝡
正　字	眾	眾	轉	壯	墜	總	總	走	足	最
原　圖	尊									
異體字	尊									
正　字	尊									

二、P.2325 號《法句經疏》異體字總表

以下為 P.2325 號《法句經疏》異體字匯集（總表）。以拼音為序。

表 3-2：P.2325 號《法句經疏》異體字匯集（總表）

正字	疏文用字一（位置）	疏文用字二（位置）
礙	㝵（156，207，208，548）	
暗	暗（360～361，374～375）	闇（179）
拔	扷（367，391，435，537，542）	

寶	寶（31，43，79，83，85～86，100，102，104，115，119，142，283，351～352，356，358，361，385，387，395，400，403，409，438，549）	寶（草書字）（438，442，550）
卑	卑（473）	
備	俻（16，19，119，413）	
畢	畢（320，421）	
閉	閇（366）	
蔽	弊（145，179，282）	
遍	徧（183，196）	徧（18）
辯	辯（5，14，16，38，43～44）	辯（28，41，343）
標	標（65，82）	標（376）
稟	廩（48，368）	
策	筞（348）	
差	荖（22，335，491）	差（335，491，555）
纏	纒（349，374）	
瞋	瞋（126，130～131，149，301，375，421，467，501～503，505～506）；瞋（422）	瞋（130）
塵	塵（137，145，157～159，162，176，178～179，184，196，214，229，235，245，248，253，281，353，421，442）	
乘	乘（95，97，158，341～342，552～553）	乘（12，15，17～19，21）
癡	癡（130，422）	
醜	醜（207）	
初	初（42，49～50，52，66～67，69～70，79～80，85，91，94，99～100，102，106～110，113，122～124，127，131～132，137，140～141，153～155，173，176～177，186～188，190，197～198，209，211，226，247，252～253，266，272～273，279，283，285，287～288，298～300，323～324，361，386～387，394，401，403，405，408～409，411～412，415，417～419，425，428，431，440，448，453～454，457～460，466～468，494～495，507，517，519～520，532，535，547，549，556～558，562，566）	初（11）
穿	穿（38）	
船	舩（428）	

唇	脣（129）	
辞	辞（60）	辝（160）
得	得（12～13，22，39，87，89～90，101，112，115～116，128，130，132，136，143，172，181～182，193，203，234，243，251，256，262，264～265，268，270，278，281，296，300，305，308，311，315～317，357，365，376，388，391，424，433，436，450，452，485，497，503～504，507～508，511～512，518～519，524，542，546，562，568）	淂（4，102～103，106，212，226）
等	寸（草書字）（47，51，63，72，95，121，146，148～149，152，159，177，182～183，188，194，199，221，229～230，249，251，253～254，271，275～276，294，296～297，299～300，303～304，326～327，344，346，348～349，351，353，355，359，361，363，365，367，369，371，373，375，377，379～380，382，384，424，429，444，459，467，502，506，512，516，523，539）	荢（299～300，512，516，539）
第	弟（45，52～53，67，80，82～83，86，94，98，100～104，107～109，112，116，122，130～131，134，136，138～140，142，153，155，157，172，178～179，193，198，201，206，209～210，215，247，272～273，276，283～284，287，321，324，385～387，389，393，398～399，402～404，406～407，409～412，414～416，418～420，426～427，429，437，442，444，447，454，456～459，467～468，480～481，487～489，494～495，526，530，532，536，544，547，549，555，557，559，561）	苐（79）
顛	顚（344，539）	
膝	膝（123，132，197，273，323，417，454，480，487，501，513）	
睹	覩（161，200，245，274～275，405，409，451）	
杜	杜（4）	
惡	惡（78，120，122，230，232～233，267，344，346，349，380，393，441）	

尔	尔（83，105，135，164～165，175，185，225，234，257，303，332，362，387，418，438，444，469，501，540，555）	尒（43）
凡	凡（148，195，210，217，219，229，241，249，309，331，422，469）	凡（109，129）
泛	汎（155）	
佛	仏（25～26，28，42，48，50～51，54，56，59，63，76，80～81，86～88，96，101，109，113，115～116，121，142，218，240，243，284，288，326，332～333，336，403～404，406，408，410，413，416，468，507，550～551，553～554，562～563，568）	佛（23～24）
敷	敷（28）	
復	復（72，88，107，113，120，141，160，207，213～214，232，236，242～243，273，287，314，316，328，337，339，352，376，394～396，405，411，418，441，446，449～450，459，475，490～491，511，534，546，567）	復（14，341）
剛	剛（33，327，535）	
高	高（137，442，472，554）	髙（81，442，554）
割	割（371）	
功	功（29，86，136，279，286，288，298，322～323，325，336，343，352～353，357，374，378～379，388～389，392，409，418，420，424，448，458，535，554，560～561，563～564）	
鼓	皷（443）	
觀	觀（105～110，123，126～127，131～132，134，136，138～141，143～144，148～149，152，211，252，257，261，272，274，276～277，289，291，294，321，340～342，360，380，423～424，551）	觀（122）
龜	龜（草書異體字）（272）	
軌	軌（33）	
害	害（350，379，441，446）	
号	号（24，26，31，65，67，85，88，549）	骟（394～395）
弘	弘（84）	弘（425）

後	後〔註 2〕（29，109，123，131，197，226，254，286，299，310，399，425，453，522）	浚（197）
懷	懷（29，120，388）	
壞	壞（175，178，536）	
歡	歓（386）	
還	還（61，88，283，383，563）	逻（8，283，563）
喚	喚（233～234，242）	
惠	惠（280，282，439～440，515）	
會	会（草書字）（99，101，149，278，563～564）	會（100，102）
昏	昬（361）	
稽	嵇（370）	
機	攃（17，19，322，402，414，546）	機（95，100，545）
極	挋（11，17，19，21，30，97，217，326，393，428）	
伐	伐（433）	
寂	寂（2，8，122，174～175，190，192，205，241，244，250，317，334，340，462，482，486，488～489，493～494，510，515，528～529，538）	家（298，479）
寄	寄（311）	竒（311）
堅	坚*（256，258）	
間	間（122，178，195，234，291～292，325，362，563～564）	閒（11，137）
簡	蕳（20）	蕑（461）
疆	壃（9）	
劫	刧（327，379，449，567）	
節	莭（102，416，454）	
捷	搩（74）	
戒	戒（71，498～500）	
盡	尽（草書字）（37，56，58，318，560～561）	盡（12，37，543）
經	經（25，35～36，43，47，50～51，59，61～62，64，292，464，543，552，560，562，565～566，568）	経（1，13～14，20，22～23，38～39，42，63，66，101，218，330，422，557，561，571）

〔註 2〕「彳」與「氵」在草書中常形同或形近。

淨	浄（71，90，145〜146，156，279〜280，329，336，342〜343，351〜352，471〜472，544，552〜553）	
競	竟（56）	
就	就（79，86，88，91，153，254）	就（22，25）
局	局（20，33，196，199）	
舉	巢（草書字）（40，123，140〜141，210，287，565）	舉（16，67，122，209）
句	句（1，33，35，42，51，323，408，468，481，500，544，571）	勾（32，117）
具	具（258，302，304，490）	
俱	俱（29，93，174，182，187，318，361，413，432，493〜494，529）	
據	㨿（154）	
捐	捐（136）	
峻	峻（432）	
坑	堁（348）	
謡	詮（124）	
寬	寬（428）	
虧	虧（87）	
牢	窂（366）	
類	類（110，167，194，252，374，380）	頪（偏旁草書化）（272）
冷	泠〔註3〕（223）	
歷	歷（86，567）	
良	艮（草書字）（35，93，106，117，124，134，158，184，240，269，368，468，496，560）	良（104，120）
梁	樑（353〜354）	
聊	聊（543）	
恬	忱（451）	
流	流（6，8，12，43，45，48，58，195，214，220，332，337，352，370，540）	流（58，556）
鹿	麁（11）	

〔註3〕「泠」，本字為正字，又通「零」、「伶」等，此處通「冷」。既為通假字，亦可
　　　　理解為「冷」之異體字。

論	论（草書字）（96，128，162，166，204，242，246，254，260，266，270，306，308，548）；論（29，75，117，150，171，222，287～289，309，330，499，520）	論（14）
滿	滿*（15，18，21，27，342，413，427，435，549，554）	滿**（15）
慢	慢（57，507）	
鬘	鬂（38）	
貌	狠（207）	
萌	萌（372）	
眠	眠（375）	
藐	狐（133）	
泯	泯（182）	
愍	愍（219，240，333，423，541）	憫（29）
明	明（7，14，18，27，31，33，39，42～45，49～50，54，59，66，69～70，72～73，79，82～83，85～86，89，91，94～95，97～98，101～104，107，109～110，112～113，121，123，125，127，135，137～142，144，152，154，173～177，179，186～187，190，193～194，198，201，209，211，215，219，221～222，226～227，229，240，247～248，250，262～263，273，277，279～280，282～283，285～286，288～289，298，302～303，322～323，330，332，336，340～341，344，357～358，360，373～374，382，385～387，389，395，400～405，408～410，419～420，425～428，431，437，440，442，445，448，451，455，457，459，461，466～468，470～471，474，480～481，487～489，494～496，498，500～502，506～507，509，513，515，517，522，528，530，532，534～537，543～544，546～547，549～551，553，556，558，560，562～563，565）	明（115，119）
冥	寞（105）	㝠（277）
謬	謬（92，94，267）	
默	嘿（5，501）	
墨	墨（38，40～41）	

惱	惚（65，71，281〜282，301，304，307〜308，365，369，379，381，384，389，439〜440）	熜（426，503）
尼	屔（71）	
廿	卄（323，456）	
裹	儤〔註4〕（12）	
涅	湼（240，243，250，291〜292，330，340，379，385，429，471，482，486，507，509，511）	
槃	縏（240，243，250，291〜292，330，340，379，385，429，471，483，486，507，509，511）	
辟	辟（222）	
譬	辟（145，354，356，358，379，472，535）	辟（138，229，249，324，350）
偏	偏（227）	
憑	撝（360）	馮（381）
祇	秖（342，518）	
啓	啓（4，47，64，81）	
契	羿（435，533，535）	埶（206）
器	噐（10，397）	
橋	橋（353〜354）	
巧	巧（429，451）	
輕	輕（74，78，125）	
勸	勸（104，106，108，119，123，138，141，148〜149，274，283，385，495，526〜528，530，556，565）	勸（130，140，453，457）
染	染*（220，237〜238，279，352〜353，471〜472）	染（174，187，231，237，351）
繞	遶（410）	
弱	弱（6）	㲲（452）

〔註 4〕「儤」，古同「裹」。此處疑同「像」，通「象」。參見法藏敦煌遺書 P.2572 號
　　　 唐代《相書》（殘卷）「相胜（髀）膝第廿四」，有云：「膝如象額，富」。而法
　　　 藏敦煌遺書 P.2797 號唐代《相書》（殘卷）「脞（髀）膝第〔廿四〕」作「膝如
　　　 儤頭，貴」。

薩	蕯（9，67～68，102，333，538，552～553）	⁺⁺〔註5〕（63，136，174，218，240，336，565）
塞	塞（72）	
喪	㐣（6，93，149，360，566）	
社	祉（380）	
深	泝（草書字）（30，49，84，158，281，287，289324，348，356，376，386，388，391，393～394，415，420，425，441，450，454～455，517，530，546，551，560）	深（21，30，285，416，558）
參	叅（518）	
昇	昇（347）	
繩	繩（37，40～41，366）	
聖	聖（43，46，48，58，81，88，95～96，109，241～242，289，353，362，398，452，469，531，545）	聇（5）
施	施（76，367，495～498，537）	衪（76）
實	實（62，111，117，126，130，144，147～152，156～157，175～177，186，189，191～192，209，212，214，216～217，219～221，226～227，249～250，256，261，264，268，281，305，312，319，331，358，390，421，461，471，482，484，493，496～497，502，505）	寔（370）
氏	氏（89，242）	
適	邁（363）	
釋	釋（42，71，73，75，86～88，123，134，143，153，173，186～187，194，197，253，266，299，405，420，453，468，470，481，514）	釋（22）；釋（110）
受	受（52，78，115，221，316，338，454，542，549，567）	受（97，311，455，541，548，565）
授	授（82，85，90～91，115，121，402，414）	授（114，116）
熟	熟（100，378）	孰（546）
疏	跡（1，571）	
數	數（草書字）（67，228，434，520～521，525）	數（67，228，434，520～521）

〔註 5〕合文符。佛經中常將「菩薩」二字合文作「⁺⁺⁺⁺」。

順	愼（7，60～61，124，230，360，377，394，397，414）〔註6〕	
蘇	蘓（395）	
碎	砕（368）	
歲	歲（414）	
損	損（273，279，350，379）	
檀	檀（128）	
堂	堂（490）	
土	土（24，26，30，35，99，101，544，553，555）	
兔	兔（13）	莵（272）
託	话（46，110，185，433，528，531）	託（9）
陀	陁（24，26）	
沱	沲（372）	
馱	馱（12）	
挽	挽（367）	
罔	冈（326，393）	
網	綱（150～151，370～371）	
微	微（78，125）	㣲〔註7〕（9）
我	我（48，53，57，85，114，116，226，238，332，334～335，361，392，422，461，464，499，526，534，538～539，541～542）	我*（草書異體字）（50，53～54，56～58，238，392，526，534，539，541～542，545）
污	汚（351）	
五	五（35，38～40，177，179，187，222，225，330，352，375，410～412，449，457，470）	乄（草書字）（35～36，222，225，330，470）
析	拼（127，257）	
悉	恙（154，208）	
喜	喜（127，131，386，396）	憘（104，388）
繫	繋（366，514）	
嶮	崄（草書字）（432，434）	

〔註6〕參見「第四章《法句經疏》通假字匯集」表4-2及表4-3中之「慎」與「愼」（順）。

〔註7〕「㣲」似為「亢」之連寫形式。

顯	顕（偏旁草書化）（34，37，39，103，144，211，213，253〜254，281，340〜342，357〜358，426，455，481，528）	
邪	耶（4，38，41，446，471，536）	
胸	胷（129）	
修	脩（35〜36，105，123，127，132，138〜141，144，148，243，273〜274，279，345，350，352，368，377，380，383，391，394，397〜398，419，438，443，448，452，495，514，526〜527，531，544，551，561〜562，564，568）	
厭	猒（137，194，296，354）	
夭	夭（438）	
曜	曜（9）	曜（361）
宜	冝（44，461，555）	
易	㫃（草書字）（312，559）	易（559）
溢	溢（12）	
義	義（13，16〜17，20，29，34〜38，40〜41，44〜45，71，93，96，105〜107，112〜113，115，118，141，158，185，231，261，280，285，293，310，315，470，489）	義*（草書異體字）（253，465，493）
翳	瞖（360）	
因	因（34，79，84，103，140，153，160，173〜174，182，185，190，225，255〜256，258，263〜264，282，294，296，301〜302，304，308〜312，315〜317，403，450，497〜498，510，538，550，557，561，563，568）	囙（7，16，18）
淫	滛〔註8〕（470）	
永	永（241）	氷（241）
游	遊（96，346，432，442）	
友	友（29，104，106，277，283，285〜286，288，298，322〜323，326，343〜345，347〜348，350，352，358，360，364，366，370，372，374，377〜378，382〜383，386，388〜389，391，416，418〜420，423，425，438〜439，441，443〜444，446〜449，457，530）	友（390，402，407，409）

〔註 8〕原文為「滛」或「滛」。

御	泇（5）	御（434）
圓	圎（11，27，96，342，413，428，435，531，545，549）	
怨	怨（232，364）	
雜	雜（66，69，78，550）	
讚	讚（125）	
障	鄣（156，452）	
召	召（118，399，491）	
招	招（132，527）	
肇	肇（60）	
珍	珎（359）	
真	真（27，92，133～134，226，321，358，439）	真（3，8～10，27）
直	直（81，111，287）	
值	值（551，558，562）	
植	植（82）	
旨	百（3，32～33，44，88，158）〔註9〕	旨（32～33，44，88，158）
指	指（13）	
眾	众（29，45，50，63，84，96～97，101，175，193，210，213，225，241，247，273，279，282，299，301，321，327，333～335，356，362，385，387，390，399，401～402，404，407，421，423～424，427，433，441，464～466，481，483～484，490，508，534，538，540～541，546，548，550，552～553，555，566）	衆（20，52，64，66～73，98，101，103～104，126，140，410，412，436）
轉	转（草書字）（215，217，220，290～291，332）	轉（76，214，332，341，540）
壯	壯（437）	
墜	墜（345，450）	
總	捴（65，67，116，172，206，284，288，299，419～420，447，460）	揔（21）
走	赱（212）	
足	足（16～17，111，176，258，346～347，519）	足（279，497）

〔註9〕疏文第3行為寫卷中出現的唯一一次「百」之隸書字，古同「旨」。此後出現的「百」或「旨」（第32～33，44，88，158行）草書字同形。

| 最 | 冣（336） | |
| 尊 | 尊（65，81～82，85，99，387，398，405，411～412，418） | |

三、P.2325 號《法句經疏》形同現代簡體字之古書正字

疏文中出現的形同現代簡體字之古書正字「并」、「辞」、「盗」、「断」、「盖」、「号」、「借」、「静」、「决」、「况」、「乱」、「弥」、「强」、「属」、「随」、「万」、「无」、「于」、「与」、「嘱」、「瞩」等，為便於讀者按圖索驥，此處亦作為特例列出。

表 3-3：P.2325 號《法句經疏》形同現代簡體字之古書正字

正字	疏文用字一（位置）	疏文用字二（位置）
并	並（23，25，56，93，159，245，265，391，417，421，508，538）	并（106，391，401，407，557）
辞	辞（60）	辝（160）
盗	盗（303）	
断	斷（2～3，55，138，297，362，371，448，453，516）	
盖	盖（248，353，374～375，470）	
号	号（24，26，31，65，67，85，88，549）	彌（394～395）
借	藉（13，46～47，98，176～177，180，182，185，190，201，498）	借（9，139，324）
静	静（515）	
决	决（309，406）	
况	况（139，308，324，326，449～450，485，511，544）	
乱	乱（179）	
弥	弥（442）	
强	强（364，381，422）	
属	属（34，119，182，192，255，335，339，449，474，552）	
随	随（58，118，158～159，206，209，211，213，231，237，286，312，322，338，346，352，363，414，448，461，554，562，568）	

万	万（14，48，98，134，252，265，268，299，318，328，413，459，463，487，516～518，523～524）	
无	无（2，5，9，16，27，30～31，37，40～41，45，54，58，61，81，93，104，106，110，112～119，126，128，130，133，143～144，146～148，151～154，160，168～174，176～184，186～187，189～191，193～195，197～209，212～214，217，219，221，225～226，229，231，235，238，240～242，244，247～248，250，254～259，262～265，267～268，271，274～275，277～280，290～292，295～300，302～306，309，311，313～315，317～320，327，329～335，339～340，344，351，354～355，357，360，362～363，365，368，374，376，378，382～384，393，396，409，421，423，430，433，436，438，440，442，462～464，466，469，471～472，474，476～480，482，484～485，487～489，492，494，496～498，502～506，511～513，515，520～521，527，531，533～535，539，542，546，548～551，554，561，564，566～568）	無（314）
于	於（28，31，49，57，62～63，91，94，100，104，120，122，146，150，173，178，190，196，198～199，207，230，237，248，281～283，290，304，306，309，319～320，322，331，338，341，357，360，370，386，389，402，433，437，439，447，456，473，475～478，510，532，541，547～550，556～558，562，566）	于（540）
与	与（84，112，152，201，208，224，277，307，333～334，391，407，430，481，493，541）	
嘱	嘱（556）	
瞩	瞩（181，183，235）	

第四章 《法句經疏》通假字匯集

本章集中探討 P.2325 號《法句經疏》通假字之使用情況。

一、P.2325 號《法句經疏》通假字簡表

以下為 P.2325 號《法句經疏》通假字匯集（簡表）。以拼音為序。

表 4-1：P.2325 號《法句經疏》通假字匯集（簡表）

原　圖〔註1〕									
通假字	苞	保	弁	辯	弟	苐	度	番	不	豪
正　字	包	寶	辮	辨	第	第	渡	翻	否	毫
原　圖									
通假字	惠	或	攕	剋	泠	傍	辟	齊	燃	閏
正　字	慧	惑	機	克	冷	旁	譬	臍	然	潤
原　圖									
通假字	煞	袘	師	待	慎	亭	徒	菟	妄	嚮
正　字	殺	施	獅	侍	順	停	途	兔	忘	響
原　圖									
通假字	像	傷	新	牙	楊	楊	衣	勇	湧	菀
正　字	象	象	薪	芽	揚	陽	亦	湧	御	苑

〔註 1〕此表原圖為 P.2325 號《法句經疏》中首現該通假字之截圖。如首現原圖不夠
　　　　清晰，則使用次現之截圖。以此類推。

原　圖	智	値							
通假字	智	値							
正　字	知	植							

二、P.2325 號《法句經疏》通假字總表

以下為 P.2325 號《法句經疏》通假字匯集（總表）。以拼音為序。

表 4-2：P.2325 號《法句經疏》通假字匯集（總表）

通假字	正　字	疏文位置（行）
苞	通「包」	20，96。
保	通「寶」	396。
弁	通「辯」	112，141，153，431。
辯	通「辨」	38。
弟	通「第」	45，52～53，67，80，82～83，86，94，98，100～104，107～109，112，116，122，130～131，134，136，138～140，142，153，155，157，172，178～179，193，198，201，206，209～210，215，247，272～273，276，283～284，287，321，324，385～387，389，393，398～399，402～404，406～407，409～412，414～416，418～420，426～427，429，437，442，444，447，454，456～459，467～468，480～481，487～489，494～495，526，530，532，536，544，547，549，555，557，559，561。
苐	通「第」	79。
度	通「渡」	354～355，376～377。
番	通「翻」	36。
不	通「否」	413。
豪	通「毫」	265，567。
惠（恵）	通「慧」	280，282，439～440，515。
或	通「惑」	58，105，130，138，148～149，220，231，237，262～263，303，307，328，335，360，368，378，448，451，467，533。
攇〔註2〕	通「機」	17，19，322，402，414，546。
剋	通「克」	144，312，508。
泠	通「冷」	223。

〔註 2〕「攇」，古注同「扳」，此處通「機」。

傍	通「旁」	232。
辟	通「譬」	222。
齊	通「臍」	128。
燃	通「然」	185。
閏	通「潤」	372～373。
煞	通「殺」	228，301～303，380。
祂	通「施」	76。
師	通「獅」	441。
待	通「侍」	86，410。
慎	通「順」	125。
亭	通「停」	268，272。
徒	通「途」	8。
菟	通「兔」	272。
妄	通「忘」	13。
嚮	通「響」	255。
像	通「象」	9，518。
傰〔註3〕	通「象」	12。
新	通「薪」	378。
牙	通「芽」	372～373。
楊	通「揚」	125。
楊	通「陽」	138。
衣	通「亦」	43，132，136～137，178，180，241，301，307，370，377，381，434，438，469。
勇	通「湧」	37。
沏〔註4〕	通「御」	5。
菀	通「苑」	11。
智	通「知」	284，491。
值*	通「植」	562。

〔註3〕「傰」，古同「裹」。此處疑同「像」，通「象」。參見法藏敦煌遺書 P.2572 號唐代《相書》（殘卷）「相胜（髀）膝第廿四」，有云：「膝如象額，富」。而法藏敦煌遺書 P.2797 號唐代《相書》（殘卷）「胜（髀）膝第〔廿四〕」作「膝如傰頭，貴」。

〔註4〕「沏」，古注為「潔」之異體字。此處通「御」。

三、P.2325 號《法句經疏》正字與通假字對照表

表 4-1 及表 4-2 中，疏文同時使用正字與通假字之情形，略如下表。

表 4-3：P.2325 號《法句經疏》正字與通假字對照表

正字（位置）	通假字（位置）
辯（28，41，343）	弁（112，141，153，431）
辮（5，14，16，43～44）	（同上）
機（95，100，545）	攘（17，19，322，402，414，546）
辟（138，229，249，324，350）	僻（222）
辟（145，354，356，358，379，472，535）	（同上）
然（56，115，145，163，182，185，195，199，203，214，227，231，238～239，245，255，262，265，271，277，280，303，317，320，335，362，396，429，439，443，446，463，469，492，501，508，514，520，526，540，545）	燃（185）
施（76，367，495～498，537）	袘（76）
侍（349，562）	待（86，410）
慎（順）（7，60-13，60-24，124，230，360，377，394，397，414）	慎（125）（60-13，230，360，377，394，397，414）〔註5〕
途（345，437，543）	徒（8）
兔（13）	菟（272）
響（126）	嚮（255）
薪（378）	新（378）
揚（30）	楊（125）
陽（506）	楊（138）
亦（54，69，135，150，167，175，177，185，188，193，197，200，202，213，217，222，225，237，239，242，245，249，255，257，259，262，265，271，274～275，286，292，303～304，310，314，320，325，337，339，	衣（43，132，136～137，178，180，241，301，307，370，377，381，434，438，469）

〔註 5〕寫卷原字，右半部分或不出頭作「頁」（如第 7 行，第 60 行第 24 字，第 124 行），或出頭似「真」（如第 60 行第 13 字，第 230，360，377，394，397，414 行），均為「順」之不同寫法。本書校釋部分統一錄作「慎」。其中出頭似「真」者亦可解作通假字「慎」。

358，362，396，398，438～439，441～444，446，465，477，483，493，501，504，506，519～520，525，529，540，561）	
湧（40）	勇（37）
御（434）	沜（5）
知（13，21，116，129，168～169，171，174，192，194，200，211，214，218，220，224，226，229，233，238，243，245～246，250～251，272，276，278，284～285，311，317，321～322，333，385，390，392，397，402，417～418，436，452～453，470，502，506，509，515，524，529）	智（284，491）
植*（82）	值*（562）

四、P.2325 號《法句經疏》通假義與本義對照表

表 4-1 及表 4-2 中，疏文同時使用該通假字通假義與本義（即通假字假借之原字，亦即正字）之情形，略如下表。

表 4-4：P.2325 號《法句經疏》通假義與本義對照表

通假字	通假義（位置）	本義（位置）
弟	通「第」（45，52～53，67，80，82～83，86，94，98，100～104，107～109，112，116，122，130～131，134，136，138～140，142，153，155，157，172，178～179，193，198，201，206，209～210，215，247，272～273，276，283～284，287，321，324，385～387，389，393，398～399，402～404，406～407，409～412，414～416，418～420，426～427，429，437，442，444，447，454，456～459，467～468，480～481，487～489，494～495，526，530，532，536，544，547，549，555，557，559，561）	「弟」（56）
度	通「渡」（354～355，376～377）	「度」（75，222，293，427，435，520，532，555）
不	通「否」（413）	「不」（5，10，13，22，55，59～60，62，76，87～88，90，92～94，99，105，110，112～119，126，129～130，

		135～136，140，144～147，149～151，154～156，160～163，165～170，172，175，177～184，188～189，191，193～198，200～208，211～212，214，222，227，231，235～240，243～246，256，259～262，267～270，272～273，276～279，281，290，303～304，306～307，309～310，312～313，315，318～320，328～330，332～333，338～339，351～353，357，364，368，374，384，389，393，400，413，422，424，430，433，436，441，444，447，451～452，459，464～466，469～470，472，477～479，482～483，485，490～492，503，508，512～513，515，517，522～525，534，536，538，540，543，548，555，558～559，564，567，569）
或	通「惑」（58，105，130，138，148～149，220，231，237，262～263，303，307，328，335，360，368，378，448，451，467，533）	「或」（22～23，25，140，224，228，232）
燃	通「然」（185）	「燃」（81，85，87）
師	通「獅」（441）	「師」（60～61，400）
待	通「侍」（86，410）	「待」（111，311）
徒	通「途」（8）	「徒」（14，446，452）
妄	通「忘」（13）	「妄」（8，126，131，148～149，176，189，213，215～216，219，221，225，227，231，248，251，264，267，281，332，451，508～509，513，525，533）
衣	通「亦」（43，132，136～137，178，180，241，301，307，370，377，381，434，438，469）	「衣」（75，351，353，438）
勇	通「湧」（37）	「勇」（381）
智	通「知」（284，491）	「智」（65，75，113，128，139，150，215，218，221～222，226，261，274，276，280，287～289，341～342，373，378，384，419，424，427，432，435，438，446，509，517，520，526，548）
值*	通「植」（562）	「值」（551，558）

五、P.2325 號《法句經疏》正字與通假字、通假義與本義對照表

結合表 4-3 及表 4-4，尤其值得注意的是疏文同時使用正字、通假字及該通假字通假義與本義之情形，略如下表。

表 4-5：P.2325 號《法句經疏》正字與通假字、通假義與本義對照表

正字（位置）	通假字通假義（位置）	通假字本義（位置）
「然」（56，115，145，163，182，185，195，199，203，214，227，231，238～239，245，255，262，265，271，277，280，303，317，320，335，362，396，429，439，443，446，463，469，492，501，508，514，520，526，540，545）	「燃」通「然」（185）	「燃」（81，85，87）
「侍」（349，562）	「待」通「侍」（86，410）	「待」（111，311）
「途」（345，437，543）	「徒」通「途」（8）	「徒」（14，446，452）
「亦」（54，69，135，150，167，175，177，185，188，193，197，200，202，213，217，222，225，237，239，242，245，249，255，257，259，262，265，271，274～275，286，292，303～304，310，314，320，325，337，339，358，362，396，398，438～439，441～444，446，465，477，483，493，501，504，506，519～520，525，529，540，561）	「衣」通「亦」（43，132，136～137，178，180，241，301，307，370，377，381，434，438，469）	「衣」（75，351，353，438）
「湧」（40）	「勇」通「湧」（37）	「勇」（381）
「知」（13，21，116，129，168～169，171，174，192，194，200，211，214，218，220，224，226，229，233，238，243，245，246，250～251，272，276，278，284～285，311，317，321～322，333，385，390，392，397，402，417～418，436，452～453，470，502，506，509，515，524，529）	「智」通「知」（284，491）	「智」（65，75，113，128，139，150，215，218，221～222，226，261，274，276，280，287～289，341～342，373，378，384，419，424，427，432，435，438，446，509，517，520，526，548）
「植」（82）	「值」通「植」（562）	「值」（551，558）

第五章 《法句經疏》形近字匯集

P.2325 號《法句經疏》具有字形隨意性強、草書字形楷化字、異體字、通假字頻出等特點，與敦煌楷書或隸書等寫卷相比更加難辨、難解。本章擇要梳理敦煌草書寫卷校勘過程中面臨的具體問題，著重探討 P.2325 號《法句經疏》中所現之形近字，以期為敦煌草書文獻之整理研究提供借鑑。

一、P.2325 號《法句經疏》形近字簡表

以下為 P.2325 號《法句經疏》形近字匯集（簡表）。以疏中首現先後為序。

表 5-1：P.2325 號《法句經疏》形近字匯集（簡表）

原　圖〔註1〕									
釋　文	之	已	廢	從	土	土	欲	重	巨	辯
形近字	无	己	度	俗	出	出	無	熏	臣	辨
原　圖									
釋　文	遇	乎	開	不	乎	似	穿	將	賴	己
形近字	過	乐	聞	分	平	以	窮	得	類	已

〔註 1〕此表原圖為 P.2325 號《法句經疏》中首現該形近字之截圖。

原　圖									
釋　文	发	言	书	經	王	別	問	答	請	文
形近字	友	云	出	雖	五	於	而	道	清	又
原　圖									
釋　文	有	詰	念	根	充	有	雖	後	謡	慎
形近字	立	語	定	招	无	意	墮	復	經	愼
原　圖									
釋　文	楊	嗔	抌	衣	要	體	使	凡	今	糾
形近字	揚	瞋	拆	竟	安	證	文	犯	旨	幻
原　圖									
釋　文	竟	誰	豈	之	吊	了	還	各	念	曰
形近字	意	雖	覺	立	另	可	置	名	令	日
原　圖									
釋　文	小	目	悉	渴	相	竟	望	渴	熏	炎
形近字	不	因	迷	陽	於	衣	聖	濁	重	災
原　圖									
釋　文	滅	聞	異	被	義	抌	何	毛	覩	足
形近字	減	中	實	彼	遂	柝	幻	老	觀	之
原　圖									
釋　文	淨	扶	杖	易	安	住	別	清	復	至
形近字	論	杖	扶	而	要	往	則	請	改	生
原　圖									
釋　文	獲	罩	悼	焚	滅	客	今	喜	会	覩
形近字	報	覃	掉	禁	殄	容	令	善	念	都
原　圖									
釋　文	勵	諸	六	患	願	与	到	然	客	兩
形近字	勸	請	下	速	凡	乞	利	能	若	多

原　圖	莫	烈	台	六	田	之	焉	陽	多	二
釋　文	莫	烈	凸	六	田	之	焉	陽	多	二
形近字	難	象	名	亦	因	是	鳥	湯	兩	亦

原　圖	半	領	過	易						
釋　文	半	領	過	易						
形近字	來	飲	遇	問						

二、P.2325 號《法句經疏》形近字總表

以下為 P.2325 號《法句經疏》形近字匯集（總表）。以疏中首現先後為序。

表 5-2：P.2325 號《法句經疏》形近字匯集（總表）

疏　文　位　置	草書字	形　近　字
第 4，162，497 行	之	无，立，是
第 10，43，54 行	已	己（第 49，52，54，80，388，394，541 行）
第 13 行	廢（廢）	度
第 22 行	從	俗
第 24，26，30，101 行	圡	出
第 27，399 行	欲	無
第 27，35，125，235，242，262，361，394，456 行	重	熏（第 213，328，351 行）
第 27 行	巨	臣
第 28 行	辯	辨
第 29，122，558 行	遇	過（第 553 行）
第 30 行	乎	乐（樂）
第 31，161，358 行	開	聞
第 34 行	不	分
第 34，244 行	乎	平
第 35，78，209，211，253，374 行	似	以
第 38 行	穿（穿）	窮
第 46 行	將	得

第 47，121 行	賴	類
第 49，52，54，80，388，541 行	己	已（第 10，43，54 行）
第 50，79，540 行	发（發）	友
第 50 行	言	云
第 53 行	书（書）	出
第 61 行	經	雖
第 64 行	王	五（第 38 行）
第 65，323 行	別	於，則
第 79，80 行	問	而（第 78 行）
第 80 行	答	道
第 80 行	請	清（第 347 行）
第 82，197，209 行	文	又
第 87，117 行	有	立，意
第 89 行	詰	語
第 91，189，463 行	念	定，令
第 98，158 行	根	招，报（報）
第 112 行	充	无
第 118 行	雖	墮
第 123 行	後	復（第 352 行）
第 124 行	誙	經
第 125 行	慎	愼（順）
第 125 行	楊	揚
第 126，375 行	嗔	瞋
第 127，257 行	拀（析）	拆，杺
第 132，180，241，307 行	衣	竟（第 160，210，305 行），亦
第 144，177 行	要	安（第 185，315 行）
第 145 行	體	證
第 146，559 行	使	文（第 197，209 行）
第 148 行	凡	犯
第 154 行	今	旨（第 32，33，44，88 行）
第 160 行	糾	幻
第 160，210，305 行	竟	意，衣（第 132，307 行）

第 160，305 行	誰	雖
第 162 行	豈	覺
第 169 行	吊	另
第 174 行	了	可
第 181，519 行	還	置
第 184 行	各	名
第 191，193 行	曰	日
第 195 行	小	不
第 200 行	目	因（參見第 7，16，18 行之異體字「囙」）
第 208 行	悉	迷
第 209，212 行	渴	陽，濁
第 209 行	相	於
第 212，247 行	望	聖
第 213，328，351 行	熏	重（第 27，35，125，235，242，262，361，394，456 行）
第 216 行	炎	災
第 217，380 行	滅	減，殄
第 228 行	聞	中
第 231 行	異	實
第 248 行	被	彼
第 253，465 行	義	遂
第 272 行	何	幻
第 272 行	毛	老
第 274，401，405，409 行	覩	觀，都
第 279，497 行	足	之
第 279 行	淨	論
第 302 行	扶	杖（第 304 行）
第 304 行	杖	扶（第 302 行）
第 312，559 行	昜（易）	而，問
第 315 行	安	要（第 144，177，316 行）
第 318 行	住	往
第 347 行	清	請（第 80 行）
第 352 行	復	改

第 360 行	至	生
第 363，440 行	獲	報
第 370 行	罩	罤
第 375 行	悼	掉
第 378 行	焚	禁
第 384，450 行	客	容，若
第 391 行	今	令
第 399 行	会（會）	念
第 408 行	勵	勸
第 409 行	諸	請
第 410 行	六	下
第 413 行	患	速（第 412 行）
第 425 行	願	凡
第 430 行	与	乞
第 436 行	到	利（第 436 行）
第 439 行	然	能
第 467，515 行	兩	多（第 517 行）
第 479，536，539 行	莫	難
第 490 行	㸑（眾）	象
第 491 行	㕚（召）	名
第 495 行	六	亦
第 496 行	田	因
第 497 行	焉	鳥
第 506 行	陽	湯
第 517 行	多	兩（第 515 行）
第 520 行	二	亦（第 519 行）
第 530 行	半	來
第 547 行	領	飲（第 228 行）
第 553 行	過	遇（第 122，558 行）

三、P.2325 號《法句經疏》形近字「己」、「巳」對照表

敦煌草書中「己」常寫作「巳」。二者字形非常接近。此處將二者對照列出，以便釋讀參詳。

表 5-3：P.2325 號《法句經疏》之「己」（行，行－字）〔註2〕

己（49）	己（52）	己（54）	己（80）	己（162）	己（296）
己（333-16）	己（383）	己（388）	己（394-6）	己（416）	己（541）

表 5-4：P.2325 號《法句經疏》之「已」

已（10-9）	已（10-21）	已（43-3）	已（43-13）	已（50）	已（84）
已（99）	已（100-5）	已（100-18）	已（101）	已（103-3）	已（103-25）
已（104）	已（105）	已（108）	已（111）	已（122）	已（132）
已（138）	已（139）	已（140）	已（141）	已（153）	已（159）
已（210-3）	已（210-17）	已（213）	已（226）	已（235）	已（273）
已（277）	已（287）	已（329）	已（332）	已（333-22）	已（338）
已（351）	已（357）	已（387）	已（390）	已（394-25）	已（395）
已（396）	已（402）	已（403）	已（418）	已（419）	已（423）
已（559）	已（563）	已（564）	已（566）		

〔註 2〕非同行之同字異寫僅標注行號。同行之同字異寫以出現先後為序，並標注該
　　　字在該行中位置。行中字序不含行間旁注。下同。

第六章 《大正藏》內《法句經疏》錄文勘誤

P.2325 號《法句經疏》非規範字頻出，加之多人手書，使得一些字的字形相近，增加了辨識的難度，造成了行間注釋、改字的誤判或《大正藏》錄文訛誤。

以下「《大正藏》內《法句經疏》錄文勘誤」提供《大正藏》內《法句經疏》錄文字詞之誤判，暫不包括繁體規範字、草書字與異體字之混用及句讀之訛。P.2325 號《法句經疏》寫卷原文使用草書字、異體字之處，《大正藏》錄文多使用繁體規範字。形同現代簡體字之「并」、「辞」、「盗」、「断」、「盖」、「号」、「借」、「静」、「决」、「况」、「乱」、「弥」、「强」、「属」、「随」、「万」、「无」、「与」、「嘱」、「瞩」等，與其標準繁體字同屬古代正字，本書盡可能保留寫卷原貌，《大正藏》亦多錄為後者。此外，《大正藏》錄文斷句之誤，詳見本書校釋部分正文。此處不再贅述。

表 6-1：《大正藏》內《法句經疏》錄文勘誤

疏文位置	《大正藏》內《法句經疏》錄文勘誤
第 4 行第 11 字	原文為「之」。《大正藏》（第 85 卷第 1435 頁第 3 欄第 12 行，以下簡稱 1435c12）誤作「無」。
第 4 行第 15 字	原文為「毗」。《大正藏》（1435c13）作「毘」。
第 6 行至第 22 行第 19 字	《大正藏》無。

第 24 行第 21 字	原文為隸書之「圡」，古同「土」。《大正藏》（1435c18）誤作「出」。
第 26 行第 20 字	原文為草書之「圡」，古同「土」。參見第 24 行隸書之「圡」。《大正藏》（1435c18）誤作「出」。
第 27 行第 1 字	原文為「欲」。參見第 48 行之「欲」。《大正藏》（1435c19）誤作「無」。在佛經中，幾未見「無明」與「如來」連用。
第 27 行第 11 字	原文為「巨」。《大正藏》（1435c19）誤作「臣」。
第 28 行第 11 字	原文為「辯」。《大正藏》（1435c21）誤作「辨」。
第 29 行第 16 字	原文為草書之「遇」，又淺墨楷書於文右。《大正藏》（1435c22）誤作「過」。
第 29 行第 19 字	原文為「悲」。參見第 98 行之「悲」。《大正藏》（1435c23）誤作「之」。
第 29 行第 22 字	原文似為「㤪」，古同「惌」。《大正藏》（1435c23）誤作「愁」。
第 30 行第 10 字	原文為草書之「圡」，古同「土」。參見第 24 行隸書之「圡」。《大正藏》（1435c23）誤作「出」。
第 30 行第 18 字	原文為「乎」。《大正藏》（1435c24）誤作「樂」。
第 31 行第 15 字	原文為「開」。參見第 161 行之「開」，及英藏 S.6220 號《法句經疏》（殘卷）第 2 行。《大正藏》（1435c25）誤作「聞」。
第 32 行第 26 至 27 字	原文為「理行」。原文「理」字楷書補書於文右。參見英藏 S.6220 號《法句經疏》（殘卷）第 4 行之「理行」。《大正藏》（1435c27）誤作「行理」。
第 33 行第 21 至 22 字	寫卷正文無「故項（須）」。「故項」二字淺墨楷書補書於文右。參見英藏 S.6220 號《法句經疏》（殘卷）第 5 行之「所以局三為法」。《大正藏》（1435c29）作「故須」。
第 34 行第 8 字	原文為「不」。《大正藏》（1435c29）誤作「分」。
第 34 行第 13 字	原文為「乎」。《大正藏》（1436a01）誤作「平」。
第 35 行第 26 字	原文為「似」。英藏 S.6220 號《法句經疏》（殘卷）第 7 行亦作「似」。《大正藏》（1436a03）誤作「以」。
第 36 行第 12 字	原文為「處」。英藏 S.6220 號《法句經疏》（殘卷）第 8 行亦作「處」。《大正藏》（1436a04）誤作「修」。
第 37 行第 9 字	原文為「㲱」，古同「眾」，有誤。依文義、英藏 S.6220 號《法句經疏》（殘卷）第 8 行及《法華論疏》（T1818），更正為「泉」。《大正藏》（1436a05）誤作「眾」。
第 38 行第 4 字	原文為「耶」，此處通「邪」。《大正藏》（1436a06）作「邪」。
第 38 行第 12 字	原文為「寉」，古同「穿」。英藏 S.6220 號《法句經疏》（殘卷）第 9 行作「穿」。《大正藏》（1436a07）誤作「窮」。

第 40 行第 6 字	原文為「六」。依文義及英藏 S.6220 號《法句經疏》（殘卷）第 12 行，更正為「二」。《大正藏》（1436a09）誤作「六」。
第 41 行第 5 字	原文為「辯」，此處通「辨」。《大正藏》（1436a11）作「辨」。
第 41 行第 8 字	原文為「耶」，此處通「邪」。《大正藏》（1436a11）作「邪」。
第 43 行第 6 字	原文為「辯」。《大正藏》（1436a14）誤作「辨」。
第 43 行第 23 字	原文為草書之「衣」，又濃墨楷書於文右。此處通「亦」。英藏 S.6220 號《法句經疏》（殘卷）第 16 行似作「衣」或「必」。《大正藏》（1436a15）誤作「之依」。
第 44 行第 14 字	原文為「辯」。《大正藏》（1436a16）誤作「辨」。
第 46 行第 15 字	原文為「將」。《大正藏》（1436a19）誤作「得」。
第 47 行第 4 字	原文為「賴」。《大正藏》（1436a20）誤作「類」。
第 48 行第 7 字	原文為「示」。《大正藏》（1436a22）誤作「來」。
第 49 行第 3 字	原文為「己」。《大正藏》（1436a23）誤作「已」。
第 50 行第 22 字	原文為「言」。《大正藏》（1436a26）誤作「云」。
第 51 行第 24 字	原文為「要」。《大正藏》（1436a27）無。
第 52 行第 15 字	原文為「言」。《大正藏》（1436a28）誤作「我」。
第 53 行第 22 字	原文為草書之「書」，又淺墨楷書於文左。《大正藏》（1436b01）誤作「出」。
第 54 行第 18 字	原文為「己」。《大正藏》（1436b02）誤作「已」。
第 55 行第 7 至 8 字	原文為「五欲」。《大正藏》（1436b03）誤作「我」。
第 55 行第 20 字	原文為「欲」。《大正藏》（1436b04）誤作「我」。
第 58 行第 1 字	此處《大正藏》（1436b07）有衍文「是」。
第 61 行第 21 字	原文為「經」。《大正藏》（1436b13）誤作「雖」。
第 64 行第 7 字	原文為「王」。《大正藏》（1436b17）誤作「五」。
第 65 行第 2 字	原文為「別」。《大正藏》（1436b18）誤作「于」。
第 78 行第 7 字	原文為「似」。《大正藏》（1436c09）誤作「以」。
第 79 行第 22 字	原文為「問」。《大正藏》（1436c12）誤作「而」。
第 80 行第 6 字	原文為「答」。《大正藏》（1436c12）誤作「道」。
第 80 行第 8 字	原文為「問」。《大正藏》（1436c12）誤作「而」。
第 80 行第 15 字	原文為「請」。《大正藏》（1436c13）誤作「清」。
第 80 行第 16 字	原文為「問」。《大正藏》（1436c13）誤作「而」。
第 82 行第 14 字	原文為「文」。《大正藏》（1436c16）誤作「又」。
第 87 行第 16 字	原文為「有」。《大正藏》（1436c23）誤作「立」。
第 89 行第 8 字	原文為「詰」。《大正藏》（1436c26）誤作「語」。

第 91 行第 22 字	原文為草書之「勅」，又淺墨楷書於文右。《大正藏》（1436c29）作「勅」。
第 91 行第 25 字	原文為「念」。《大正藏》（1437a01）誤作「定」。
第 94 行第 6 字	原文為「勅」。《大正藏》（1437a04）作「勅」。
第 94 行第 11 字	此處《大正藏》（1437a04）有衍文「成」。
第 98 行第 14 字	原文為「根」。《大正藏》（1437a10）誤作「招」。
第 101 行第 21 字	原文為「圡」，古同「土」。《大正藏》（1437a15）誤作「出」。
第 104 行第 18 字	原文為「憘」，古同「喜」。《大正藏》（1437a20）作「喜」。
第 109 行第 12 字	原文為「明」。《大正藏》（1437a27）誤作「以」。
第 112 行第 6 字	原文為「充」。《大正藏》（1437b02）作「充」。《大正藏》之《法句經》（T2901，1432b29）錄文誤作「無」。依文義，應為「充」。
第 112 行第 17 字	原文為「弁」。此處同「辯」。《大正藏》（1437b02）作「辯」。
第 117 行第 20 字	原文為「有」。《大正藏》（1437b10）誤作「意」。
第 118 行第 18 字	原文為「雖」。《大正藏》（1437b11）誤作「墮」。
第 118 行第 26 字	原文為「未」。《大正藏》（1437b12）誤作「末」。中華電子佛典協會資料庫（以下簡稱 CBETA）更正為「未」。
第 120 行第 21 字	原文為草書之「懷」，又淺墨楷書於文右。古同「懷」。《大正藏》（1437b15）誤作「難」。
第 121 行第 19 字	原文為「賴」。《大正藏》（1437b16）誤作「類」。
第 123 行第 15 字	此處《大正藏》（1437b19）有衍文「復」。
第 124 行第 17 字	原文為「誑」，古同「誑」。《大正藏》（1437b20）誤作「經」。
第 125 行第 13 字	原文為「慎」。此處通「順」。《大正藏》（1437b21）作「順」。
第 125 行第 22 字	原文為「楊」。此處通「揚」。《大正藏》（1437b22）作「揚」。
第 126 行第 23 字	原文為「嗔」。《大正藏》（1437b23）作「瞋」。
第 127 行第 15 字	原文為「扸」，古同「析」。《大正藏》（1437b24）誤作「拆」。
第 128 行第 22 字	原文為「齊」。此處通「臍」。《大正藏》（1437b26）作「臍」。
第 130 行第 4 字	原文為草書之「嗔」，又將「瞋」淺墨楷書於文右。《大正藏》（1437b28）作「瞋」。
第 131 行第 5 字	原文為「嗔」。《大正藏》（1437c01）作「瞋」。
第 138 行第 16 字	原文為「楊」。此處通「陽」。《大正藏》（1437c12）作「陽」。
第 141 行第 10 字	原文為「弁」。此處同「辯」。《大正藏》（1437c16）作「辯」。
第 144 行第 17 字	原文為「要」，參見第 177 行之「要」。《大正藏》（1437c21）誤作「安」。
第 145 行第 2 字	原文為「若」。《大正藏》（1437c21）誤作「如」。

第 145 行第 5 字	原文為「體」。《大正藏》（1437c21）誤作「證」。
第 146 行第 4 字	原文為「使」。《大正藏》（1437c23）誤作「文」。
第 148 行第 17 字	原文為「凢」，古同「凡」。《大正藏》（1437c26）誤作「犯」。
第 153 行第 7 字	原文為「弁」。此處同「辯」。《大正藏》（1438a04）作「辨」。
第 154 行第 6 字	原文為「今」。《大正藏》（1438a06）誤作「旨」。
第 155 行第 23 字	原文為「毗」。《大正藏》（1438a08）作「毘」。
第 155 行第 25 字	原文為「人」。《大正藏》（1438a08）誤作「八」。
第 160 行第 5 字	原文為草書之「糾」。文右淺墨楷書「故西」二字，當為對「糾」之反切。《大正藏》（1438a14）誤作「幻」。
第 160 行第 7 字	原文為「竟」。參見第 210 行之「竟」。《大正藏》（1438a15）誤作「意」。
第 160 行第 11 字	原文為草書之「誰」，又淺墨楷書於文右。《大正藏》（1438a15）誤作「雖」。
第 162 行第 4 字	原文為「豈」。參見第 171 行之「豈」。《大正藏》（1438a17）誤作「覺」。
第 162 行第 8 字	原文為「之」。《大正藏》（1438a18）誤作「立」。
第 174 行第 22 字	原文為「了」。《大正藏》（1438b08）誤作「可」。
第 180 行第 19 字	原文為草書之「衣」，又淺墨楷書於文右。此處通「亦」。《大正藏》（1438b17）作「亦」。
第 181 行第 5 字	原文為「還」。《大正藏》（1438b17）誤作「置」。
第 184 行第 4 字	原文為「允」。文右淺墨楷書一「尹」字，似為「允」注音。《大正藏》（1438b22）誤作「說」。
第 184 行第 9 字	原文為「各」。《大正藏》（1438b22）誤作「名」。
第 189 行第 12 字	原文為「念」。《大正藏》（1438c01）誤作「令」。
第 191 行第 19 字	原文為「曰」。《大正藏》（1438c04）誤作「日」。
第 193 行第 3 字	原文為「曰」。《大正藏》（1438c07）誤作「日」。《大正藏》之《法句經》（T2901，1433a24）錄文亦誤作「日」。
第 195 行第 24 字	原文為「小」。《大正藏》（1438c11）誤作「不」。
第 197 行第 17 字	原文為「文」。《大正藏》（1438c14）誤作「又」。
第 200 行第 22 字	原文為「目」。《大正藏》（1438c19）誤作「因」。
第 208 行第 15 字	原文為「悉」，古同「悉」。參見第 154 行之「悉」。《大正藏》（1439a01）誤作「迷」。
第 209 行第 9 字	原文為「文」。《大正藏》（1439a03）誤作「又」。
第 209 行第 17 字	原文為「渴」。《大正藏》（1439a03）誤作「陽」。
第 209 行第 18 字	原文為「相」。《大正藏》（1439a03）誤作「於」。

第 209 行第 19 字	原文為「似」。《大正藏》（1439a03）誤作「以」。
第 211 行第 19 字	原文為「似」。《大正藏》（1439a06）誤作「以」。
第 212 行第 8 字	原文為草書之「望」。參見第 247 行之「望」。文右淺墨楷書誤釋為「寶」。《大正藏》（1439a07）誤作「聖」。
第 212 行第 11 字	原文為「渴」。《大正藏》（1439a07）誤作「濁」。
第 213 行第 18 字	原文為「熏」。參見第 351 行之「熏」。《大正藏》（1439a09）誤作「重」。
第 213 行第 24 字	原文為「熏」。參見第 351 行之「熏」。《大正藏》（1439a09）誤作「重」。
第 216 行第 5 字	原文為「炎」，古同「焰」。《大正藏》（1439a13）誤作「災」。
第 217 行第 21 字	原文為「滅」。《大正藏》（1439a15）誤作「減」。
第 222 行第 8 字	原文為「辟」，古同「僻」，此處通「譬」。《大正藏》（1439a22）作「譬」。
第 228 行第 3 字	原文為「聞」。《大正藏》（1439b01）誤作「中」。
第 228 行第 22 字	原文為「煞」。此處通「殺」。《大正藏》（1439b03）作「殺」。
第 231 行第 17 字	原文為「異」。《大正藏》（1439b07）誤作「實」。
第 231 行第 19 字	原文為「異」。《大正藏》（1439b07）誤作「實」。
第 241 行第 19 字	原文為草書之「沉」，又淺墨楷書於文右。《大正藏》（1439b22）作「沈」。
第 241 行第 22 字	原文為「衣」。此處通「亦」。《大正藏》（1439b22）誤作「竟」。
第 244 行第 22 字	原文為草書之「乎」，又淺墨楷書於文右。參見第 213 行之「乎」。《大正藏》（1439b26）誤作「平」。
第 247 行第 5 字	原文為草書之「都」，又淺墨楷書於文右。《大正藏》（1439c01）誤作「尋」。
第 248 行第 11 字	原文為「被」。《大正藏》（1439c03）誤作「彼」。
第 253 行第 25 字	原文為「似」。《大正藏》（1439c12）誤作「以」。
第 257 行第 5 字	原文為「拼」，古同「析」。《大正藏》（1439c17）誤作「柝」。
第 262 行第 19 字	原文為「重」。參見第 27 行之「重」及第 351 行之「熏」。《大正藏》（1439c26）誤作「熏」。
第 265 行第 12 字	原文為「豪」。此處通「毫」。《大正藏》（1440a01）作「毫」。
第 272 行第 8 字	原文為「何」。《大正藏》（1440a11）誤作「幻」。
第 272 行第 11 字	原文為「毛」。《大正藏》（1440a12）誤作「老」。
第 272 行第 15 字	原文為「前」，淺墨補書於文右。《大正藏》（1440a12）無。
第 274 行第 15 字	原文為「覩」，古同「睹」。《大正藏》（1440a15）誤作「觀」。
第 279 行第 24 字	原文為「凈」，古同「淨」。《大正藏》（1440a23）誤作「論」。

第 280 行第 8 字	原文為「恵」，古同「惠」。此處通「慧」。《大正藏》（1440a23）作「慧」。
第 280 行第 12 字	原文為「及」。《大正藏》（1440a23）誤作「乃」。
第 282 行第 9 字	原文為「弊」，古同「蔽」。《大正藏》（1440a26）誤作「弊」。
第 282 行第 15 字	原文為「而」。《大正藏》（1440a27）誤作「如」。並參北大藏 D103《佛說法句經》圖版（北京大學圖書館、上海古籍出版社編，《北京大學圖書館藏敦煌文獻②》，上海古籍出版社，1995 年 10 月，上海，第 63 頁）。《大正藏》之《法句經》（T2901，1433b29）錄文亦誤作「如」。
第 282 行第 26 字	原文為「往」。文右書「迺」。其下書「巡」。《大正藏》（1440a27）誤作「隨」。
第 289 行第 2 字	原文為「小」。《大正藏》（1440b08）誤作「不」。
第 293 行第 11 字	原文為「有」。《大正藏》（1440b15）誤作「存」。
第 301 行第 7 字	原文為「煞」。此處通「殺」。《大正藏》（1440b26）作「殺」。
第 301 行第 9 字	原文為「衣」。此處通「亦」。《大正藏》（1440b26）誤作「竟」。
第 301 行第 17 字	原文為「煞」。此處通「殺」。《大正藏》（1440b27）作「殺」。
第 302 行第 4 字	原文為「扶」，似有誤。或應作「杖」。參見第 304 行之「刀杖」。並參見第 349 行之「扶」。《大正藏》（1440b27）難辨。CBETA 更正為「杖」。
第 302 行第 9 字	原文為「煞」。此處通「殺」。《大正藏》（1440b28）作「殺」。
第 303 行第 5 字	原文為「煞」。此處通「殺」。《大正藏》（1440b29）作「殺」。
第 305 行第 14 字	原文為草書之「誰」，又淺墨楷書於文右。《大正藏》（1440c04）誤作「雖」。
第 307 行第 7 字	原文為草書之「衣」，又淺墨楷書於文右。此處通「亦」。《大正藏》（1440c06）誤作「竟」。
第 312 行第 5 字	原文為草書之「易」（形同「㑥」）。參見第 559 行之「易」。《大正藏》（1440c13）誤作「而」。
第 315 行第 17 字	原文為「安」。《大正藏》（1440c18）誤作「要」。
第 317 行第 6 字	原文為「得」。《大正藏》（1440c20）誤作「故」。
第 318 行第 25 字	原文為「住」。《大正藏》（1440c23）誤作「往」。
第 323 行第 2 字	原文為「卄」，古同「廿」。《大正藏》（1440c29）誤作「十二」。
第 323 行第 4 字	原文為「別」。《大正藏》（1440c29）誤作「則」。
第 326 行第 12 字	原文為「冈」，古同「岡」。《大正藏》（1441a05）作「岡」。
第 328 行第 16 字	原文為「或」。此處通「惑」。《大正藏》（1441a08）作「惑」。
第 328 行第 18 字	原文為「熏」。參見第 351 行之「熏」。《大正藏》（1441a08）誤作「重」。

第 332 行第 20 字	原文為草書之「流」，又將「流」淺墨楷書於文右。《大正藏》（1441a14）誤作「法」。
第 335 行第 3 字	原文為「或」。此處通「惑」。《大正藏》（1441a17）作「惑」。
第 335 行第 4 字	原文為「沉」。《大正藏》（1441a18）作「沈」。
第 340 行第 13 字	原文為「此」。《大正藏》（1441a25）誤作「比」。
第 342 行第 4 字	原文為「秖」，此處同「祇」。《大正藏》（1441a28）作「祇」。
第 343 行第 19 至 20 字	原文「辯成」二字顛倒，有倒乙符。《大正藏》（1441b01）誤作「成辨」。
第 347 行第 9 字	原文為「清」。《大正藏》（1441b06）誤作「請」。
第 349 行第 8 字	原文為「侍」。《大正藏》（1441b09）誤作「恃」。
第 352 行第 19 字	原文為「復」。《大正藏》（1441b14）誤作「改」。
第 356 行第 3 字	原文為「沉」。《大正藏》（1441b19）作「沈」。
第 357 行第 7 字	原文為「念」。《大正藏》（1441b21）誤作「量」。
第 358 行第 19 字	原文為「息」。參見第 364 行之「息」。《大正藏》（1441b23）誤作「見」。
第 360 行第 21 字	原文為「至」。《大正藏》（1441b26）誤作「生」。
第 360 行第 22 字	原文為「或」。此處通「惑」。《大正藏》（1441b26）作「惑」。
第 363 行第 8 字	原文為「獲」。《大正藏》（1441b29）誤作「報」。
第 367 行第 14 字	原文為「偉」。《大正藏》（1441c06）誤作「維」。
第 368 行第 8 字	原文為「或」。此處通「惑」。《大正藏》（1441c08）作「惑」。
第 370 行第 5 字	原文為「竆」，古同「實」。《大正藏》（1441c10）作「寔」。
第 370 行第 9 字	原文為「罩」。《大正藏》（1441c10）誤作「覃」。
第 370 行第 21 字	原文為草書之「衣」，又淺墨楷書於文右。此處通「亦」。《大正藏》（1441c11）誤作「竟」。
第 372 行第 6 字	原文為「閏」，古同「閨」。此處通「潤」。《大正藏》（1441c13）作「潤」。
第 373 行第 6 字	原文為「閏」，古同「閨」。此處通「潤」。《大正藏》（1441c15）作「潤」。
第 374 行第 5 字	原文為「似」。《大正藏》（1441c16）誤作「以」。
第 374 行第 23 字	「言」，原文無。依文義補入。《大正藏》（1441c17）無。
第 375 行第 13 字	原文為「嗔」。《大正藏》（1441c18）作「瞋」。
第 375 行第 19 字	原文為「悼」。《大正藏》（1441c18）作「悼」。CBETA 誤改作「掉」。
第 376 行第 17 字	原文為「沉」。《大正藏》（1441c20）作「沈」。

第 377 行第 11 字	原文為草書之「衣」，又淺墨楷書於文右。此處通「亦」。《大正藏》（1441c21）誤作「竟」。
第 378 行第 1 字	原文為草書之「新」，又淺墨楷書於文右。此處通「薪」。《大正藏》（1441c22）作「薪」。
第 378 行第 10 字	原文為「或」。此處通「惑」。《大正藏》（1441c22）作「惑」。
第 380 行第 8 字	原文為「滅」。《大正藏》（1441c25）誤作「㲩」。
第 380 行第 23 字	原文為「煞」。此處通「殺」。《大正藏》（1441c26）作「殺」。
第 381 行第 24 字	原文為「衣」。此處通「亦」。《大正藏》（1441c27）誤作「竟」。
第 386 行第 17 字	原文為草書之「荷」，又淺墨楷書於文右。《大正藏》（1442a06）誤作「若」。
第 388 行第 10 字	原文為「己」。《大正藏》（1442a09）誤作「已」。
第 391 行第 9 字	原文為「今」。參見第 389 行之「今」。《大正藏》（1442a13）誤作「令」。
第 391 行第 13 字	原文為「今」。《大正藏》（1442a13）誤作「令」。
第 393 行第 12 字	原文為「冈」，古同「罔」。《大正藏》（1442a16）作「罔」。
第 394 行第 6 字	原文為「己」。《大正藏》（1442a17）誤作「已」。
第 396 行第 21 字	原文為「喜」。參見第 386 行之「喜」。《大正藏》（1442a21）誤作「善」。
第 399 行第 2 字	原文為「會」。《大正藏》（1442a24）誤作「念」。
第 399 行第 19 字	原文為「欲」。《大正藏》（1442a25）誤作「無」。
第 401 行第 15 字	原文為草書之「覩」，與「都」形近。文右淺墨楷書誤釋為「都」。依文義並參第 405 行及第 409 行之「覩」，此處應為「覩」。《大正藏》（1442a27）誤作「都」。
第 404 行第 5 字	原文為草書之「勅」，又淺墨楷書於文右。《大正藏》（1442b02）作「勅」。
第 408 行第 17 至 18 字	原文為「立息」。《大正藏》（1442b09）誤作「意」。
第 408 行第 23 字	原文為「勵」。《大正藏》（1442b09）誤作「勸」。
第 409 行第 23 字	原文為「諸」。《大正藏》（1442b10）誤作「請」。
第 410 行第 16 字	原文為「六」。前有第 408 行稱「中有六子句」，並參第 51 及 137 行之「六」。《大正藏》（1442b11）誤作「下」。
第 411 行第 22 字	原文為草書之「殊」，又淺墨楷書於文右。《大正藏》（1442b13）誤作「珠」。CBETA 更正為「殊」。
第 413 行第 22 字	原文為草書之「患」。文右淺墨楷書誤釋為「速」。《大正藏》（1442b16）誤作「速」。

第 415 行第 15 字	原文為草書之「勑」，又淺墨楷書於文右。《大正藏》（1442b19）作「勅」。
第 416 行第 10 字	原文為「議」。《大正藏》（1442b20）誤作「儀」。
第 425 行第 20 字	原文為「願」。參見第 428 行之「願」。《大正藏》（1442c05）誤作「凡」。
第 430 行第 2 字	原文為草書之「与」，又淺墨楷書於文右。《大正藏》（1442c11）誤作「乞」。
第 431 行第 20 字	原文為「弁」。此處同「辯」。《大正藏》（1442c14）作「辨」。
第 434 行第 23 字	原文為草書之「衣」，又淺墨楷書於文右。此處通「亦」。《大正藏》（1442c19）作「亦」。
第 436 行第 12 字	原文為草書之「到」。文右淺墨楷書誤釋為「利」。《大正藏》（1442c21）誤作「到利」二字。
第 439 行第 23 字	原文為「然」。《大正藏》（1442c26）誤作「能」。
第 440 行第 19 字	原文為「獲」。《大正藏》（1442c27）誤作「報」。
第 446 行第 18 字	原文為「耶」，此處通「邪」。《大正藏》（1443a07）作「邪」。
第 447 行第 11 字	原文為「四」。實應為「三」。據第 418 至 420 行，第一，2.2.2.3.1.1.說善友功力。分三部分。第一，2.2.2.3.1.1.1.「捴嘆」。第二，2.2.2.3.1.1.2.「別釋」。第三，2.2.2.3.1.1.3.「結」。此處之「總結」實為第三，「結」。《大正藏》（1443a08）作「結」「四」。
第 450 行第 3 字	原文為草書之「客」。文右淺墨楷書誤釋為「容」。參見第 384 行之「客」。《大正藏》（1443a12）誤作「若」。
第 452 行第 10 字	原文為「㾥」，疑為「弱」之異體字。《大正藏》（1443a15）作「翳」。
第 456 行第 19 字	原文為「卅」，古同「廿」。《大正藏》（1443a22）作「二十」。
第 461 行第 1 字	原文為草書之「勑」，又淺墨楷書於文右。《大正藏》（1443a28）作「勅」。
第 463 行第 4 字	原文為「念」。《大正藏》（1443b02）誤作「令」。
第 467 行第 10 字	原文為「兩」。文右誤釋為「多」。參見第 474 行之「兩」。《大正藏》（1443b08）誤作「多」。
第 468 行第 24 字	原文為「良」。《大正藏》（1443b10）誤作「已心」。
第 469 行第 16 字	原文為草書之「衣」，又淺墨楷書於文右。此處通「亦」。《大正藏》（1443b11）作「亦」。
第 471 行第 2 字	原文為「耶」，此處通「邪」。《大正藏》（1443b13）作「邪」。
第 479 行第 10 字	原文為「莫」。參見第 536 行和第 539 行之「莫」。《大正藏》（1443b25）誤作「難」。

第 490 行第 2 字	原文為「𠂤」，古同「眾」。《大正藏》（1443c10）誤作「象」。
第 491 行第 19 字	原文為「㕚」，古同「召」。《大正藏》（1443c13）誤作「名」。
第 495 行第 13 字	原文為「六」。《大正藏》（1443c18）誤作「亦」。
第 496 行第 24 字	原文為「田」。《大正藏》（1443c20）誤作「因」。
第 497 行第 4 字	原文為「足」。參見第 279 行之「足」。《大正藏》（1443c20）誤作「之」。
第 497 行第 21 字	原文為「焉」。《大正藏》（1443c21）誤作「烏」。
第 501 行第 13 字	原文為「下」。《大正藏》（1443c26）誤作「今」。
第 501 行第 22 至 23 字	原文為「計嗔」。《大正藏》（1443c26）誤作「此唯八」。
第 506 行第 12 字	原文為「陽」。《大正藏》（1444a04）誤作「湯」。
第 512 行第 3 字	原文為「能」，補書於文右。《大正藏》（1444a12）無。
第 515 行第 24 字	原文為「惠」，古同「惠」。此處通「慧」。《大正藏》（1444a17）作「慧」。
第 519 行第 10 字	原文為「還」。《大正藏》（1444a22）誤作「置」。
第 520 行第 6 字	原文為「二」，與「亦」形近。《大正藏》（1444a23）誤作「亦」。
第 522 行第 9 字	原文為「而」。《大正藏》（1444a26）誤作「如」。並參北大藏 D103《佛說法句經》圖版（北京大學圖書館、上海古籍出版社編，《北京大學圖書館藏敦煌文獻②》，上海古籍出版社，1995 年 10 月，上海，第 65 頁），《大正藏》之《法句經》（T2901，1435a24）錄文亦誤作「如」。
第 523 行第 17 字	原文為「少」。《大正藏》（1444a28）誤作「千」。
第 530 行第 8 字	原文為「半」。《大正藏》（1444b09）誤作「來」。
第 536 行第 5 字	原文為「耶」，此處通「邪」。《大正藏》（1444b17）作「邪」。
第 536 行第 7 字	原文為「俎」。《大正藏》（1444b17）作「俎」。
第 536 行第 12 字	原文為「耶」，此處通「邪」。《大正藏》（1444b17）作「邪」。
第 537 行第 20 字	原文為「救」。《大正藏》（1444b19）無。
第 541 行第 5 字	原文為「己」。《大正藏》（1444b24）誤作「已」。
第 546 行第 1 字	原文為「復」。有誤。依文義，並參《大正藏》之《法句經》（T2901，1435b05）錄文及北大藏 D103《佛說法句經》圖版（北京大學圖書館、上海古籍出版社編，《北京大學圖書館藏敦煌文獻②》，上海古籍出版社，1995 年 10 月，上海，第 66 頁），更正為「護」。《大正藏》（1444c02）作「護」。
第 547 行第 2 字	原文為草書之「領」，文右淺墨楷書誤釋為「飲」。參見第 228 行之「飲」。《大正藏》（1444c03）誤作「飲」。

第 549 行第 14 字	原文為「二」。有誤。依文義，應更正為「三」。參見第 553 行，「三，明國界嚴淨」。《大正藏》（1444c07）作「二」。
第 556 行第 18 字	原文為「三」。後文僅說到兩點。此處寫作「二」更為合理。《大正藏》（1444c17）作「三」。
第 558 行第 6 字	原文為「遇」。《大正藏》（1444c19）誤作「過」。
第 559 行第 4 字	原文為草書之「易」（形同「㐆」），又將「易」淺墨楷書於文右。《大正藏》（1444c20）誤作「問」。
第 559 行第 16 字	原文為「使」。《大正藏》（1444c21）誤作「文」。

第七章 《法句經疏》結構框架

敦煌《法句經》全文約五千餘字，頗具文學性和可讀性，以寶明菩薩問名號由來起始，分兩會說法，以佛陀為寶明菩薩授記收場，並說聞經因緣，應奉行此經，護經如眼。P.2325 號《法句經疏》疏文篇幅約是敦煌《法句經》的三倍。卷首總論，「略知教所在」，先逐字釋題名《佛說法句經》，後稱「自下釋文，大判有三」，分明序分、辯正宗、流通分三門釋義疏文。全疏均採用先總論，再分釋的形式，逐句注釋其品題之外的正文，包括結構性闡釋與專名釋義，論證嚴謹，框架明晰。疏文的內部結構在一些地方相當繁瑣，細至句詞，條分縷析，邏輯層級甚至可達十數層之多。

以下為 P.2325 號《法句經疏》結構框架。

0. **總論**

    0.1. 略知教所在

    0.2. 總釋題名《佛說法句經》

    0.3. 自下釋文，大判有三

1. **明序分**

    1.1. 證信序

        1.1.1. 要則唯三

            1.1.1.1. 一為息諍

            1.1.1.2. 二示信相

            1.1.1.3. 第三證說

1.1.2. 列眾

　1.1.2.1. 純眾

　　1.1.2.1.1. 舉數列名

　　1.1.2.1.2. 總結

　1.1.2.2. 雜眾及他方眾

　　1.1.2.2.1. 人天眾

　　　1.1.2.2.1.1. 出家眾

　　　1.1.2.2.1.2. 俗眾（在家眾）

　　1.1.2.2.2. 八部眾

1.2. 發起序

　1.2.1. 寶明陳昔蒙記請，問立名因緣

　1.2.1.1. 承力請問彰己積習所依

　1.2.1.2. 記所立名

　1.2.1.3. 問名字所由

　1.2.2. 如來正答

　1.2.2.1. 燃燈世尊立名遠意

　1.2.2.2. 釋迦正答

　　1.2.2.2.1. 為說敕聽思念諦

　　1.2.2.2.2. 明其說意

　　　1.2.2.2.2.1. 明聖心等被普洽時機

　　　1.2.2.2.2.2. 明所說法

　　　1.2.2.2.2.3. 眾心欣賀，專心頂受，奉教而聽

2. 辯正宗

2.1. 初會說法

　2.1.1. 正酬寶明所請

　2.1.1.1. 正說名字空義

　　2.1.1.1.1. 正勸觀

　　　2.1.1.1.1.1. 勸（且觀）

　　　2.1.1.1.1.2. 觀（正觀）

　　　　2.1.1.1.1.2.1. 名不定有

2.1.1.1.1.2.2. 名字非無

2.1.1.1.1.2.2.1. 若名字無，不授我記

2.1.1.1.1.2.2.2. 若名字無，便無授者

2.1.1.1.1.3. 結（總結）

2.1.1.1.2. 勸捨著

2.1.1.1.2.1. 舉所觀境

2.1.1.1.2.1.1. 牒

2.1.1.1.2.1.2. 勸

2.1.1.1.2.1.3. 釋

2.1.1.1.2.2. 對境脩觀

2.1.1.1.2.2.1. 遇境興觀，析之歸空

2.1.1.1.2.2.2. 正勸捨著

2.1.1.2. 明觀之利益（觀益）

2.1.1.2.1. 法

2.1.1.2.1.1. 牒上事

2.1.1.2.1.2. 釋

2.1.1.2.2. 喻

2.1.1.2.3. 合

2.1.2. 因言顯理，廣明十八界空（觀界空）

2.1.2.1. 勸之脩觀，令斷諸惑

2.1.2.1.1. 舉果勸行其因

2.1.2.1.1.1. 舉果勸脩，正明菩提體狀

2.1.2.1.1.2. 寶明請問

2.1.2.1.1.3. 佛言下答

2.1.2.1.2. 明觀脩意（勸脩意）

2.1.2.1.3. 正明脩觀，廣辯空義（正觀）

2.1.2.1.3.1. 約無性辯空

2.1.2.1.3.1.1. 略述計情

2.1.2.1.3.1.1.1. 毗曇人計

2.1.2.1.3.1.1.2. 成實人計

2.1.2.1.3.1.1.3. 大乘學者

2.1.2.2.2.2. 合喻

2.1.2.2.2.2.1. 妄見諸塵，謂之為實

2.1.2.2.2.2.2. 了知三界，唯是一心

2.1.2.2.3. 廣引眾喻（廣陳八喻），以通觀門

2.1.2.2.3.1. 結上色空，類收万法

2.1.2.2.3.2. 正釋

2.1.2.3. 結觀脩行，明觀所成益（觀益）

2.1.2.3.1. 脩之成益

2.1.2.3.1.1. 牒結

2.1.2.3.1.2. 正明觀益

2.1.2.3.2. 不脩致損

2.1.2.3.2.1. 妄執根塵，計之爲實

2.1.2.3.2.2. 因之造業，往還三界

2.1.3. 勸近善友

2.1.3.1. 正勸（寶明請問善知識相）

2.1.3.2. 答

2.1.3.2.1. 善知識洞達深義，解窮法性（堪爲善友）

2.1.3.2.1.1. 直談法性理深

2.1.3.2.1.1.1. 總

2.1.3.2.1.1.2. 別總

2.1.3.2.1.2. 正明善友功力

2.1.3.2.1.2.1. 釋

2.1.3.2.1.2.1.1. 總

2.1.3.2.1.2.1.2. 別

2.1.3.2.1.2.2. 結

2.1.3.2.2. 善知識依解起行，隨緣益物（正彰善友功能）

2.1.3.3. 善知識（二十一種譬喻善知識）

2.1.3.3.1. 第一喻「善知識者是汝父母，養育汝等菩提身故」

2.1.3.3.2. 第二喻「善知識者是汝眼目，示導汝等菩提路故」

2.1.3.3.3. 第三喻「善知識者是汝脚足，荷負汝等離生死故」

2.1.3.3.4. 第四喻「善知識者是汝梯凳，扶侍汝等至彼岸故」

2.2.1.1.3. 彼佛正答，現瑞所由

2.2.1.1.4. 蒙決所疑，情生渴仰

2.2.1.2. 敕令速往

2.2.1.3. 咸來詣佛

2.2.1.3.1. 普光既至

2.2.1.3.2. 彰善友功能，普周无外

2.2.1.3.3. 寶明覩事興諸

2.2.1.3.4. 如來正答

2.2.1.3.5. 眾情欣踊，嚴儀侍佛

2.2.1.3.6. 普光雨花，遶佛方立

2.2.1.4. 世尊慰問

2.2.1.4.1. 正慰問

2.2.1.4.2. 普光酬答

2.2.1.4.3. 文殊問其來意

2.2.1.4.4. 普光答

2.2.1.4.5. 文殊申眾渴仰，催令速問

2.2.2. 對機說授

2.2.2.1. 普光申請

2.2.2.1.1. 普光嘆法深妙

2.2.2.1.2. 正問親近善知識法

2.2.2.2. 如來善其所問

2.2.2.3. 正說

2.2.2.3.1. 說善知識

2.2.2.3.1.1. 說善友功力

2.2.2.3.1.1.1. 總嘆

2.2.2.3.1.1.2. 別釋

2.2.2.3.1.1.2.1. 善友利他（前兩喻）

2.2.2.3.1.1.2.1.1. 第一喻，堅船度大海

2.2.2.3.1.1.2.1.1.1. 喻

2.2.2.3.1.1.2.1.1.2. 合

2.2.2.3.1.1.2.1.2. 第二喻，隻身行險路

第八章 《法句經疏》疏文釋義

以下為 P.2325 號《法句經疏》疏文釋義。

表 8-1：P.2325 號《法句經疏》疏文釋義

疏文（行）	釋　　　義
第 1 行	首題行。
第 2～21 行	「略知教所在」。總論敦煌《法句經》背景、地位及要旨。先論諸經「依義不依語」，又釋「大乘滿字教門」和「小乘半字教門」，稱此《法句經》「文雖簡略，義包群典，眾經之總要，至極之深法，即是大乘滿字教門」。
第 21～42 行	總釋題名《佛說法句經》一卷。
第 23～28 行	釋「佛」。
第 28～31 行	釋「說」。
第 31～34 行	釋「法」，並釋「法句」。
第 34～35 行	釋「句」。
第 35～41 行	釋「經」，並釋「脩多羅」。
第 41～42 行	釋「一卷」。
第 42～45 行	「自下釋文，大判有三」。總釋敦煌《法句經》內容，分為 1.「明序分」、2.「辯正宗」、3.「流通分」三部分。「明序分」包括敦煌《法句經》第一品和第二品的前半部分。「辯正宗」從第二品後半部分開始，一直到第十二品。「流通分」包括第十三、十四品，即最後兩品。
第 45～50 行	總釋 1.明序分，分為 1.1.「證信序」和 1.2.「發起序」兩部分。「證信序」包括敦煌《法句經》第一品。「發起序」為第二品的前半部分。

第 50～52 行	總釋 1.1.證信序。1.1.1.要則唯三。
第 52～58 行	釋「聞」，並釋「我」及「我聞」。1.1.1.1.一為息諍。
第 58～62 行	釋「如是」。1.1.1.2.二示信相。
第 62～64 行	釋「一時」。1.1.1.3.第三證說。包括時、方、人三事。
第 64～66 行	釋「婆伽婆」。
第 66 行	釋「在日月宮中」。
第 66～67 行	總釋 1.1.2.列眾，分為 1.1.2.1.「純眾」和 1.1.2.2.「雜眾及他方眾」兩部分。
第 67 行	總釋 1.1.2.1.純眾，分為 1.1.2.1.1.「舉數列名」和 1.1.2.1.2.「總結」兩部分。
第 67～69 行	釋「菩薩摩訶薩」。
第 69～70 行	總釋 1.1.2.2.雜眾及他方眾，分為 1.1.2.2.1.「人天眾」和 1.1.2.2.2.「八部眾」兩部分。
第 70 行	總釋 1.1.2.2.1.人天眾，分為 1.1.2.2.1.1.「出家眾」和 1.1.2.2.1.2.「俗眾」（在家眾）兩部分。
第 70～72 行	1.1.2.2.1.1.出家眾，釋「比丘、比丘尼」。
第 72 行	1.1.2.2.1.2.俗眾，釋「優婆塞等」，即「優婆塞、優婆夷」。
第 72～73 行	釋「大天」。
第 73 行	總釋 1.1.2.2.2.八部眾。
第 73 行	釋「龍」。
第 74～77 行	釋「夜叉」。
第 77～78 行	釋「神」。
第 79～80 行	總釋 1.2.發起序，分為 1.2.1.「寶明陳昔蒙記請，問立名因緣」和 1.2.2.「如來正答」兩部分。
第 80 行	總釋 1.2.1.寶明陳昔蒙記請，問立名因緣。分三部分。第一，1.2.1.1.「承力請問彰己積習所依」。
第 80～81 行	釋「承佛威神」。
第 81～82 行	釋「燃燈佛」。
第 82 行	釋「出家學道」。
第 82～83 行	第二，1.2.1.2.「記所立名」。
第 83～85 行	第三，1.2.1.3.「問名字所由」。
第 85～86 行	總釋 1.2.2.如來正答。分為 1.2.2.1.「燃燈世尊立名遠意」和 1.2.2.2.「釋迦正答」兩部分。
第 86～91 行	釋「遠意」。
第 91 行	總釋 1.2.2.2.釋迦正答。分兩部分。

第 91～94 行	第一，1.2.2.2.1.「為說敕聽思念諦」。
第 94～95 行	第二，1.2.2.2.2.「明其說意」。分三部分。第一，1.2.2.2.2.1.「明聖心等被普洽時機」。
第 95 行	第二，1.2.2.2.2.2.「明所說法」。
第 95～97 行	釋「大乘」。
第 97～98 行	第三，1.2.2.2.2.3.「眾心欣賀，專心頂受，奉教而聽」。
第 98～102 行	總釋 2.辯正宗。分三部分。第一，2.1.「初會說法」。第二，2.2.「第二會說（法）」。第三，2.3.「二土時眾聞法獲益」。
第 102～106 行	總釋 2.1.初會說法。分四部分。第一，2.1.1.「正酬寶明所請」。第二，2.1.2.「因言顯理，廣明十八界空」。第三，2.1.3.「勸近善友」。第四，2.1.4.「寶明大眾聞法慶喜」。
第 106～107 行	總釋 2.1.1.正酬寶明所請。分兩部分。第一，2.1.1.1.「正說名字空義」。第二，2.1.1.2.「明觀之利益」。
第 107～108 行	總釋 2.1.1.1.正說名字空義。分兩部分。第一，2.1.1.1.1.「正勸觀」。第二，2.1.1.1.2.「勸捨著」。
第 108～109 行	總釋 2.1.1.1.1.正勸觀。分三部分。第一，2.1.1.1.1.1.「勸」（且觀）。第二，2.1.1.1.1.2.「觀」（正觀）。第三，2.1.1.1.1.3.「結」（總結）。
第 109～110 行	第一，2.1.1.1.1.1.勸（且觀）。
第 110 行	第二，2.1.1.1.1.2.觀（正觀）。分兩部分。第一，2.1.1.1.1.2.1.「名不定有」。第二，2.1.1.1.1.2.2.「名字非無」。
第 110～112 行	釋 2.1.1.1.1.2.1.名不定有。
第 112～113 行	釋 2.1.1.1.1.2.2.名字非無。分兩部分。
第 113～114 行	第一，2.1.1.1.1.2.2.1.「若名字無，不授我記」。并釋「不空」。
第 114～116 行	第二，2.1.1.1.1.2.2.2.「若名字無，便無授者」。
第 116～119 行	第三，2.1.1.1.1.3.結（總結）。
第 119～123 行	總釋 2.1.1.1.2.勸捨著。分兩部分。第一，2.1.1.1.2.1.「舉所觀境」。第二，2.1.1.1.2.2.「對境脩觀」。
第 123 行	第一，2.1.1.1.2.1.舉所觀境。分三部分。第一，2.1.1.1.2.1.1.「牒」。第二，2.1.1.1.2.1.2.「勸」。第三，2.1.1.1.2.1.3.「釋」。
第 123～127 行	釋「勸」中違順兩緣。
第 127～130 行	第二，2.1.1.1.2.2.對境脩觀。分兩部分。第一，2.1.1.1.2.2.1.「遇境興觀，析之歸空」。
第 130～131 行	第二，2.1.1.1.2.2.2.「正勸捨著」。
第 131 行	總釋 2.1.1.2.明觀之利益（觀益）。分三部分。第一，2.1.1.2.1.「法」。第二，2.1.1.2.2.「喻」。第三，2.1.1.2.3.「合」。
第 131～132 行	第一，2.1.1.2.1.法。分兩部分。第一，2.1.1.2.1.1.「牒上事」。

第 132～134 行	釋「阿耨多羅三藐三菩提」。
第 134～135 行	第二，2.1.1.2.1.2.「釋」。
第 135～136 行	第二，2.1.1.2.2.喻。第三，2.1.1.2.3.合。
第 136～139 行	總釋 2.1.2.因言顯理，廣明十八界空（觀界空）。分三部分。第一，2.1.2.1.「勸之脩觀，令斷諸惑」。第二，2.1.2.2.「理隱難彰，借喻爲況」。第三，2.1.2.3.「結觀脩行，明觀所成益」。
第 139～141 行	總釋 2.1.2.1.勸之脩觀，令斷諸惑。分三部分。第一，2.1.2.1.1.「舉果勸行其因」。第二，2.1.2.1.2.「明觀脩意」。第三，2.1.2.1.3.「正明脩觀，廣辯空義」。
第 141～142 行	第一，2.1.2.1.1.舉果勸行其因。分三部分。第一，2.1.2.1.1.1.「舉果勸脩，正明菩提體狀」。第二，2.1.2.1.1.2.「寶明請問」。第三，2.1.2.1.1.3.「佛言下答」。
第 142～148 行	釋「欲得菩提，當觀三處」。
第 148～152 行	第二，2.1.2.1.2.明觀脩意（勸脩意）。釋「教如實觀」。
第 152～154 行	第三，2.1.2.1.3.正明脩觀，廣辯空義（正觀）。分三部分。第一，2.1.2.1.3.1.「約無性辯空」。第二，2.1.2.1.3.2.「空就因緣以釋」。第三，2.1.2.1.3.3.「據不住，明空」。
第 154 行	釋「空」。
第 154～155 行	總釋 2.1.2.1.3.1.約無性辯空。分三部分。第一，2.1.2.1.3.1.1.「略述計情」。第二，2.1.2.1.3.1.2.「申理正破，但執見不同」。第三，2.1.2.1.3.1.3.「總結」。
第 155～159 行	總釋 2.1.2.1.3.1.1.略述計情。分為三種。第一，2.1.2.1.3.1.1.1.「毗曇人計」。第二，2.1.2.1.3.1.1.2.「成實人計」。第三，2.1.2.1.3.1.1.3.「大乘學者」。
第 159～160 行	總釋 2.1.2.1.3.1.2.申理正破，但執見不同（正破）。
第 160～168 行	釋「眼不自見」。
第 168～169 行	釋「色不自名」。
第 169～172 行	釋「心無形質」。
第 172～173 行	第三，2.1.2.1.3.1.3.「總結」。
第 173～176 行	總釋 2.1.2.1.3.2.空就因緣以釋（約因緣釋）。分三部分。第一，2.1.2.1.3.2.1.「眼色相依，二俱無體」。第二，2.1.2.1.3.2.2.「眼色既空，無所染著」（無染）。第三，2.1.2.1.3.2.3.「法性自爾，本來空寂」（因緣寂滅）。
第 176～177 行	總釋 2.1.2.1.3.2.1.眼色相依，二俱無體。分兩部分。第一，2.1.2.1.3.2.1.1.「眼藉緣生，所以為空」。第二，2.1.2.1.3.2.1.2.「空眼所見，色亦無實」。
第 177～182 行	第一，2.1.2.1.3.2.1.1.眼藉緣生，所以為空（眼空）。釋「眼不自見，屬諸因緣」等。列舉但眼為見要藉之五緣。

第 182～186 行	眼藉餘緣，見無自性。眼識既然，餘識亦爾。
第 186 行	第二，2.1.2.1.3.2.1.2.空眼所見，色亦無實（色空）。分兩部分。第一，2.1.2.1.3.2.1.2.1.「對眼為色」。第二，2.1.2.1.3.2.1.2.2.「釋空眼所見，體無實也」。
第 187 行	總釋 2.1.2.1.3.2.2.眼色既空，無所染著（無染）。分兩部分。第一，2.1.2.1.3.2.2.1.「三事俱空，故無所著」。第二，2.1.2.1.3.2.2.2.「例釋餘五」。
第 187～190 行	釋「識空滅諸行」。
第 190 行	總釋 2.1.2.1.3.2.3.法性自爾，本來空寂（因緣寂滅）。分三部分。
第 190～193 行	第一，2.1.2.1.3.2.3.1.「眼色俱空」。
第 193～194 行	第二，2.1.2.1.3.2.3.2.「心亦叵得」。
第 194 行	第三，2.1.2.1.3.2.3.3.「類釋可知」。
第 194～197 行	總釋 2.1.2.1.3.3.據不住，明空（不住明空）。分三部分。第一，2.1.2.1.3.3.1.「牒」。第二，2.1.2.1.3.3.2.「釋」。第三，2.1.2.1.3.3.3.「結」。
第 197～198 行	總釋 2.1.2.1.3.3.2.釋。分兩部分。第一，2.1.2.1.3.3.2.1.「眼色無住故空」。第二，2.1.2.1.3.3.2.2.「心是無為，相違不有」。
第 198～201 行	釋「眼住於內」等。
第 201～202 行	釋「眼是有作，色亦有作」。
第 202～206 行	釋「心是無為，不應在有」。
第 206～208 行	第三，2.1.2.1.3.3.3.結（總結）。
第 208～211 行	總釋 2.1.2.2.理隱難彰，借喻為況（舉喻彰法）。分三部分。第一，2.1.2.2.1.「焰隨渴相，似水无實」。第二，2.1.2.2.2.「舉夢所見，究竟是空」。第三，2.1.2.2.3.「廣引眾喻，以通觀門」。
第 211 行	第一，2.1.2.2.1.焰隨渴相，似水無實（焰譬）。分兩部分。第一，2.1.2.2.1.1.「喻」。第二，2.1.2.2.1.2.「合喻」。
第 211～215 行	第一，2.1.2.2.1.1.喻。分兩部分。第一，2.1.2.2.1.1.1.「焰隨心變，顯現似水」。
第 215 行	第二，2.1.2.2.1.1.2.「智者呵責，息其妄念」。
第 215～222 行	第二，2.1.2.2.1.2.合喻。
第 222～226 行	第二，2.1.2.2.2.舉夢所見，究竟是空（夢譬）。分兩部分。第一，2.1.2.2.2.1.「喻」。第二，2.1.2.2.2.2.「合喻」。
第 226～229 行	第一，2.1.2.2.2.1.喻。分兩部分。第一，2.1.2.2.2.1.1.「夢心妄見，謂之為實」。
第 229～247 行	第二，2.1.2.2.2.1.2.「夢覺塵無」。
第 247 行	第二，2.1.2.2.2.2.合喻。分兩部分。

第 247～250 行	第一，2.1.2.2.2.2.1.「妄見諸塵，謂之為實」。
第 250～251 行	第二，2.1.2.2.2.2.2.「了知三界，唯是一心」。
第 252～253 行	第三，2.1.2.2.3.廣引眾喻（廣陳八喻），以通觀門。分兩部分。第一，2.1.2.2.3.1.「結上色空，類收万法」。
第 253～255 行	第二，2.1.2.2.3.2.「正釋」。喻雖有八，義判爲兩。
第 255～256 行	釋「如空谷響」。
第 256～258 行	釋「如芭蕉堅」。
第 258～264 行	釋「如水中月」。
第 264～267 行	釋「如空中花」。分為「釋」和「結」兩部分。
第 267 行	釋「如石女兒」。
第 267～272 行	釋「如電久住」。
第 272 行	釋「龜毛兔角」。
第 272～273 行	總釋 2.1.2.3.結觀脩行，明觀所成益（觀益）。分兩部分。第一，2.1.2.3.1.「脩之成益」。第二，2.1.2.3.2.「不脩致損」。
第 273～276 行	第一，2.1.2.3.1.脩之成益。分兩部分。第一，2.1.2.3.1.1.「牒結」。
第 276～278 行	第二，2.1.2.3.1.2.「正明觀益」。
第 279～282 行	第二，2.1.2.3.2.不脩致損（不脩損）。分兩部分。第一，2.1.2.3.2.1.「妄執根塵，計之爲實」。
第 282～283 行	第二，2.1.2.3.2.2.「因之造業，往還三界」。
第 283～284 行	總釋 2.1.3.勸近善友。分三部分。第一，2.1.3.1.「正勸」（寶明請問善智識相）。第二，2.1.3.2.「答」。第三，2.1.3.3.「善知識」（二十一種譬喻善知識）。事實上之後還有第四部分。第四，2.1.3.4.「總結」（勸近）。
第 284～287 行	第二，2.1.3.2.答。分兩部分。第一，2.1.3.2.1.「善知識洞達深義，解窮法性」。第二，2.1.3.2.2.「善知識依解起行，隨緣益物」。
第 287～288 行	第一，2.1.3.2.1.善知識洞達深義，解窮法性。分兩部分。第一，2.1.3.2.1.1.「直談法性理深」。第二，2.1.3.2.1.2.「正明善友功力」。
第 288 行	第一，2.1.3.2.1.1.直談法性理深。分兩部分。第一，2.1.3.2.1.1.1.「總」。第二，2.1.3.2.1.1.2.「別總」。
第 288～289 行	第一，2.1.3.2.1.1.1.總。釋「深法」。
第 289～298 行	第二，2.1.3.2.1.1.2.別總。釋「空」、「无相」、「无作」，即三空門。
第 298～299 行	第二，2.1.3.2.1.2.正明善友功力。分兩部分。第一，2.1.3.2.1.2.1.「釋」。第二，2.1.3.2.1.2.2.「結」。
第 299 行	第一，2.1.3.2.1.2.1.釋。分兩部分。第一，2.1.3.2.1.2.1.1.「總」。第二，2.1.3.2.1.2.1.2.「別」。

第 299～300 行	第一，2.1.3.2.1.2.1.1.總。釋「平等」。
第 300～306 行	第二，2.1.3.2.1.2.1.2.別。釋「無業」。且如殺業，亦假眾緣。殺業既尔，盜等亦然。
第 306～309 行	釋「無報」。
第 309～317 行	釋「無因、無果」。
第 317～321 行	釋「如如」。
第 321～322 行	第二，2.1.3.2.1.2.2.結。
第 322 行	第二，2.1.3.2.2.善知識依解起行，隨緣益物（正彰善友功能）。
第 322～324 行	第三，2.1.3.3.善知識（二十一種譬喻善知識）。每一種譬喻皆分為「牒」、「喻」、「善友功能」三部分。
第 324～344 行	釋第一喻「善知識者是汝父母，養育汝等菩提身故」。
第 344～346 行	釋第二喻「善知識者是汝眼目，示導汝等菩提路故」。
第 346～348 行	釋第三喻「善知識者是汝脚足，荷負汝等離生死故」。
第 348～349 行	釋第四喻「善知識者是汝梯凳，扶侍汝等至彼岸故」。
第 349～351 行	釋第五喻「善知識者是汝飲食，能使汝等增長法身故」。
第 351～353 行	釋第六喻「善知識者是汝寶衣，覆蓋汝等功德身故」。
第 353～356 行	釋第七喻「善知識者是汝橋梁，運載汝等度有海故」。並釋三有。
第 356～359 行	釋第八喻「善知識者是汝財寶，救攝汝等離貧苦故」。
第 359～361 行	釋第九喻「善知識者是汝日月，照曜汝等離黑暗故」。
第 361～363 行	釋第十喻「善知識者是汝身命，護惜汝等無有時故」。
第 364～366 行	釋第十一喻「善知識者是汝鎧仗，降伏諸魔得無畏故」。並釋四魔。
第 366～367 行	釋第十二喻「善知識者是汝絙繩，挽拔汝等離地獄故」。
第 367～369 行	釋第十三喻「善知識者是汝妙藥，療治汝等煩惱病故」。
第 369～371 行	釋第十四喻「善知識者是汝利刀，割斷汝等諸愛網故」。
第 371～373 行	釋第十五喻「善知識者是汝時雨，潤清汝等菩提牙故」。
第 373～375 行	釋第十六喻「善知識者是汝明燈，能破汝等五蓋暗故」。並釋五蓋。
第 375～377 行	釋第十七喻「善知識者是汝善標，教示汝等趣正道故」。
第 377～379 行	釋第十八喻「善知識者是汝薪火，成熟汝等涅槃食故」。
第 379～381 行	釋第十九喻「善知識者是汝弓箭，射殺汝等煩惱賊故」。
第 381～382 行	釋第二十喻「善知識者是汝勇將，能破汝等生死軍故」。
第 382～385 行	釋第二十一喻「善知識者是汝如來，破汝煩惱至涅槃故」。疏文「文有廿一別」及敦煌《法句經》品名「二十一種譬喻善知識品第六」均指以上之二十一喻。
第 385 行	第四，2.1.3.4.總結（勸近）。

第 385～387 行	總釋 2.1.4.賓明大眾聞法慶喜。分三部分。第一，2.1.4.1.「聞法歡喜」。第二，2.1.4.2.「荷善友恩深，身心推動」。第三，2.1.4.3.「世尊悲念」。
第 387～389 行	第一，2.1.4.1.聞法歡喜。分兩部分。第一，2.1.4.1.1.「寶明大眾悲喜交懷」。
第 389～393 行	第二，2.1.4.1.2.「以今方古推功於昔」。
第 393～398 行	第二，2.1.4.2.荷善友恩深，身心推動。分兩部分。第一，2.1.4.2.1.「法」。第二，2.1.4.2.2.「喻」。
第 398～399 行	第三，2.1.4.3.世尊悲念。
第 399～403 行	總釋 2.2.第二會說法。分三部分。第一，2.2.1.「覩事興念」。第二，2.2.2.「對機說授」。（第三，2.2.3.「總結」。）
第 403～405 行	第一，2.2.1.覩事興念。分四部分。第一，2.2.1.1.「因事興請」。第二，2.2.1.2.「敕令速往」。第三，2.2.1.3.「咸來詣佛」。第四，2.2.1.4.「世尊慰問」。
第 405～407 行	第一，2.2.1.1.因事興請。分四部分。第一，2.2.1.1.1.「釋迦慈念，動地所及」。第二，2.2.1.1.2.「普光覩瑞，陳疑請問」。第三，2.2.1.1.3.「彼佛正答，現瑞所由」。第四，2.2.1.1.4.「蒙決所疑，情生渴仰」。
第 407～410 行	第三，2.2.1.3.咸來詣佛。有六個子句。第一，2.2.1.3.1.「普光既至」。第二，2.2.1.3.2.「彰善友功能，普周无外」。第三，2.2.1.3.3.「寶明覩事興諸」。第四，2.2.1.3.4.「如來正答」。第五，2.2.1.3.5.「眾情欣踴，嚴儀侍佛」。第六，2.2.1.3.6.「普光雨花，遶佛方立」。
第 411～412 行	第四，2.2.1.4.世尊慰問。分五部分。第一，2.2.1.4.1.「正慰問」。第二，2.2.1.4.2.「普光酬答」。第三，2.2.1.4.3.「文殊問其來意」。第四，2.2.1.4.4.「普光答」。第五，2.2.1.4.5.「文殊申眾渴仰，催令速問」。
第 412～414 行	釋「汝之世尊，氣力安否」。
第 414～415 行	第二，2.2.2.對機說授。分三部分。第一，2.2.2.1.「普光申請」。第二，2.2.2.2.「如來善其所問」。第三，2.2.2.3.「正說」。
第 415～417 行	第一，2.2.2.1.普光申請。分兩部分。第一，2.2.2.1.1.「普光嘆法深妙」。第二，2.2.2.1.2.「正問親近善知識法」。
第 417～418 行	第三，2.2.2.3.正說。分兩部分。第一，2.2.2.3.1.「說善知識」。第二，2.2.2.3.2.「說法」。事實上包括了敦煌《法句經》整個第十一品（普光問如來慈偈答品第十一）的內容。
第 418～419 行	第一，2.2.2.3.1.說善知識。分兩部分。第一，2.2.2.3.1.1.「說善友功力」。第二，2.2.2.3.1.2.「正明事友儀式」。
第 419～420 行	第一，2.2.2.3.1.1.說善友功力。分三部分。第一，2.2.2.3.1.1.1.「總嘆」。第二，2.2.2.3.1.1.2.「別釋」。第三，2.2.2.3.1.1.3.「結」。

第 420～424 行	第一，2.2.2.3.1.1.1.總嘆。
第 424～425 行	第二，2.2.2.3.1.1.2.別釋。分六喻。每喻又分兩部分，皆初喻，後合。
第 425～427 行	別釋中六喻，又分三部分。第一，2.2.2.3.1.1.2.1.「善友利他」（前兩喻）。第二，2.2.2.3.1.1.2.2.「善友自利」（第三喻）。第三，2.2.2.3.1.1.2.3.「所度眾生依之獲益」（後三喻）。
第 427～428 行	第一，2.2.2.3.1.1.2.1.善友利他（前兩喻）。分兩部分。
第 428～429 行	第一喻，堅船度大海。分兩部分。第一，喻。第二，合。
第 429～437 行	第二喻，隻身行險路。分兩部分。第一，喻。第二，合。
第 437～440 行	第二，2.2.2.3.1.1.2.2.善友自利（第三喻）。第三喻，寶服妙藥。分兩部分。初喻，後合。
第 440 行	第三，2.2.2.3.1.1.2.3.所度眾生依之獲益（後三喻）。分三部分。
第 440～442 行	第四喻，依師子王行諸獸中。
第 442～444 行	第五喻，依須彌山八風不動。
第 444～447 行	第六喻，依金翅鳥不畏諸災。
第 447 行	第三，2.2.2.3.1.1.3.結（總結）。
第 447～451 行	第二，2.2.2.3.1.2.正明事友儀式。分兩部分。第一，2.2.2.3.1.2.1.「斷惑脩證，功由善友」。
第 451～453 行	第二，2.2.2.3.1.2.2.「大人善巧，利物多端」。分三部分。第一，2.2.2.3.1.2.2.1.「勸」。第二，2.2.2.3.1.2.2.2.「釋」。第三，2.2.2.3.1.2.2.3.「結」。
第 454 行	第二，2.2.2.3.2.說法。分四部分。第一，2.2.2.3.2.1.「普光牒問深法」。
第 455～456 行	第二，2.2.2.3.2.2.「所說理深，大根方悟」。
第 456 行	第三，2.2.2.3.2.3.「普光重請」。
第 456～458 行	第四，2.2.2.3.2.4.「如來偈誦酬答」（二十四偈）。分三部分。第一，2.2.2.3.2.4.1.「十八偈，正說其法」。第二，2.2.2.3.2.4.2.「一偈，勸近善友」。第三，2.2.2.3.2.4.3.「五偈，起說所由，嘆教功能」。
第 458～459 行	第一，2.2.2.3.2.4.1.十八偈，正說其法。分兩部分。第一，2.2.2.3.2.4.1.1.「九偈，說理法」。第二，2.2.2.3.2.4.1.2.「九偈，說行法」。
第 459～460 行	第一，2.2.2.3.2.4.1.1.九偈，說理法。分兩部分。第一，2.2.2.3.2.4.1.1.1.「說名所自法」（第1至8偈）。第二，2.2.2.3.2.4.1.1.2.「說名字性空」（第9偈）。
第 460 行	第一，2.2.2.3.2.4.1.1.1.說名所自法（第1至8偈）。分兩部分。第一，2.2.2.3.2.4.1.1.1.1.「總」（第1偈）。第二，2.2.2.3.2.4.1.1.1.2.「別」（第2至8偈）。

第 460～466 行	第一，2.2.2.3.2.4.1.1.1.1.總（第 1 偈）。釋第 1 偈。
第 466～467 行	第二，2.2.2.3.2.4.1.1.1.2.別（第 2 至 8 偈）。分三部分。第一，2.2.2.3.2.4.1.1.1.2.1.「法空」（第 2 至 6 偈）。第二，2.2.2.3.2.4.1.1.1.2.2.「眾生空」（第 7 偈）。第三，2.2.2.3.2.4.1.1.1.2.3.「雙結」（第 8 偈）。
第 467～468 行	第一，2.2.2.3.2.4.1.1.1.2.1.法空（第 2 至 6 偈）。總釋第 2 偈、第 3 偈。
第 468～470 行	釋第 2 偈。
第 470 行	釋第 3 偈。
第 470～471 行	釋第 4 偈。
第 471～473 行	釋第 5 偈。
第 474～480 行	釋第 6 偈。
第 480～487 行	第二，2.2.2.3.2.4.1.1.1.2.2.眾生空（第 7 偈）。釋第 7 偈，眾生空。
第 487～488 行	第三，2.2.2.3.2.4.1.1.1.2.3.雙結（第 8 偈）。釋第 8 偈，雙結。
第 488～494 行	第二，2.2.2.3.2.4.1.1.2.說名字性空（第 9 偈）。釋第 9 偈，名字空。
第 494～495 行	第二，2.2.2.3.2.4.1.2.九偈，說行法。分兩部分。第一，2.2.2.3.2.4.1.2.1.「依理起行」（第 10 至 17 偈）。第二，2.2.2.3.2.4.1.2.2.「結勸脩行」（第 18 偈）。
第 495 行	第一，2.2.2.3.2.4.1.2.1.依理起行（施六行）（第 10 至 17 偈）。分六部分：第 10 偈「施行」，第 11 偈「戒行」，第 12 偈「忍行」，第 13、14 偈「精進」，第 15 偈「定行」，第 16、17 偈「慧行」。
第 495～498 行	第一，2.2.2.3.2.4.1.2.1.1.施行（第 10 偈）。釋第 10 偈。
第 498～501 行	第二，2.2.2.3.2.4.1.2.1.2.戒行（第 11 偈）。釋第 11 偈。
第 501～506 行	第三，2.2.2.3.2.4.1.2.1.3.忍行（第 12 偈）。釋第 12 偈。
第 506～513 行	第四，2.2.2.3.2.4.1.2.1.4.精進（第 13、14 偈）。釋第 13 偈、第 14 偈。
第 513～515 行	第五，2.2.2.3.2.4.1.2.1.5.定行（第 15 偈）。釋第 15 偈。
第 515～516 行	第六，2.2.2.3.2.4.1.2.1.6.慧行（第 16、17 偈）。總釋第 16 偈、第 17 偈。
第 517～522 行	釋第 16 偈。
第 522～526 行	釋第 17 偈。
第 526～529 行	第二，2.2.2.3.2.4.1.2.2.結勸脩行（第 18 偈）。釋第 18 偈。
第 529～532 行	第二，2.2.2.3.2.4.2.一偈，勸近善友。釋第 19 偈。
第 532 行	第三，2.2.2.3.2.4.3.五偈，起說所由，嘆教功能（說所為）。分兩部分。第一，2.2.2.3.2.4.3.1.「起說所由」（第 20 偈）。第二，2.2.2.3.2.4.3.2.「嘆教功能」（第 21 至 24 偈）。

第 532～535 行	第一，2.2.2.3.2.4.3.1.起說所由（明教起所由）（第 20 偈）。釋第 20 偈。
第 535 行	第二，2.2.2.3.2.4.3.2.嘆教功能（第 21 至 24 偈）。
第 535～536 行	釋第 21 偈。
第 536～543 行	釋第 22 偈。
第 543～544 行	釋第 23 偈。
第 544～546 行	釋第 24 偈。
第 546～547 行	第三，2.2.3.總結。
第 547 行	第三，2.3.二土時眾聞法獲益。分兩部分。第一，2.3.1.「普光大眾，聞法悟忍」。第二，2.3.2.「寶明蒙記」。
第 547～549 行	第一，2.3.1.普光大眾，聞法悟忍。
第 549 行	第二，2.3.2.寶明蒙記。分三部分。第一，2.3.2.1.「正明受記」。第二，2.3.2.2.「眾純无雜」。第三，2.3.2.3.「國界嚴淨」。
第 549～550 行	第一，2.3.2.1.正明受記。
第 550～553 行	第二，2.3.2.2.眾純無雜。
第 553～555 行	第三，2.3.2.3.國界嚴淨。
第 555～556 行	總釋 3.流通分。分兩部分。第一，3.1.「勸學」。第二，3.2.「付囑」。
第 556 行	第一，3.1.勸學。分兩部分。
第 556～557 行	第一，3.1.1.「文殊請問持經之人，並問聞法因緣」。
第 557 行	第二，3.1.2.「如來正答」。分兩部分。
第 557～558 行	第一，3.1.2.1.「嘆理教甚深」。分兩部分。
第 558～559 行	第一，3.1.2.1.1.「理教既深，見聞不易」。
第 559～561 行	第二，3.1.2.1.2.「喻說校量，聞獲勝益」。
第 561～562 行	第二，3.1.2.2.「答聞法因緣，持經功德」。分兩部分。
第 562～563 行	第一，3.1.2.2.1.「親侍多佛」。
第 563～565 行	第二，3.1.2.2.2.「八地已上」。
第 565～569 行	第二，3.2.付囑（大眾奉行）。
第 570 行	空行。
第 571 行	尾題行。

第九章 《法句經疏》藏內引文匯集

　　P.2325 號《法句經疏》有許多段落引用或化用自大乘經典，旁徵博引，宣示義理。這使得疏文內容龐雜，淺顯易讀，即使對於不甚瞭解佛教義理的讀者而言也趣味盎然。所引論著除敦煌《法句經》外，還包括：《大般若波羅蜜多經》（《疏》中簡稱《經》或《大品》），《大乘起信論》（《疏》中簡稱《起信論》或《論》），《大智度論》（《疏》中簡稱《智度論》或《智論》），《廣弘明集》（《疏》中簡稱《廣》），《攝大乘論》（《疏》中簡稱《攝論》），《中論》（《疏》中常簡稱為《論》，別名《花首經》〔註1〕），《百論》，《諸法無行經》（《疏》中簡稱《無行經》），《維摩詰所說經》（《疏》中稱《淨名經》〔註2〕）等。有些引文依照原文逐字引用，有些則對原文做了縮略或概述。

　　以下為 P.2325 號《法句經疏》藏內引文匯集。

〔註1〕《花首經》，又名《華首經》。該經並未獨立見於藏經，卻常被其他經論引用，實為一些主要大乘經論的異名或代稱。參見《釋淨土群疑論探要記》（D8914）卷十四，《國家圖書館善本佛典》第44冊，第8914號，第676頁第1欄第5至8行，「先列經論，即有十二經一論，名等者等取《寶積經》、《大悲經》、《大般若經》、《大集念佛三昧經》、《大乘起信論》等。是等經論，泛明念佛如花首等者，明所列諸經，立於異名《花首經》。」

〔註2〕《淨名經》為《維摩詰所說經》之別稱。維摩詰居士，梵語為 vimala-kīrti，vimala 意為「無垢」，kīrti 意為「美名」，意譯為「無垢稱」或「淨名」。鳩摩羅什譯《維摩詰所說經》，玄奘譯為《說無垢稱經》，又名《淨名經》。

表 9-1：P.2325 號《法句經疏》藏內引文匯集

P.2325 號《法句經疏》	《大正藏》
第 2～14 行 夫至理无言，稱謂斯断，玄宗幽寐，心行莫緣。稱謂斯断故，則有言傷其百。心行莫緣故，則作意失其真。所以掩室摩竭，用啓息言之際，杜口毗耶，以通淂意之路。斯皆理為神御故。聖以之嘿，豈曰无辯？辯所不能言也！但以群生弱喪，亡返漂溺四流，依止空聚，長縈八苦。是故如來應生王宮，示滅雙樹，將明生為苦囯，滅為樂本。使慎流者還原，迷徒者改轍，息妄歸真，究竟常寐。廓靈宇〔於〕无壃，曜蔭雲以幽燭，借微言以津道，託形像以傳真。〔故曰：〕「兵者，不祥之噐，不獲已而用之。言者，不真之物，不獲已〔而〕陳之。」故始自鹿菀，以四諦為言礿。終至鵠林，以三點為圓極。其閒散說，流過八億。偽馱負而弗窮，龍宮溢而未盡。將令乘蹄以得兔，藉指以知月。知月則廢指，得兔則妄蹄。故《經》言：「依義不依語」。其在玆乎！	《高僧傳》卷八：「論曰：『夫至理無言，玄致幽寂。』幽寂故心行處斷。無言故言語路絕。言語路絕，則有言傷其旨。心行處斷，則作意失其真。所以淨名杜口於方丈，釋迦緘默於雙樹。將知理致淵寂故，聖為無言。但悠悠夢境，去理殊隔。蠢蠢之徒，非教孰啟。是以聖人資靈妙以應物，體冥寂以通神，借微言以津道，託形傳真。故曰：『兵者，不祥之器，不獲已而用之。言者，不真之物，不獲已而陳之。』故始自鹿苑，以四諦為言初。終至鵠林，以三點為圓極。其間散說流文，數過八億。象馱負而弗窮，龍宮溢而未盡。將令乘蹄以得兔，藉指以知月。知月則廢指，得兔則忘蹄。經云：『依義莫依語。』此之謂也。」〔註 3〕 《肇論》：「然則言之者失其真，知之者反其愚，有之者乖其性，無之者傷其軀。所以釋迦掩室於摩竭，淨名杜口於毘耶，須菩提唱無說以顯道，釋梵絕聽而雨華；斯皆理為神御，故口以之而默，豈曰無辯？辯所不能言也。」〔註 4〕 《大智度論》：「如人以指示月，愚者但看指，不看月；智者輕笑言：『汝何不得示者意！指為知月因緣，而更看指不知月！』諸佛賢聖為凡夫人說法，而凡夫著音聲語言，不取聖人意，不得實義；不得實義故，還於實中生著。」〔註 5〕 《大般涅槃經》卷六：「如佛所說，是諸比丘當依四法。何等為四？依法不依人，依義不依語，依智不依識，依了義經不依不了義經。」〔註 6〕

〔註 3〕《高僧傳》(T2059)，《大正藏》第 50 卷，第 382 頁第 3 欄第 23 行至第 383 頁第 1 欄第 7 行。

〔註 4〕《肇論》(T1858)，《大正藏》第 45 卷，第 157 頁第 3 欄第 11 至 16 行。

〔註 5〕《大智度論》(T1509)，《大正藏》第 25 卷，第 375 頁第 1 欄第 24 行。

〔註 6〕很多佛經中都有與「依義不依語」相近似的表述，例如《大般若波羅蜜多經》(T0220)，《大寶積經》(T0310)，《大般涅槃經》(T0374) 等。《大般涅槃經》

第14〜20行 雖復八万異徒十二事，則經論所明辯其二種。其二是何？一者，大乘滿字教門。二謂半字教門。大乘滿字教門者，辯其性法二空，无作国果，義旦言周，理事俻舉，說應大機，進成大行，運物中極，故名「大乘」。言周義旦，稱為滿字。小乘半字教門者，偏明生空，有作四諦，談国果未窮，理事未俻，說應小機，進〔成〕小行，運物未極，故曰「小乘」。言局義隱，名為半字。	《金剛般若義記》：「大判唯二。一曰大乘滿字法門。二曰小乘半字法門。大乘滿字法者，如來始從得道，終至涅曰。大行之徒，諸菩薩等，說《華嚴》、《十地》、《大雲》、《法鼓》、《摩訶般若》、《大集》、《涅槃》，如是無量諸修多羅海。是等諸經，皆辨生法二空，無作四諦，說應大機，進成大行，運物中極，故曰『大乘滿字』。言周義足，稱曰『滿字』。小乘半字教者，如來始欲鹿苑，終至娑婆羅。為聲聞緣覺，小行之徒，說戒律毘曇，阿含雜藏，如是無量小乘契經。是等諸經，但明生空，及有作四諦，說應小機，進成小行，運物未極，稱曰『小乘』。言局義隱，名為『半字』。」〔註7〕
第36〜38行 多羅有五義，出自《廣》文。一者出生，出生諸義故。二者勇泉，義味无盡故。三者顯示，顯示諸義故。四者繩墨，分辯耶正故。五者結鬘，貫穿諸法故。	《法華論疏》卷一：「修多羅者凡有五義。一者顯示，謂顯示諸義故。如序品七段方便五門，即顯示十二種義也。二涌泉，謂義味無盡故。如解譬喻竟於寶塔，更從藥草竟於一經，釋於後竟而追解於前示，義味無盡，即涌泉義也。三出生，諸義出生故。如解第十無上勝功德力，歎經廣生功德無盡，即出生義也。四者繩墨，裁諸邪顯正故。破十病名曰裁邪，顯十種義所謂顯正。五者結鬘，貫穿諸佛法。」〔註8〕 《廣弘明集》卷十九：「此是天竺音，經是此土語。外國名為修多羅。此言法本。具含五義。一出生。二涌泉。三顯示。四繩墨。五結鬘。」〔註9〕
第60〜62行 故肇師言：「如是者，信慎之辞也。夫信，則所言之理慎。理慎，則師資之道成。」	《注維摩詰經》卷一《佛國品第一》：「肇曰：如是信順辭也。夫信則所言之理順。順則師資之道成。經無豐約。非信不傳。故建言如是。」〔註10〕

（T0374）卷6，《大正藏》第12卷，第401頁第2欄第27至29行。

〔註7〕《金剛般若義記》（T2740），《大正藏》第85卷，第137頁第3欄第22行至第138頁第1欄第4行。

〔註8〕《法華論疏》（T1818），《大正藏》第40卷，第786頁第2欄第23行至第3欄第3行。

〔註9〕《廣弘明集》（T2103），《大正藏》第52卷，第239頁第1欄第10至12行。

〔註10〕《注維摩詰經》（T1775），《大正藏》第38卷，第328頁第1欄第12至14行。

違之者，正言而致返，還原之路絕。經无豐約，非信不傳。故於經首創建「如是」也。	
第 75 行 故《智度論》言：「帝釋有九百九十九門，門別有十六青衣夜叉守之。」	《大智度論》卷五四《天主品第二七》：「天帝九百九十九門，門皆以十六青衣夜叉守之。」〔註11〕
第 90～91 行 淨名廣問：「爲用何生得授記乎？」乃至「言如者不二不異？云何獨授？仁者當得菩提也。」	《維摩詰所說經》卷一《菩薩品第四》：「若彌勒得受記者，一切眾生亦應受記。所以者何？夫如者不二不異，若彌勒得阿耨多羅三藐三菩提者，一切眾生皆亦應得。」〔註12〕
第 95～96 行 如《起信論》說：「大義有三，謂，體、相、用也。」	《大乘起信論》：「所言義者，則有三種。云何為三？一者、體大，謂一切法真如平等不增減故。二者、相大，謂如來藏具足無量性功德故。三者、用大，能生一切世間、出世間善因果故。」〔註13〕
第 128～130 行 故《智論》言：「風名憂檀那，觸齊而上出。是風七處觸，頂及斷、齒、脣、舌、咽及以智，是中語言生。凡夫不知此，或著起嗔癡」也。	《大智度論》卷六：「風名憂檀那，觸臍而上去；是風七處觸，項及斷齒脣，舌咽及以胸，是中語言生。愚人不解此，惑著起瞋癡。」〔註14〕
第 150～152 行 故《智論》言：「內外十二入，皆是魔網，虛誑不實。於此中，生六種識，亦是魔網，虛誑不實。何者是實？唯有不二之法。謂：无眼、无色，乃至无意、无法等，是名爲實」也。	《大智度論》卷五〇：「『說諸法一相』者，菩薩知內外十二入，皆是魔網，虛誑不實。於此中生六種識，亦是魔網虛誑。何者是實？唯不二法──無眼、無色，乃至無意、無法等，是名實。」〔註15〕
第 162～163 行 故《論》言：「是眼則不能自見其己體。若不能自見，何能見餘物？」	《中論》卷一《觀六情品第三》：「是眼則不能，自見其己體；若不能自見，云何見餘物？」〔註16〕

〔註11〕《大智度論》(T1509)，《大正藏》第25卷，第448頁第1欄第25至26行。
〔註12〕《維摩詰所說經》(T0475)，《大正藏》第14卷，第542頁第2欄第13至16行。
〔註13〕《大乘起信論》(T1666)，《大正藏》第32卷，第575頁第3欄第25至28行。
〔註14〕《大智度論》(T1509)，《大正藏》第25卷，第103頁第1欄第18至21行。
〔註15〕《大智度論》(T1509)，《大正藏》第25卷，第417頁第3欄第8至11行。
〔註16〕《中論》(T1564)，《大正藏》第30卷，第6頁第1欄第6至7行。

第 166 行 如《百論》言：「四大非現見，云何生現見！」	《百論》卷二《破塵品第六》：「四大非眼見，云何生現見。地堅相、水濕相、火熱相、風動相，是四大非眼見者，此所造色應非現見。」〔註 17〕
第 171～172 行 故《起信論》言：「心无形，求十方，求之終不可得。」	《大乘起信論》：「所謂推求五陰色之與心，六塵境界畢竟無念，以心無形相，十方求之終不可得。」〔註 18〕
第 222～225 行 依《智度論》說：「夢有五種。若身中不調，若熱氣多，則夢見火、見黃、見赤。若泠氣多，則多見水、見白。若風氣多，則多見飛、見黑。又，所聞見事多，若思惟念故，則夢見。或天与夢，欲令知未來事故。是五種夢，皆无事而妄見也。炽生亦尔。」	《大智度論》卷六：「夢有五種：若身中不調，若熱氣多，則多夢見火、見黃、見赤；若冷氣多，則多見水、見白；若風氣多，則多見飛、見黑；又復所聞見事多思惟念故，則夢見；或天與夢，欲令知未來事故。是五種夢皆無實事而妄見。人亦如是。五道中眾生，身見力因緣故，見四種我：色陰是我，色是我所，我中色，色中我。」〔註 19〕
第 242～243 行 又，《論》言：「雖復懃精進，脩行菩提道，若先非仏性，不應得成仏。」	《中論》卷四《觀四諦品第二四》：「雖復勤精進，修行菩提道，若先非佛性，不應得成佛。」〔註 20〕
第 246 行 故《論》言：「一切分別，則分別自心。」	《大乘起信論》：「以一切法，皆從心起，妄念而生。一切分別，即分別自心。心不見心，無相可得。」〔註 21〕
第 254～255 行 故《攝論》言「幻等顯依他，說无顯分別」也。	《攝大乘論》卷二：「幻等顯依他，說無顯分別。」〔註 22〕
第 260～261 行 故《論》言：「若破自性、他性，即破共義。」	《中論》卷一《觀因緣品第一》：「諸法自性不在眾緣中，但眾緣和合故得名字。自性即是自體，眾緣中無自性。自性無故不自生，自性無故他性亦無。何以故？因自性有他性，他性於他亦是自性。若破自性，即破他性，是故不應從他性生。若破自性、他性，即破共義。無因則有大過，有因尚可破，何況無因！於四句中生不可得，是故不生。」〔註 23〕

〔註 17〕 《百論》（T1569），《大正藏》第 30 卷，第 176 頁第 3 欄第 28 行至第 177 頁第 1 欄第 2 行。
〔註 18〕 《大乘起信論》（T1666），《大正藏》第 32 卷，第 579 頁第 3 欄第 20 至 22 行。
〔註 19〕 《大智度論》（T1509），《大正藏》第 25 卷，第 103 頁第 3 欄第 8 至 15 行。
〔註 20〕 《中論》（T1564），《大正藏》第 30 卷，第 34 頁第 1 欄第 24 至 25 行。
〔註 21〕 《大乘起信論》（T1666），《大正藏》第 32 卷，第 577 頁第 2 欄第 18 至 19 行。
〔註 22〕 《攝大乘論》（T1593），《大正藏》第 31 卷，第 120 頁第 3 欄第 10 行。
〔註 23〕 《中論》（T1564），《大正藏》第 30 卷，第 2 頁第 2 欄第 20 至 27 行。

第 265～266 行 故《論》言「心生，則種種法生。心滅，則種種法滅」也。	《大乘起信論》:「以一切法，皆從心起，妄念而生。一切分別，即分別自心。心不見心，無相可得。當知世間一切境界，皆依眾生無明妄心而得住持，是故一切法，如鏡中像，無體可得，唯心虛妄。以心生則種種法生，心滅則種種法滅故。」〔註 24〕 《大乘起信論》卷一:「如鏡中像，無體可得，唯從虛妄分別，心轉心生，則種種法生，心滅則種種法滅故。」〔註 25〕
第 270～271 行 《論》言:「諸行生滅不住，无自性故空。」	《中論》卷二《觀行品第十三》:「諸行生滅不住，無自性故空。」〔註 26〕
第 289～291 行 《智論》言:「觀諸法空，名爲『空』。於空中，不可取相。是時空轉名『无相』。无相中，不應有所作。是時无相轉名『无作』。」	《大智度論》卷二〇:「是三解脫門，摩訶衍中是一法，以行因緣故，說有三種:觀諸法空，是名『空』;於空中，不可取相，是時空轉名『無相』;無相中，不應有所作，為三界生，是時無相轉名『無作』。」〔註 27〕
第 306 行 故《論》言「業不從緣生，不從非緣生。是故則无有，能起於業者」也。	《中論》卷三《觀業品第十七》:「業不從緣生，不從非緣生，是故則無有，能起於業者。無業無作者，何有業生果?若其無有果，何有受果者?」〔註 28〕
第 308～309 行 故《論》言「諸煩惚及業，是說身因緣。煩惚諸業空，何況於諸身」也。	《中論》卷三《觀業品第十七》:「諸煩惱及業，是說身因緣;煩惱諸業空，何況於諸身。」〔註 29〕
第 330 行 故《起信論》言:「明五陰法，自性不生，則无有滅，本來涅槃故。」	《大乘起信論》:「以五陰法，自性不生，則無有滅，本來涅槃故。」〔註 30〕 《大乘起信論》卷二:「謂雖念一切法皆無自性，不生不滅，本來寂滅，自性涅槃，而亦即見因緣和合，善惡業報，不失不壞。」〔註 31〕

〔註 24〕 《大乘起信論》(T1666)，《大正藏》第 32 卷，第 577 頁第 2 欄第 18 至 23 行。
〔註 25〕 《大乘起信論》(T1667)，《大正藏》第 32 卷，第 586 頁第 1 欄第 9 至 11 行。
〔註 26〕 《中論》(T1564)，《大正藏》第 30 卷，第 17 頁第 2 欄第 8 行。
〔註 27〕 《大智度論》(T1509)，《大正藏》第 25 卷，第 207 頁第 3 欄第 4 至 8 行。
〔註 28〕 《中論》(T1564)，《大正藏》第 30 卷，第 23 頁第 2 欄第 16 至 19 行。
〔註 29〕 《中論》(T1564)，《大正藏》第 30 卷，第 23 頁第 1 欄第 29 行至第 2 欄第 1 行。
〔註 30〕 《大乘起信論》(T1666)，《大正藏》第 32 卷，第 580 頁第 2 欄第 6 至 7 行。
〔註 31〕 《大乘起信論》(T1667)，《大正藏》第 32 卷，第 591 頁第 2 欄第 8 至 10 行。

第 421～422 行 故《无行經》言：「貪、嗔、癡如幻，幻不異三毒。凡夫強分別，我貪我嗔恚。」	《諸法無行經》卷一：「貪瞋癡如幻，幻不異三毒，凡夫自分別，我貪我瞋恚。」〔註32〕
第 464～466 行 故《花首經》言：「衆緣所生法，我說即是空，亦爲是假名，亦是中道義。未曾有一法，不從衆緣生，是故一切法，无不是空者。」	《中論》卷四《觀四諦品第二四》：「眾因緣生法，我說即是無，亦為是假名，亦是中道義。未曾有一法，不從因緣生，是故一切法，無不是空者。」〔註33〕
第 510～511 行 故《大品》云：「縱令有法過於此者，尚談如幻，何況涅槃？」	《大般若波羅蜜多經》卷五五六《天帝品第二》：「設更有法勝涅槃者，亦復如幻，何況涅槃！何以故？諸天子！幻與有情及一切法乃至涅槃，無二無別，皆不可得、不可說故。」〔註34〕
第 520～522 行 故《智度論》言：「初數爲一。但有一，一一故二，如是皆一，更无餘數。若皆是一，則无數也。」	《大智度論》卷五一《含受品第二三》：「初數為一，但有一，一一故言二，如是等皆一，更無餘數法。若皆是一，則無數。」〔註35〕
第 548～549 行 《智論》言「於无上法中，信受通達，无㝵不退，名无生忍」也。	《大智度論》卷五〇：「『無生法忍』者，於無生滅諸法實相中，信受、通達、無礙、不退，是名無生忍。」〔註36〕
第 552～553 行 如《淨名經》言「大乘心是菩薩淨土。菩薩成仏時，大乘衆生來生其國」也。	《維摩詰所說經》卷一《佛國品第一》：「菩提心是菩薩淨土，菩薩成佛時，大乘眾生來生其國。」〔註37〕

〔註32〕 《諸法無行經》（T0650），《大正藏》第15卷，第751頁第2欄第3至4行。
〔註33〕 《中論》（T1564），《大正藏》第30卷，第33頁第2欄第11至14行。
〔註34〕 《大般若波羅蜜多經》（T0220），《大正藏》第7卷，第871頁第1欄第13至16行。
〔註35〕 《大智度論》（T1509），《大正藏》第25卷，第427頁第1欄第14至16行。
〔註36〕 《大智度論》（T1509），《大正藏》第25卷，第417頁第3欄第5至6行。
〔註37〕 《維摩詰所說經》（T0475），《大正藏》第14卷，第538頁第2欄第3至4行。

第十章 《法句經疏》書寫儀式之「口傳筆錄」

　　敦煌文獻的生成、流傳乃至其後的封藏之謎，一直是敦煌學研究者們持續關注的難題。眾所周知，「寫本時代文本的傳播與傳承，主要依靠傳抄實現。」[註1] 無論傭書人還是寫經生，獨入淨室，注目傾心，寂然抄寫，至暮方出，[註2] 這樣的抄錄模式很可能佔據了寫經文獻之絕大多數。正因如此，敦煌寫經之中留存的以「口傳筆錄」的形式「聽寫」而成的寫卷才尤為值得關注。

　　本章從 P.2325 號《法句經疏》中同一個字的不同異寫、寫卷中的表音旁注及其現存唯一副本英藏 S.6220 號《法句經疏》（殘卷）中保留之異文等方面擇要考察 P.2325 號《法句經疏》的生成與流傳，證實 P.2325 號《法句經疏》及以其為代表的相當數量的敦煌文獻之生成與流傳，並非如前人所述「抄寫」而成，而是以「口傳筆錄」的形式「聽寫」使然，雖不能算作嚴格意義上的口頭文獻，卻是一種書面文獻的口頭傳播，是民間口傳與民間書傳相結合的產物。從內容和文體上看，這種經疏體文本本身就具有口頭創作的性質。其書寫特徵，更是將這種口傳與書傳相結合的特質彰顯無遺。

〔註1〕武紹衛《無名僧人的名山事業：中古時期僧人的日常抄經與校勘活動》，《中國史研究》2021 年第 2 期，第 140 頁。

〔註2〕《法華傳記》（T2068）卷八，《大正藏》第 51 卷，第 83 頁第 2 欄第 8 至 22 行。

一、P.2325 號《法句經疏》之同字異寫與表音旁注

首先，P.2325 號《法句經疏》寫卷正文部分，同一個字出現了若干種不同寫法。這證明寫卷正文部分由多人接力書寫而成。

在梳理 P.2325 號《法句經疏》書寫特色的過程中，筆者發現了一個尤其值得注意的現象——在這部約 1 萬 4 千字的寫卷中，同一個字出現了多達五種不同寫法。這些異寫，主要是使用了不同的異體字和通假字，還包括字體（如隸書、草書、行書、楷書）之別。寫卷所現之同字異寫，如下表所示。

表 10-1：P.2325 號《法句經疏》之同字異寫（以拼音為序）〔註3〕

	異一	異二	異三	異四	異五
暗（闇）	闇（179）	暗（360）			
苞（通「包」）	（20）	苞（96）			
寶（寳）	（31）	寶（438）			
備（俻）	（16）	俻（119）			
遍（徧）	（18）	徧（183）			
辯（弁）	（5）	辯（28）	辨（38）（通「辨」）	辨（43）	弁（112）
標（榡）	（65）	標（376）			
并（並）	（23）	（25）	并（106）		
不	（5）	（34）	不（140）		
差（苍）	（22）	（335）	差（335注）	差（555）	
嗔（瞋）	（126）	瞋（130注）	真（422）		
乘（乗）	（12）	（95）			
重	（27）	重（125）	重（456）		
初（衳）	（11）	初（42）			
辞	（60）	辞（160）			

〔註 3〕表中截圖為 P.2325 號《法句經疏》中首現該異寫之截圖。同一字之不同異寫以《疏》中出現先後為序。

待	待 (111)	待 (311注)			
當	當 (41)	當 (238)			
得（淂）	淂 (4)	得 (12)	得 (39)	淂 (102)	
等（䓁）	才 (47)	等 (299注)			
第（弟、苐）	弟 (45)	弟 (79)			
斷	斷 (2)	斷 (55)			
而	而 (10)	而 (29)	而 (478)		
尔（尒、尓）	尔 (43)	尓 (83)			
凡	凡 (109)	凡 (148)			
非	非 (39)	非 (44)	非 (116)	非 (156注)	
佛（仏）	佛 (23)	仏 (25)			
復（復）	復 (14)	復 (72)	復 (341)		
高（髙）	高 (81)	高 (137)	高 (442注)		
觀	觀 (105)	觀 (122)			
号	号 (24)	号 (26)	號 (394)		
弘（弘）	弘 (84)	弘 (425)			
後	後 (29)	後 (197注)			
懷（懷）	懷 (29)	懷 (29注)			
還（遝）	還 (8)	還 (61)	還 (283)	還 (283注)	遝 (283注)
會（会）	会 (99)	會 (100)			
惠（恵）（通「慧」）	惠 (280)	惠 (282)	惠 (439)		
或	或 (22)	或 (25)			
機（㯤）	機 (17)	機 (95)	機 (322)		
極	極 (11)	極 (30)			
寂（寂、宲）	寂 (2)	寂 (122)	宲 (298)		
寄	寄 (311)	寄 (311注)			

字頭				
間（閒）	（11）	（122）	（137）	（178）	
簡（蕑）	（20）	（461）			
節（莭）	（102）	（416）	（416 注）	（454）	（454 注）
借（藉）	（9）	（13）	（46）	（139）	
今	（20）	（25）	（391）		
盡（尽）	（12）	（37）	（37 注）	（543）	
經（経）	（13）	（25）	（38）	（218）	
竟	（8）	（121）	（160）	（210 注）	
就	（22）	（25）	（79）		
局（侷）	（20）	（33）			
舉（乑）	（16）	（40）	（67）		
句（勾）	（1）	（32 注）	（33）	（117）	
具	（258）	（258 注）			
空	（6）	（29）	（289）		
來	（7）	（27）	（99）	（122）	（122 注）
類	（110）	（272）			
良	（35）	（104）			
流（沇）	（6）	（43）	（58）	（58 注）	
論	（14）	（29）	（96）		
滿	（15）	（15）	（27）		
憫（愍、愍）	（29）	（219）			
明（眀）	（7）	（27）	（27）	（115）	
冥（寞、㝠）	（105）	（277）			
默（嘿）	（5）	（501）			
惱（惚）	（65）	（426）			
譬（辟）	（138）	（145）	（222）（通「譬」）		

憑（攄、馮）	（360）	（381）		
啓（啓）	（4）	（47）		
契（栔、挈）	（206）	（435）		
器（噐）	（10）	（397）		
前	（65）	（67）	（139）	
輕（輕）	（74）	（74注）		
勸	（104）	（130）		
染	（174）	（220）		
弱	（6）	（452）		
薩	（9）	（67）		
喪	（6）	（93）		
深	（21）	（30）	（30注）	（285）
聖（聖）	（5）	（43）		
施（袘）	（76）	（76）		
食	（72）	（72）	（72注）	（228注）
實（寔）	（62）	（156）	（157）	（370）
識	（137）	（157）		
事	（14）	（25）	（132）	
侍	（86）（通「侍」）	（349）		
適	（363）	（363注）		
釋	（22）	（42）	（110）	
受	（52）	（97）		
授	（82）	（114）		
熟（熟）	（100）	（546）		
疏（疏）	（1）	（571）		
數（數）	（67）	（67注）	（228）	（228注）

順（慎）	（7）	（60）	（125）（通「順」）		
斯	（2）	（47）	（47注）		
天	（24）	（26）	（69）		
途	（8）（通「途」）	（345）			
徒	（14）	（446）			
土（圡）	（24）	（26）			
兔（菟）	（13）	（272）			
託	（9）	（46）			
陀（陁）	（24）	（26）			
万	（14）	（48）			
妄	（8）	（126）			
微	（9）	（78）			
聞	（48）	（49）	（53）		
問	（79）	（81）			
我	（48）	（50）	（53注）		
无（無）	（2）	（27）	（314）	（314注）	
五（亖）	（35）	（35注）	（38）		
喜	（104）	（127）			
下	（42）	（43）			
響	（126）	（255）（通「響」）			
像（通「象」）	（9）	（518）			
邪（耶）	（4）	（38）	（41）		
薪	（378）（通「薪」）	（378注）（通「薪」）	（378）		
行	（2）	（27）	（86）		
脩	（35）	（36）	（123）	（438）	（544注）

言	（2）	（13）	（26）	（52）	
陽	（138）（通「陽」）	（506）			
揚	（30）	（125）（通「揚」）			
曜（曜）	（9）	（361）			
亦	（43）（通「亦」）	（43注）（通「亦」）	（54）		
易	（312）	（559注）			
意	（3）	（31）	（85）	（86注）	
義	（13）	（29）	（253）		
譯	（24）	（26）	（36）		
因（囙）	（7）	（34）			
永（𣷷）	（241）	（241注）			
湧	（37）（通「湧」）	（40）			
友	（29）	（390）			
有	（3）	（27）	（43）	（107）	（181）
御	（5）	（434）			
圓（圎）	（11）	（27）			
雜	（66）	（69）			
真	（3）	（27）	（27注）		
知	（13）	（116）	（284）（通「知」）		
植	（82）	（562）（通「植」）			
旨（𣅄）	（3）	（32）			
中	（17）	（49）	（50）		
眾（衆、眔）	（20）	（29）	（52）		

轉	（76）	（215）	（332 注）		
總（揔、捴）	（21）	（65）			
足	（16）	（111）	（279）		

　　其次，P.2325 號《法句經疏》寫卷行間旁注中，亦有字形、字體、墨跡深淺等書寫差異，並存在對正文文字的誤讀。這證明寫卷旁注亦由多人接力書寫，且旁注之書寫者與正文主書者並不相同。

　　在寫卷正文的右側、左側或下方，常有以淺墨或濃墨補充、修改的痕跡。原文草書字跡難以辨認之處，書寫、講習經疏的僧人或信眾還會楷書於文側以便讀誦。然寫卷的書寫者和旁書者並非一人，而旁書者們又很可能不諳草書，故而難免誤釋。例如疏文第 384 行第 3 字，原文為草書字「客」（客），右側楷書誤釋為「容」（容）；第 399 行第 12 字，原文為與現代簡體字同形之草書字「会」（会），右側楷書誤釋為「念」（念）。旁書誤釋之例舉，如下表所示。

表 10-2：P.2325 號《法句經疏》之誤釋旁注（以《疏》中出現先後為序）

位　置	疏文正文	旁　注
第 96 行	「」（履）	誤釋作「」（傷）
第 212 行	「」（望）	誤釋作「」（寶）
第 344 行	「」（履）	誤釋作「」（殤）
第 384 行	「」（客）	誤釋作「」（容）
第 399 行	「」（会）	誤釋作「」（念）
第 413 行	「」（患）	誤釋作「」（速）
第 436 行	「」（到）	誤釋作「」（利）
第 450 行	「」（客）	誤釋作「」（容）
第 467 行	「」（兩）	誤釋作「」（多）
第 474 行	「」（兩）	誤釋作「」（多）
第 515 行	「」（兩）	誤釋作「」（多）
第 547 行	「」（領）	誤釋作「」（飲）

從紙張顏色，墨跡深淺，運筆差異，筆畫粗細，字體、字形、同一個字的若干寫法及正文間隙的注釋、筆記或改字來看，P.2325 號《法句經疏》寫卷字形隨意性強，非規範字頻出，不僅主書者不止一人，還有多人標注、補書的痕跡。

再次，結合上述兩點來看，寫卷正文或旁注中之異寫，無論字形是否相近，均為同音；寫卷旁注，無論楷體釋文或是讀若、反切，甚至誤釋旁注，其初衷均為表音。這證明寫卷的生成與傳播均以聲音為核心。

當我們繼續審視這些異寫，我們不由得發現，這些同一個字的不同異寫，既包括多筆畫或少筆畫的形近字，也存在相當數量的一批字形差異較大的同音字，包括通假字。

音同形異的異體字、通假字、同音借用字，在用同音之字替代本字的同時，事實上造成了形義脫節，在一定程度上反映了漢字的表音趨勢，也是把文字單純看作聲音符號的一種表現。〔註 4〕如果異寫源自書寫的隨意性、筆誤或傳抄訛誤，抑或源自書寫者並不太高的文化水平，這對於字形相近或多筆畫、少筆畫之異寫尚可理解，然而對於字形差別較大之異寫則無法說通。很難想象一位或幾位書寫者面對同一個「定本」之時會將「寂」一會兒抄作「宷」（寀），一會兒抄作「家」（宀）；或是將「喜」一會兒抄作「憶」（憶），一會兒抄作「喜」（喜）；「闇」（闇）、「暗」（暗）混用，「辯」（辯）、「弁」（弁）混用，「並」（並）、「并」（并）混用，「藉」（藉）、「借」（借）混用，「衣」（衣）、「亦」（亦）混用，「知」（知）、「智」（智）混用，「論」（論）、「论」（論）、「论」（论）混用，如是等等。除非這些音同形異之字僅僅作為聲音的記錄，而這個假想的「定本」並不存在。

P.2325 號《法句經疏》罔顧字形，異寫混用，通假頻出，字形多變，卻在讀音的一致性上到達高度統一，正是將文字用作表音符號來記錄流動聲音的表現。因此，有充分的理由相信，這部寫卷在本質上既傳承自「講習」──聲音的流動，又生成自「聽寫」──聲音的記錄。

在寫卷正文部分經「口傳筆錄」主書完成後，書於行間的旁注文本相繼產生。旁注之誤，固然源自字形相似，然而旁注之初衷，卻極可能是為了注音。草書文本給一些僧人和信眾暢習疏文造成了阻礙，故需楷體旁書標注讀

〔註 4〕陸宗達、王寧著，《訓詁方法論》，中華書局，2018 年 1 月，北京，第 55 頁。

音，以便反復誦讀、宣講和繼續流傳。誤釋旁注反映了注音時出現的偏差，而正釋旁注中不僅有大量同字之楷書釋文事實上起到了標注讀音的作用，亦不乏注音之絕好例證。如下表所示。

表 10-3：P.2325 號《法句經疏》之表音旁注（以《疏》中出現先後為序）

位　　置	疏文正文	旁　　注
第 160 行	「纠」（糾）	「酉」（故酉，反切）
第 184 行	「允」（允）	「尹」（尹，讀若）
第 368 行	「飲」（飲）	「盂」（盂，讀若）
第 380 行	「社」（射）	「社」（社，讀若）

綜上所述，無論這些異寫的字形是否相似，無論是多筆畫、少筆畫、字形或字中構件相異之異體字，還是同音借用之通假字，遑論字體差異，其共通之處即音同或音近。無論誤釋旁注還是正釋旁注，這些注釋的初衷均為注音。也就是說，這份寫卷是一份對於聲音的書寫，是「聽寫」自「講習」，而非抄寫自某個「定本」。

二、P.2325 號《法句經疏》之現存唯一副本

P.2325 號《法句經疏》「口傳筆錄」的另一旁證是其現存唯一副本——英藏 S.6220 號《法句經疏》（殘卷）中所保存之異文。這證明二者均為傳播之中的「活」的文本，尚不具備「定本」之穩定性，亦即具有口傳文獻的主要特徵。

S.6220 號《法句經疏》（殘卷）〔註 5〕，長 25.5 釐米，首尾俱殘。未出現經名。僅存 17 行。第 1 至 5 行、第 16 至 17 行亦殘缺不全。第 14 至 15 行有「故言《仏（佛）說法句經》一卷也」的表述。所存內容與 P.2325 號《法句經疏》第 29 至 44 行基本一致。異文情況如下表所示。

〔註 5〕寫卷影印版見黃永武主編，《敦煌寶藏》（第 45 冊），新文豐出版公司，1981 ～1986 年，中國臺北，第 135 頁。參見敦煌研究院編，《敦煌遺書總目索引新編》，中華書局，2000 年 7 月，北京，索引第 101 頁，正文第 192 頁。《敦煌寶藏》及《敦煌遺書總目索引新編》均擬題名《法句經疏釋》。實為與法藏 P.2325 號《法句經疏》同本異出之殘卷。

表 10-4：P.2325 號《法句經疏》與 S.6220 號《法句經疏》（殘卷）之異文
對照（以《疏》中出現先後為序）

| P.2325 號《法句經疏》 | | S.6220 號《法句經疏》（殘卷） | |
位　置	疏　文	位　置	疏　文
第 29 行	空	第 1 行	泯
第 31～32 行	法者有其四種	第 3 行	法有四種
第 34 行	法不自彰	第 5 行	法不自弘（弘）
第 35 行	之言	第 6 行	言之
第 36 行	多羅有五義	第 8 行	多羅五義
第 37 行	眾（誤）	第 8 行	泉
第 39 行	（--）	第 10～11 行	始終莫易，故謂之常。
第 39 行	（--）	第 11～12 行	可為軌（軌）用，釋為法
第 40 行	六（誤）	第 12 行	二
第 41 行	（--）	第 13～14 行	此則兩言一會，內外寞（冥）扶
第 42 行	一也	第 14 行	為一
第 42 行	云	第 14 行	言
第 43 行	辯	第 16 行	釋
第 43 行	文殊	第 16 行	弥勒

　　通過比對二者異文可知，S.6220 號《法句經疏》（殘卷）修改了 P.2325 號
《法句經疏》中的兩處錯誤，並增添了數十字內容，還有少許字詞出入，多
為同義替換。

　　由此可見，二者均為在誦讀和傳承過程中的「活」的文本，應為同時或
先後產生，非常契合口傳文獻的特徵，因其形態並未完全定型，並未進行對
校等校勘，亦不具有「定本」之穩定性。

三、「口傳筆錄」——民間口傳與民間書傳之完美結合

　　（一）從紙張顏色，墨跡深淺，運筆差異，筆畫粗細，同字異寫及行間
注釋來看，P.2325 號《法句經疏》為多人主書、多人旁書、集體完成。確有很
多敦煌寫卷自始至終都是一人書寫，但如 P.2325 號《法句經疏》所示，在敦
煌文獻的生成與流傳過程中擁有這樣一個書寫團隊的情形亦嘗可見。

　　（二）從音同形異之大量異寫及表音旁注可知，P.2325 號《法句經疏》

是一份以表音為核心的寫卷，是對口傳文獻的書面記錄。原不存在一個紙質的「定本」。其生成機制並非憑借「抄寫」，而是以「口傳筆錄」的形式「聽寫」使然，其流傳亦是依靠誦讀、講習等以口傳為主的方式。

歷史文獻中並不缺乏「口傳筆錄」文獻之例證。例如佛經誕生之初正是依靠口傳。佛陀以言說的方式傳法。佛陀涅槃後，「大迦葉賢聖眾選羅漢得四十人，從阿難得四阿含。一阿含者六十疋素。寫經未竟，佛宗廟中，自然生四名樹，一樹字迦栴，一樹字迦比延，一樹字阿貨，一樹字尼拘類。比丘僧言：『吾等慈心寫四阿含，自然生四神妙之樹。四阿含，佛之道樹也。』因相約束，受比丘僧二百五十清淨明戒，比丘尼戒五百事，優婆塞戒有五，優婆夷戒有十。寫經竟，諸比丘僧各行經戒，轉相教化千歲。」〔註6〕阿難比丘被世尊佛陀譽為「聲聞中博有所知，有勇猛精進，念不錯亂，多聞第一」〔註7〕。相傳阿難比丘記憶力超群，能一字不落復述佛言。這裡所說之「從阿難得四阿含」，即是由阿難口授，四十羅漢筆錄。最初的佛經即是以這樣「一對多」的「口傳筆錄」的方式傳播。以 P.2325 號《法句經疏》為代表的敦煌文獻中多人傳書的「聽寫」方式，正是對佛經初現之時流傳方式的再現。又如敦煌遺書中保留的數量眾多的敦煌變文，雖為紙質書寫，但事實上屬於口頭文學。以這樣的方式看待 P.2325 號《法句經疏》等敦煌文獻「口傳筆錄」的性質，也就不難理解。

（三）從 P.2325 號《法句經疏》及其現存唯一副本 S.6220 號《法句經疏》（殘卷）之異文可見，二者是在講習、傳承過程中的「活」的文獻，不具備「定本」的穩定性。這也從另一側面證實了以 P.2325 號《法句經疏》為代表的敦煌文獻「以音為本」、「口傳筆錄」的生成和傳播方式。即便不存在一個「定本」，在這部「口傳筆錄」的寫卷中，書寫者們依然通過一次次的注釋旁書追求一個相對完美的「定本」。在沒有其他更完美抄本的情況下，這部口傳文獻唯一傳世的完整筆錄甚至已升級成為「祖本」。

無論寫卷正文中字形多變的表音記錄，還是寫卷字裡行間的表音旁注，楷體字釋文、諧音字讀若、反切注音，均是以讀音為核心，均是為了便於誦

〔註6〕《佛般泥洹經》（T0005）卷下，《大正藏》第 1 卷，第 175 頁第 3 欄第 2 至 10 行。

〔註7〕《增一阿含經》（T0125）卷四九，《大正藏》第 2 卷，第 820 頁第 2 欄第 28 行至第 3 欄第 1 行。

讀、講習和傳播。而文本形態之不穩定性，不僅是口傳文獻的顯著特徵，也勾勒出了其在流傳過程中承上啓下的狀態——既是接受文本，又是輸出文本，並非是單純的記錄與保存，而是具有極強的實用性與目的性，注重誦讀實踐與講習傳承。這種民間口傳與民間書傳相結合的方式，是以 P.2325 號《法句經疏》為代表的相當數量一批敦煌文獻生成與流傳的重要方式。究竟有多少敦煌寫經其實並不是「抄寫」而成，而是以「口傳筆錄」的形式「聽寫」而成，尚不可知。但這的確在某種程度上顛覆了我們對存於書面的古典文獻生成與傳播方式的認知。

第十一章　《法句經疏》書寫儀式之「眾人傳書」

　　本章通過考察 P.2325 號《法句經疏》中異體字、通假字、行間注釋、寫卷片段及大量的行間同字異寫，證實 P.2325 號《法句經疏》為多人主書、多人旁書、集體完成，其書寫者之更換頻率高達數百人次。究其成因，其一為寫經功德，其二為信仰凝聚，亦即書寫者與寫卷間的深層互動。

　　一位傭書人或寫經生，至多數位寫經人，辛勤寫錄，連宵達旦。卻可曾見過數百人次接力書寫之同一份寫卷？令人幾乎難以置信的是，P.2325 號《法句經疏》這份僅只萬餘字的敦煌寫卷，卻是由數百人次接力完成。

一、P.2325 號《法句經疏》書寫人次之場景還原

（一）以異體字、通假字、行間注釋為例

　　如前所述，P.2325 號《法句經疏》為多人主書、多人旁書、集體完成。

　　P.2325 號《法句經疏》寫卷字形隨意性強，非規範字頻出，同一個字甚至可以出現多達五種不同寫法。例如「辯」字，在第 5 行寫作「辯」，第 28 行作「辨」，第 38 行作「辯」，第 43 行作「辯」，第 112 行使用通假字「弁」（弁）。再如「論」字，第 14 行作「論」，第 29 行作「論」，第 96 行作「论」。「實」字，第 152 行作「实」，第 156 行作「宎」，第 157 行作「寶」，第 370 行作「窐」（窐）。又如「寂」字，在第 2 行使用隸書異體字「宗」（寂），在第 122 行使用草書異體字「寂」（寂），而在第 298 行

－197－

使用草書異體字「」（家）。一些異寫的情況，甚至會在同一行出現。例如第 76 行，先後使用了「」（袘）和「」（施）；第 128 行，先後使用了形同「为」的草書字「」（爲）和繁體正字「」（為）。相似情形，不勝枚舉。同一位書寫者同時使用不同的異體字和通假字的情況非常少見。異體字和通假字的異寫，因其字內基本構件不同，必然來自不同的書寫者。這證明 P.2325 號《法句經疏》正文的書寫者一定不止一人。

在 P.2325 號《法句經疏》寫卷正文的右側、左側或下方，常有以淺墨或濃墨補充、修改的痕跡。原文草書字跡難以辨認之處，書寫、講習經疏的僧人或信眾還會楷書於文側以便讀誦。然而寫卷行間旁注中，亦有字形、字體、墨跡深淺等書寫差異，並存在對正文文字的誤讀。旁書者們很可能不諳草書，故而難免誤釋。這證明寫卷旁注亦由多人接力書寫，且旁注之書寫者與正文主書者並不相同。例如第 96 行，正文為「」（履），旁書誤釋作「」（傷）；第 212 行，正文為「」（望），旁書誤釋作「」（寶）；第 399 行，正文為「」（会），旁書誤釋作「」（念）；第 413 行，正文為「」（患），旁書誤釋作「」（速）；第 467 行，正文為「」（兩），旁書誤釋作「」（多），如是等等。

由此可見，P.2325 號《法句經疏》無論正文還是行間注釋均是由多人接力傳書而成。那麼，這個「多」，究竟是多少呢？

（二）以單字為例

下面先以疏文中屢現之「並」（并）、「當」、「非」、「經」（经）、「舉」（𤘽）、「聞」、「問」、「我」、「行」等單字為例，以證實寫卷中使用之異體字、通假字等異寫及字體（如隸書、草書、行書、楷書）或筆跡之別。依次如下。

表 11-1：P.2325 號《法句經疏》之「並」（行，行-字）〔註1〕

（23）	（25）	（56）	（93）	（106）	（159）
（245）	（265）	（391-17）	（391-21）	（401）	（407）
（417）	（421）	（508）	（538）	（557）	

〔註 1〕非同行之同字異寫僅標注行號。同行之同字異寫以出現先後為序，並標注該字在該行中位置。行中字序不含行間旁注。下同。

表 11-2：P.2325 號《法句經疏》之「當」

（41）	（44）	（89）	（91）	（116）	（132）
（143）	（197）	（238）	（274）	（278-4）	（278-16）
（312）	（390）	（461）	（469）		

表 11-3：P.2325 號《法句經疏》之「經」

（1）	（13）	（14）	（20-10）	（20-21）	（22）
（23）	（25）	（35-2）	（35-22）	（36）	（38）
（39）	（42）	（43）	（47）	（50）	（51）
（59-18）	（59-26）	（61）	（62）	（63-5）	（63-18）
（64）	（66）	（101）	（218）	（292）	（330）
（422）	（464）	（543）	（552）	（557）	（560）
（561）	（562）	（565）	（566）	（568）	（571）

表 11-4：P.2325 號《法句經疏》之「舉」

（16）	（40）	（67）	（122）	（123）	（140）
（141）	（209）	（210）	（287-8）	（287-24）	（565）

表 11-5：P.2325 號《法句經疏》之「聞」

（48）	（49）	（50）	（52）	（53-8）	（53-12）
（53-24）	（54）	（57）	（77-9）	（77-18）	（84）
（92-12）	（92-15）	（94）	（101）	（104）	（111）
（185）	（224）	（228）	（234）	（255）	（297）
（337）	（385）	（386）	（387）	（388-6）	（388-19）
（391）	（397）	（400）	（407-5）	（407-18）	（526）
（536）	（543）	（546）	（547）	（548）	（551）
（555）	（557）	（558）	（559-2）	（559-6）	（560）
（561-3）	（561-16）	（562）	（563）	（568）	

表 11-6：P.2325 號《法句經疏》之「問」

（79）	（80-8）	（80-16）	（81）	（83-14）	（83-23）
（90）	（142-8）	（142-16）	（283）	（292）	（405）
（406）	（411-5）	（411-12）	（411-23）	（412）	（414）
（415）	（417）	（454）	（556）	（557）	

表 11-7：P.2325 號《法句經疏》之「我」

（48）	（50）	（53-11）	（53-23）	（53-23 注）	（54）
（56）	（57-6）	（57-6 注）	（57-13）	（57-13 注）	（57-17）
（57-22）	（58-13）	（58-22）	（85）	（114）	（116）
（226）	（238）	（238 注）	（332）	（334）	（335）
（361）	（392-4）	（392-4 注）	（392-11）	（392-24）	（392-24 注）
（422-19）	（422-21）	（461）	（464）	（499）	（526）
（526 注）	（534）	（534 注）	（538）	（539）	（539 注）
（541）	（541 注）	（542）	（542 注）	（545）	

表 11-8：P.2325 號《法句經疏》之「行」

（2）	（3）	（17）	（19）	（27）	（32-8）
（32-24）	（76）	（86）	（139）	（140）	（188-1）
（188-18）	（189）	（190）	（228）	（230）	（234）
（243）	（270）	（275）	（286）	（345）	（350）
（368）	（369）	（370）	（377）	（391）	（394）
（397）	（413）	（422）	（429-15）	（429-25）	（430-16）
（430-22）	（431-1）	（431-5）	（431-21）	（434）	（435）
（441）	（458-14）	（458-24）	（494）	（495-1）	（495-8）
（495-14）	（495-24）	（500）	（501-10）	（501-16）	（502-5）

乃（502-22）	乃（512）	乃（513）	乃（516）	乃（526）	乃（527）
乃（528-8）	乃（528-11）	乃（528-16）	乃（528-22）	乃（529）	乃（530）
乃（544-17）	乃（544-26）	乃（564）	乃（566）		

再以寫卷中出現頻率較高之「非」字和「有」字為例，證明寫卷書寫者更迭至少百次。

P.2325 號《法句經疏》中出現「非」字總計 87 次（含重文符 1 次）。依次如下。

表 11-9：P.2325 號《法句經疏》之「非」

非（39）	非（44）	非（53）	非（62-1）	非（62-26）	非（78）
非（81）	非（105）	非（110）	非（112）	非（116）	非（118-2）
非（118-14）	非（142）	非（156）	非（156注）	非（163）	非（164）
非（166）	非（167-8）	非（167-19）	非（181-13）	非（181-18）	非（195-13）
非（195-15）	非（197）	非（203）	非（204）	非（207-6）	非（207-26）
非（231）	非（234）	非（238）	非（239）	非（243）	非（272）
非（275-3）	非（275-5）	非（306）	非（310-4）	非（310-6）	非（310-9）
非（339）	非（340）	非（392-3）	非（392-23）	非（416）	非（445）
非（451）	非（455）	非（474-6）	非（474-20）	非（475-2）	非（475-12）
非（475-19）	非（475-21）	非（476-3）	非（476-8）	非（476-10）	非（476-13）
非（476-15）	乙*（476-16）	非（477-10）	非（477-12）	非（477-14）	非（477-17）
非（477-23）	非（478）	非（479）	非（480-8）	非（480-12）	非（483）
非（484-19）	非（484-23）	非（485）	非（486）	非（491-11）	非（491-22）
非（492）	非（501-1）	非（501-7）	非（508）	非（509）	非（514）
非（516）	非（531）	非（559）			

P.2325 號《法句經疏》中出現「有」字總計 234 次（含重文符 1 次，刪除符 1 次）。依次如下。

表 11-10：P.2325 號《法句經疏》之「有」

有（3）	有（18）	有（22）	有（27）	有（32）	有（36）
有（38）	有（42）	有（43）	有（46-1）	有（46-25）	有（54-3）
有*（54-4）	有（55）	有（56）	有（57）	有（58）	有（59）
有（66）	有（69）	有（71）	有（72）	有（73）	有·*（74-9）
有（74-11）	有（75-9）	有（75-18）	有（79）	有（80）	有（87）
有（91）	有（92-10）	有（92-20）	有（94）	有（96）	有（99-1）
有（99-8）	有（102）	有（107）	有（108）	有（110）	有（111）
有（112）	有（117）	有（118）	有（122）	有（124）	有（126）
有（127）	有（131）	有（137）	有（139-8）	有（139-24）	有（140）
有（144）	有（147）	有（151）	有（153）	有（154）	有（155）
有（156）	有（159）	有（161）	有（162）	有（164）	有（165）
有（169）	有（170）	有（171）	有（173）	有（178）	有（180-6）
有（180-26）	有（181-14）	有（181-25）	有（189）	有（190）	有（191）
有（198-1）	有（198-22）	有（199-5）	有（199-13）	有（201）	有（202-1）
有（202-5）	有（202-14）	有（203-3）	有（203-23）	有（203-25）	有（204-12）
有（204-17）	有（204-22）	有（205-6）	有（205-19）	有（205-21）	有（207）
有（208-2）	有（208-9）	有（209）	有（216）	有（217）	有（221）
有（222）	有（226）	有（231）	有（233）	有（237）	有（239）
有（240）	有（253）	有（256）	有（257）	有（260）	有（261-4）
有（261-7）	有（265）	有（270）	有（272）	有（274-21）	有（274-25）
有（275）	有（276）	有（279）	有（280）	有（283）	有（284-16）
有（284-24）	有（291）	有（293-9）	有（293-11）	有（293-16）	有（293-22）
有（295）	有（301）	有（302）	有（303）	有（304）	有（305-2）

有（305-24）	（306）	（308）	有（309-17）	（309-21）	（311）
（312-16）	（312-22）	（313-6）	有（313-16）	（313-23）	（314）
（319-9）	有（319-19）	有（319-25）	有（323-1）	有（323-10）	（329）
有（330）	有（331）	有（335-7）	有（335-13）	（336）	有（345）
有（347）	（349）	有（355-8）	有（355-11）	有（355-14）	（355-16）
（355-18）	有（355-21）	有（355-25）	（357）	有（363）	有（369）
有（371）	（377）	有（386）	（387）	有（399）	有（400）
（401）	（403）	有（408）	有（414）	有（417）	（419-8）
（419-21）	有（421）	（425）	有（427）	有（430-13）	（430-21）
（442）	（448）	（449）	有（453）	（454）	（458）
（462）	有（463）	（465）	（466）	有（472）	（474）
（482-6）	（482-9）	（484-7）	（484-20）	有（488）	（489）
有（490）	有（491）	有（492-4）	有（492-7）	有（492-11）	有（492-20）
（494-3）	有（494-18）	有（508）	有（510）	（513-7）	（513-21）
有（521）	（535）	（542）	有（546）	有（547）	有（549）
（552）	有（556）	有（557）	有（559）	有（563-19）	（563-22）

　　雖然可能存在同一位寫手在一通書內行、草互用，甚至兼有隸、楷的情況，然而寫卷中同是草書或行書，卻經多人之手的情形更為常見。例如「非」（第39行）、「非」（第44行）、「非」（第116行）等，或「有」（第27行）、「有」（第107行）、「有」（第180行）、「有」（第181行）、「有」（第369行）等，很難認為是出自一人之手。此外，這份寫卷以宗教實踐為目的，具有很強的實用性，多用於誦讀、講習、傳承。字形變化會在一定程度上妨礙誦讀實踐，故而書寫者不僅不會有意為之，還會盡量避免。在異體字、通假字大量存在的前提下，輔之以「非」、「有」等單字例舉，加之以寫卷之聽講筆記性質，故而此處更傾向於認為草書之「非」、「有」與行書、楷書等之「非」、「有」均出自不同書寫者之手。

　　從「非」字不同寫法之更替，可見寫卷主書者之改換情況依次為：第39

至 44 行（1 次，後略），第 44 至 53 行，第 53 至 62 行，第 62 行，第 62 至 78 行，第 81 至 105 行，第 118 行，第 118 至 142 行，第 142 至 156 行，第 163 至 164 行，第 164 至 166 行，第 166 至 167 行，第 167 至 181 行，第 207 至 231 行，第 231 至 234 行，第 243 至 272 行，第 272 至 275 行，第 275 至 306 行，第 310 至 339 行，第 416 至 445 行，第 451 至 455 行，第 455 至 474 行，第 477 至 478 行，第 480 行，第 480 至 483 行，第 484 行，第 484 至 485 行，第 485 至 486 行，第 486 至 491 行，第 491 至 492 行，第 509 至 514 行，第 531 至 559 行。共計 32 人次。

從「有」字不同寫法之更替，可見寫卷主書者之改換情況依次為：第 27 至 32 行（1 次，後略），第 42 至 43 行，第 43 至 46 行，第 55 至 56 行，第 57 至 58 行，第 58 至 59 行，第 59 至 66 行，第 80 至 87 行，第 87 至 91 行，第 91 至 92 行，第 92 行，第 96 至 99 行，第 99 行，第 102 至 107 行，第 107 至 108 行，第 112 至 117 行，第 118 至 122 行，第 140 至 144 行，第 147 至 151 行，第 159 至 161 行，第 165 至 169 行，第 169 至 170 行，第 171 至 173 行，第 173 至 178 行，第 180 行，第 181 行（2 次），第 189 至 190 行，第 190 至 191 行，第 191 至 198 行，第 198 至 199 行，第 203 行，第 203 至 204 行，第 204 行，第 209 至 216 行，第 216 至 217 行，第 217 至 221 行，第 222 至 226 行，第 226 至 231 行，第 231 至 233 行，第 233 至 237 行，第 239 至 240 行，第 240 至 253 行，第 253 至 256 行，第 256 至 257 行，第 270 至 272 行，第 274 至 275 行，第 280 至 283 行，第 283 至 284 行，第 284 行，第 284 至 291 行，第 291 至 293 行，第 293 行，第 305 行，第 305 至 306 行，第 308 至 309 行，第 309 行，313 行（2 次），第 319 行，第 323 至 329 行，第 329 至 330 行，第 335 至 336 行，第 336 至 345 行，第 347 至 349 行，第 349 至 355 行，第 355 行（2 次），第 355 至 357 行，第 357 至 363 行，第 363 至 369 行，第 369 至 371 行，第 371 至 377 行，第 377 至 386 行，第 386 至 387 行，第 387 至 399 行，第 399 至 400 行，第 400 至 401 行，第 403 至 408 行，第 417 至 419 行，第 419 至 421 行，第 421 至 425 行，第 425 至 427 行，第 427 至 430 行，第 449 至 453 行，第 454 至 458 行，第 462 至 463 行，第 463 至 465 行，第 466 至 472 行，第 472 至 474 行，第 484 至 488 行，第 488 至 489 行，第 489 至 490 行，第 492 至 494 行，第 494 行，第 510 至 513 行，第 513 至 521 行，第 521 至 535 行，第 542 至 546 行，第 549 至 552 行，第 552 至 556

行，第 563 行。共計 102 人次。

　　僅依「有」一字之異寫，即可見出 102 人次寫手更迭，且數見每行更換寫手的情形，甚至同一行內亦可見多人傳書的痕跡。若與寫卷內其他單字互參，則寫手更換頻次遠不止於此。

（三）以寫卷片段為例

　　結合上述異體字、通假字、行間注釋及「非」、「有」等單字之例舉，再以 P.2325 號《法句經疏》寫卷第 97 至 106 行及第 313 至 314 行為例，證明寫卷書寫者更迭應高達數百人次。

　　寫卷第 97 至 106 行，如下所示。

圖 1　P.2325 號《法句經疏》第 97 至 106 行

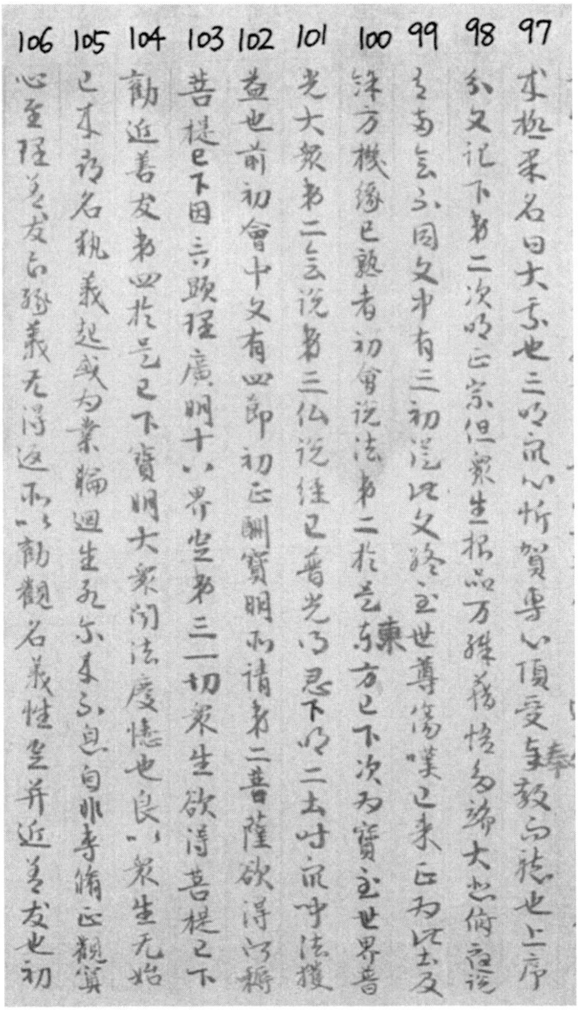

　　第 97 行第 11 字，將「眾」寫作「」（眾）。而第 98 行第 12 字，將「眾」寫作「」（衆）。證明在第 97 行第 11 字與第 98 行第 12 字間更換了書寫者（第 1 次）。

　　第 99 行第 1 字，將「有」寫作「」。而第 99 行第 8 字，寫作「」。證明在第 99 行第 1 字與第 8 字間再次更換了書寫者（第 2 次）。

　　同時，第 99 行第 3 字「」（会）与第 100 行第 9 字「」（會）也印證了此處更換寫手的事實（第 3 次，或與前次同）。

　　第 100 行第 9 字「」（會）。第 101 行第 6 字「」（会）。證明在第 100 行第 9 字與第 101 行第 6 字間更換了書寫者（第 4 次）。

　　第 101 行第 6 字「」（会）。第 102 行第 5 字「」（會）。證明在第 101 行第 6 字與第 102 行第 5 字間更換了書寫者（第 5 次）。

　　第 101 行第 3 字「」（衆）。第 101 行第 23 字「」（眾）。證明在第 101 行第 3 字與第 23 字間更換了書寫者（第 6 次，或與前次同）。

　　第 101 行第 16 字「」（得）。第 102 行第 23 字「」（淂）。證明在第 101 行第 16 字與第 102 行第 23 字間更換了書寫者（第 7 次，或與前次同）。

　　第 101 行第 19 字「」（明）。第 102 行第 15 字「」（明）。證明在第 101 行第 19 字與第 102 行第 15 字間更換了書寫者（第 8 次，或與前次同）。

　　第 101 行第 23 字「」（眾）。第 103 行第 19 字「」（衆）。證明在第 101 行第 23 字與第 103 行第 19 字間更換了書寫者（第 9 次）。

　　第 101 行第 24 字「」（聞）。第 104 行第 15 字「」（聞）。證明在第 101 行第 24 字與第 104 行第 15 字間更換了書寫者（第 10 次，或與前次同）。

　　第 104 行第 20 字「」（良）。第 106 行第 6 字「」（良）。證明在第 104 行第 20 字與第 106 行第 6 字間更換了書寫者（第 11 次）。

　　更有甚者，第 313 至 314 行，短短兩行，更換了四次主書者，參與書寫者至少六七人次。如下所示。

圖 2　P.2325 號《法句經疏》第 313 至 314 行

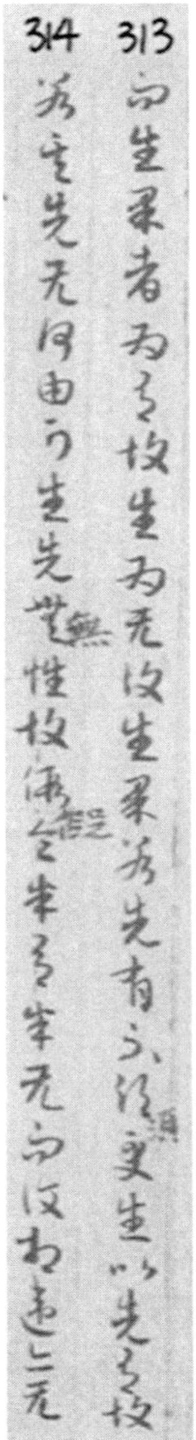

寫手甲，第 313 行第 6 字「（有）。寫手乙，第 313 行第 16 字「![字]」
（有）。寫手丙，第 313 行第 23 字「![字]」（有）。寫手丁（或丙），第 314 行
第 4 字「![字]」（无）。寫手戊，第 314 行第 10 字「![字]」（無，古同「无」）。
旁注「![字]」來自寫手己。寫手庚，第 314 行第 18 字「![字]」（无）。

（四）以行間同字異寫為例

　　結合上述單字異寫及寫卷片段例證，下表列舉相距 20 行內之行間同字異
寫，以佐證寫卷寫手之頻繁更迭。

表 11-11：P.2325 號《法句經疏》之行間同字異寫

更換位置（行—字）	同字異寫（行—字）
2-5～17-16	言：[字形]（2-5）；[字形]（17-16）。
9-9～13-2	借（藉）：[字形]（9-9）；[字形]（13-2）。
26-21～36-3	譯：[字形]（26-21）；[字形]（36-3）。
27-2～27-10	明：[字形]（27-2）；[字形]（27-10）。
27-10～31-5	明：[字形]（27-10）；[字形]（31-5）。
27-15～32-1	有：[字形]（27-15）；[字形]（32-1）。
28-11～38-3	辯：[字形]（28-11）；[字形]（38-3）。
35-10～36-9	脩：[字形]（35-10）；[字形]（36-9）。
36-6～38-16	經（経）：[字形]（36-6）；[字形]（38-16）。
36-16～38-7	五：[字形]（36-16）；[字形]（38-7）。
38-3～41-5	辯：[字形]（38-3）；[字形]（41-5）。
39-23～44-21	非：[字形]（39-23）；[字形]（44-21）。
41-5～43-6	辯：[字形]（41-5）；[字形]（43-6）。
42-10～43-22	經（経）：[字形]（42-10）；[字形]（43-22）。
42-15～43-4	下：[字形]（42-15）；[字形]（43-4）。
42-20～43-24	有：[字形]（42-20）；[字形]（43-24）。
43-14～50-5	下：[字形]（43-14）；[字形]（50-5）。
43-24～46-1	有：[字形]（43-24）；[字形]（46-1）。
44-21～53-3	非：[字形]（44-21）；[字形]（53-3）。
48-9～49-1	聞：[字形]（48-9）；[字形]（49-1）。
48-15～58-16	流：[字形]（48-15）；[字形]（58-16）；[字形]（58-16注）。
48-24～50-25	我：[字形]（48-24）；[字形]（50-25）。
49-1～50-26	聞：[字形]（49-1）；[字形]（50-26）。
49-20～50-3	中：[字形]（49-20）；[字形]（50-3）。
50-2～52-22	眾：[字形]（50-2）；[字形]（52-22）。

50-22～52-15	言：言（50-22）；言（52-15）。
50-25～53-11	我：我（50-25）；我（53-11）。
50-26～52-16	聞：申（50-26）；閉（52-16）。
52-15～54-11	言：言（52-15）；言（54-11）。
52-16～53-8	聞：閉（52-16）；聞（53-8）。
52-22～63-13	眾：眾（52-22）；眾（63-13）。
53-3～62-1	非：非（53-3）；非（62-1）。
53-8～53-12	聞：聞（53-8）；申（53-12）。
53-11～53-23	我：我（53-11）；我（53-23）；我（53-23 注）。
55-2～56-3	有：有（55-2）；有（56-3）。
57-7～58-19	有：有（57-7）；有（58-19）。
57-13～57-17	我：我（57-13）；我（57-13 注）；我（57-17）。
57-22～58-13	我：我（57-22）；我（58-13）。
58-19～59-7	有：有（58-19）；有（59-7）。
59-7～66-15	有：有（59-7）；有（66-15）。
62-1～62-26	非：非（62-1）；非（62-26）。
62-7～63-5	經（経）：経（62-7）；経（63-5）。
62-26～78-11	非：非（62-26）；非（78-11）。
63-13～64-13	眾：眾（63-13）；眾（64-13）。
63-18～64-3	經（経）：経（63-18）；経（64-3）。
63-24～66-6	中：中（63-24）；中（66-6）。
64-3～66-9	經（経）：経（64-3）；経（66-9）。
65-17～67-3	前：前（65-17）；前（67-3）。
67-3～70-12	前：前（67-3）；前（70-12）。
67-10～79-3	弟（第）：弟（67-10）；弟（79-3）。
68-14～68-18	言：言（68-14）；言（68-18）。

70-13～79-11	中：中（70-13）；中（79-11）。
70-23～74-6	言：言（70-23）；言（74-6）。
72-2～72-6	食：食（72-2）；食（72-6）；食（72-6 注）。
72-25～73-4	天：天（72-25）；天（73-4）。
73-10～84-19	眾：眾（73-10）；眾（84-19）。
74-22～79-2	下：下（74-22）；下（79-2）。
76-7～76-19	施（祂）：祂（76-7）；施（76-19）。
76-23～86-25	行：行（76-23）；行（86-25）。
77-18～84-21	聞：聞（77-18）；聞（84-21）。
78-2～97-18	受：受（78-2）；受（97-18）。
79-2～81-15	下：下（79-2）；下（81-15）。
79-3～80-1	弟（苐）：苐（79-3）；弟（80-1）。
79-11～80-9	中：中（79-11）；中（80-9）。
80-4～99-21	來：來（80-4）；來（99-21）。
80-9～85-12	中：中（80-9）；中（85-12）。
80-10～87-16	有：有（80-10）；有（87-16）。
81-10～83-14	問：問（81-10）；問（83-14）。
83-23～90-5	問：問（83-23）；問（90-5）。
85-25～86-15	意：意（85-25）；意（86-15）；意（86-15 注）。
87-16～91-16	有：有（87-16）；有（91-16）。
91-16～92-10	有：有（91-16）；有（92-10）。
92-10～92-20	有：有（92-10）；有（92-20）。
93-10～104-20	良：良（93-10）；良（104-20）。
93-19～106-20	并（並）：並（93-19）；并（106-20）。
95-15～98-4	下：下（95-15）；下（98-4）。
95-20～103-6	言：言（95-20）；言（103-6）。
96-5～99-1	有：有（96-5）；有（99-1）。

97-11～98-12	眾：（97-11）；（98-12）。
97-18～115-13	受：（97-18）；（115-13）。
99-1～99-8	有：（99-1）；（99-8）。
99-3～100-9	會：（99-3）；（100-9）。
99-7～102-6	中：（99-7）；（102-6）。
99-21～105-2	來：（99-21）；（105-2）。
100-9～101-6	會：（100-9）；（101-6）。
101-3～101-23	眾：（101-3）；（101-23）。
101-6～102-5	會：（101-6）；（102-5）。
101-16～102-23	得（淂）：（101-16）；（102-23）。
101-19～102-15	明：（101-19）；（102-15）。
101-23～103-19	眾：（101-23）；（103-19）。
101-24～104-15	聞：（101-24）；（104-15）。
102-3～108-19	前：（102-3）；（108-19）。
102-6～110-8	中：（102-6）；（110-8）。
102-8～107-2	有：（102-8）；（107-2）。
104-10～107-16	下：（104-10）；（107-16）。
104-12～107-17	明：（104-12）；（107-17）。
104-20～106-6	良：（104-20）；（106-6）。
105-16～122-9	來：（105-16）；（122-9）；（122-9注）。
105-22～123-3	脩：（105-22）；（123-3）。
106-10～112-5	得（淂）：（106-10）；（112-5）。
107-2～108-21	有：（107-2）；（108-21）。
108-14～110-5	下：（108-14）；（110-5）。
110-3～123-16	釋：（110-3）；（123-16）。
110-5～112-9	下：（110-5）；（112-9）。
110-7～122-17	觀：（110-7）；（122-17）。

112-9～119-18	下：⿱（112-9）；下（119-18）。
112-25～117-20	有：有（112-25）；⿰（117-20）。
113-14～115-20	明（眀）：⿰（113-14）；眀（115-20）。
113-19～114-8	言：⿱（113-19）；言（114-8）。
114-14～115-4	授：授（114-14）；授（115-4）。
115-4～116-11	授：授（115-4）；授（116-11）。
116-1～118-2	非：非（116-1）；非（118-2）。
116-11～121-2	授：授（116-11）；授（121-2）。
117-8～128-14	論：倫（117-8）；說（128-14）。
117-25～120-7	良：良（117-25）；良（120-7）。
118-2～118-14	非：非（118-2）；非（118-14）。
118-4～122-12	有：⿰（118-4）；有（122-12）。
119-18～120-19	下：下（119-18）；⿱（120-19）。
119-25～121-9	明（眀）：眀（119-25）；⿰（121-9）。
120-7～124-21	良：良（120-7）；⿱（124-21）。
120-19～122-24	下：⿱（120-19）；下（122-24）。
121-9～123-6	明：⿰（121-9）；眀（123-6）。
122-15～123-24	舉：舉（122-15）；業（123-24）。
122-17～123-4	觀：觀（122-17）；觀（123-4）。
122-24～125-11	下：下（122-24）；⿱（125-11）。
123-3～127-5	脩：脩（123-3）；脩（127-5）。
123-6～125-12	明：眀（123-6）；⿰（125-12）。
123-17～130-15	勸：勸（123-17）；勸（130-15）。
124-5～125-13	慎（愼）：愼（124-5）；慎（125-13）。
124-9～127-6	中：中（124-9）；中（127-6）。
125-11～127-2	下：⿱（125-11）；下（127-2）。
127-2～130-11	下：下（127-2）；⿱（130-11）。

127-6～129-17	中：中（127-6）；中（129-17）。
128-1～128-3	為：为（128-1）；为（128-3）。
129-17～131-15	中：中（129-17）；中（131-15）。
129-21～148-17	凡：凡（129-21）；凡（148-17）。
130-15～138-4	勸：勸（130-15）；勤（138-4）。
131-15～131-25	中：中（131-15）；中（131-25）。
131-24～139-22	前：前（131-24）；前（139-22）。
131-25～137-5	中：中（131-25）；中（137-5）。
132-4～142-19	事：事（132-4）；事（142-19）。
133-13～136-7	言：言（133-13）；言（136-7）。
136-3～140-24	不：不（136-3）；不（140-24）。
136-7～142-12	言：言（136-7）；言（142-12）。
136-17～138-19	下：下（136-17）；下（138-19）。
137-5～137-14	中：中（137-5）；中（137-14）。
137-14～139-23	中：中（137-14）；中（139-23）。
137-18～138-20	明：明（137-18）；明（138-20）。
138-4～140-5	勸：勤（138-4）；勸（140-5）。
138-14～145-1	譬：譬（138-14）；譬（145-1）。
139-23～141-14	中：中（139-23）；中（141-14）。
140-5～141-20	勸：勸（140-5）；勤（141-20）。
140-12～144-13	有：有（140-12）；有（144-13）。
140-16～141-4	下：下（140-16）；下（141-4）。
140-24～144-15	不：不（140-24）；不（144-15）。
141-6～141-23	明：明（141-6）；明（141-23）。
141-13～149-17	前：前（141-13）；前（149-17）。
141-23～142-6	明：明（141-23）；明（142-6）。
142-6～144-10	明：明（142-6）；明（144-10）。

142-22～156-6	非：⿰（142-22）；⿰（156-6）；⿰（156-6 注）。
147-6～151-12	有：⿰（147-6）；⿰（151-12）。
148-4～152-1	意：⿰（148-4）；⿰（148-4 注）；⿰（152-1）。
150-3～162-11	論：⿰（150-3）；⿰（162-11）。
150-20～152-13	中：⿰（150-20）；⿰（152-13）。
152-8～156-7	實：⿰（152-8）；⿰（156-7）。
152-13～154-24	中：⿰（152-13）；⿰（154-24）。
154-7～159-13	言：⿰（154-7）；⿰（159-13）。
154-17～157-19	別：⿰（154-17）；⿰（157-19）。
156-7～157-11	實：⿰（156-7）；⿰（157-11）。
157-11～175-9	實：⿰（157-11）；⿰（175-9）。
159-6～161-4	有：⿰（159-6）；⿰（161-4）。
160-18～162-12	言：⿰（160-18）；⿰（162-12）。
163-16～164-4	非：⿰（163-16）；⿰（164-4）。
164-4～166-11	非：⿰（164-4）；⿰（166-11）。
165-7～169-26	有：⿰（165-7）；⿰（169-26）。
166-7～171-20	論：⿰（166-7）；⿰（171-20）。
166-8～168-4	言：⿰（166-8）；⿰（168-4）。
166-11～167-8	非：⿰（166-11）；⿰（167-8）。
168-4～169-4	言：⿰（168-4）；⿰（169-4）。
169-26～170-3	有：⿰（169-26）；⿰（170-3）。
171-13～173-22	有：⿰（171-13）；⿰（173-22）。
171-21～182-11	言：⿰（171-21）；⿰（182-11）。
173-22～178-10	有：⿰（173-22）；⿰（178-10）。
176-14～178-21	中：⿰（176-14）；⿰（178-21）。
180-6～180-26	有：⿰（180-6）；⿰（180-26）。
180-26～181-14	有：⿰（180-26）；⿰（181-14）。
181-14～181-25	有：⿰（181-14）；⿰（181-25）。

182-11～184-22	言：（182-11）；（184-22）。
185-8～185-23	然（燃）：（185-8）；（185-23）。
186-10～187-5	中：（186-10）；（187-5）。
189-9～190-15	有：（189-9）；（190-15）。
190-15～191-7	有：（190-15）；（191-7）。
191-7～198-1	有：（191-7）；（198-1）。
194-5～195-4	言：（194-5）；（195-4）。
197-12～201-24	言：（197-12）；（201-24）。
198-22～199-5	有：（198-22）；（199-5）。
203-21～212-26	得（淂）：（203-21）；（212-26）。
203-23～203-25	有：（203-23）；（203-25）。
203-25～204-12	有：（203-25）；（204-12）。
204-17～204-22	有：（204-17）；（204-22）。
204-18～213-17	言：（204-18）；（213-17）。
204-23～222-12	論：（204-23）；（222-12）。
206-27～208-14	別：（206-27）；（208-14）。
208-27～210-4	下：（208-27）；（210-4）。
209-5～210-5	舉：（209-5）；（210-5）。
209-11～216-2	有：（209-11）；（216-2）。
210-18～215-7	下：（210-18）；（215-7）。
211-4～211-10	中：（211-4）；（211-10）。
211-10～220-23	中：（211-10）；（220-23）。
213-17～214-21	言：（213-17）；（214-21）。
214-19～215-2	轉：（214-19）；（215-2）。
214-21～217-7	言：（214-21）；（217-7）。
216-2～217-14	有：（216-2）；（217-14）。

217-14～221-6	有：有（217-14）；〔有〕（221-6）。
220-15～221-25	言：〔言〕（220-15）；〔言〕（221-25）。
222-5～229-12	下：〔下〕（222-5）；下（229-12）。
222-8～229-4	譬：〔譬〕（222-8）；〔譬〕（229-4）。
222-15～226-22	有：〔有〕（222-15）；有（226-22）。
225-2～225-10	事：〔事〕（225-2）；事（225-10）。
225-10～228-5	事：事（225-10）；〔事〕（228-5）。
226-2～238-11	我：我（226-2）；〔我〕（238-11）；我（238-11 注）。
226-4～234-9	得（淂）：淂（226-4）；〔得〕（234-9）。
226-22～231-5	有：有（226-22）；〔有〕（231-5）。
231-5～233-26	有：〔有〕（231-5）；有（233-26）。
231-16～234-20	非：〔非〕（231-16）；〔非〕（234-20）。
232-15～233-4	事：〔事〕（232-15）；事（233-4）。
233-4～248-8	事：事（233-4）；〔事〕（248-8）。
233-26～237-3	有：有（233-26）；〔有〕（237-3）。
239-8～240-16	有：〔有〕（239-8）；有（240-16）。
240-16～253-9	有：有（240-16）；〔有〕（253-9）。
242-24～246-10	言：〔言〕（242-24）；〔言〕（246-10）。
246-10～246-21	言：〔言〕（246-10）；〔言〕（246-21）。
252-23～254-16	言：〔言〕（252-23）；〔言〕（254-16）。
253-9～256-23	有：〔有〕（253-9）；有（256-23）。
253-11～261-1	義：〔義〕（253-11）；義（261-1）。
254-16～260-16	言：〔言〕（254-16）；〔言〕（260-16）。
256-23～257-4	有：有（256-23）；〔有〕（257-4）。
260-16～266-2	言：〔言〕（260-16）；〔言〕（266-2）。
266-2～270-20	言：〔言〕（266-2）；〔言〕（270-20）。

266-25～272-23	中：中（266-25）；中（272-23）。
270-16～272-24	有：有（270-16）；有（272-24）。
270-19～287-10	論：論（270-19）；論（287-10）。
272-5～275-3	非：非（272-5）；非（275-3）。
272-15～273-19	前：前（272-15 文右補書）；前（273-19）。
272-18～273-13	下：下（272-18）；下（273-13）。
272-23～273-20	中：中（272-23）；中（273-20）。
273-13～276-22	下：下（273-13）；下（276-22）。
274-25～275-4	有：有（274-25）；有（275-4）。
276-6～289-20	空：空（276-6）；空（289-20）。
280-5～283-17	有：有（280-5）；有（283-17）。
281-23～285-8	深：深（281-23）；深（285-8）。
283-17～284-16	有：有（283-17）；有（284-16）。
283-25～292-14	問：問（283-25）；問（292-14）。
284-16～284-24	有：有（284-16）；有（284-24）。
284-24～291-1	有：有（284-24）；有（291-1）。
285-8～287-17	深：深（285-8）；深（287-17）。
286-1～294-14	解：解（286-1）；解（294-14）。
289-20～290-3	空：空（289-20）；空（290-3）。
289-24～306-2	論：論（289-24）；論（306-2）。
289-25～298-3	言：言（289-25）；言（298-3）。
291-1～293-9	有：有（291-1）；有（293-9）。
293-9～293-11	有：有（293-9）；有（293-11）。
298-3～300-10	言：言（298-3）；言（300-10）。
298-13～317-21	寂（寂；宋）：寂（298-13）；寂（317-21）。
300-10～306-3	言：言（300-10）；言（306-3）。

305-2〜305-24	有：〔字形〕（305-2）；〔字形〕（305-24）。
305-24〜306-18	有：〔字形〕（305-24）；〔字形〕（306-18）。
306-3〜308-7	言：〔字形〕（306-3）；〔字形〕（308-7）。
308-4〜309-17	有：〔字形〕（308-4）；〔字形〕（309-17）。
308-6〜309-11	論：〔字形〕（308-6）；〔字形〕（309-11）。
308-7〜310-15	言：〔字形〕（308-7）；〔字形〕（310-15）。
309-17〜309-21	有：〔字形〕（309-17）；〔字形〕（309-21）。
311-10〜316-4	受：〔字形〕（311-10）；〔字形〕（316-4）。
313-6〜313-16	有：〔字形〕（313-6）；〔字形〕（313-16）。
313-16〜313-23	有：〔字形〕（313-16）；〔字形〕（313-23）。
314-4〜314-10	无（無）：〔字形〕（314-4）；〔字形〕（314-10）；〔字形〕（314-10 注）。
314-10〜314-18	无（無）：〔字形〕（314-10）；〔字形〕（314-10 注）；〔字形〕（314-18）。
319-9〜319-19	有：〔字形〕（319-9）；〔字形〕（319-19）。
323-10〜329-8	有：〔字形〕（323-10）；〔字形〕（329-8）。
329-8〜330-16	有：〔字形〕（329-8）；〔字形〕（330-16）。
331-1〜336-19	言：〔字形〕（331-1）；〔字形〕（336-19）。
332-21〜341-5	轉：〔字形〕（332-21）；〔字形〕（332-21 注）；〔字形〕（341-5）。
335-13〜336-18	有：〔字形〕（335-13）；〔字形〕（336-18）。
336-18〜345-24	有：〔字形〕（336-18）；〔字形〕（345-24）。
339-11〜341-7	復（復）：〔字形〕（339-11）；〔字形〕（341-7）。
340-16〜341-6	明：〔字形〕（340-16）；〔字形〕（341-6）。
341-6〜344-17	明：〔字形〕（341-6）；〔字形〕（344-17）。
341-7〜352-19	復（復）：〔字形〕（341-7）；〔字形〕（352-19）。
343-22〜346-6	言：〔字形〕（343-22）；〔字形〕（346-6）。
346-6〜347-22	言：〔字形〕（346-6）；〔字形〕（347-22）。
347-18〜349-3	有：〔字形〕（347-18）；〔字形〕（349-3）。

347-22～349-6	言：（347-22）；（349-6）。
349-3～355-8	有：（349-3）；有（355-8）。
349-6～350-22	言：（349-6）；（350-22）。
350-10～352-8	脩：（350-10）；（352-8）。
350-17～354-17	譬：（350-17）；（354-17）。
352-8～368-15	脩：（352-8）；（368-15）。
355-14～355-16	有：有（355-14）；（355-16）。
355-18～355-21	有：（355-18）；有（355-21）。
355-25～357-5	有：有（355-25）；（357-5）。
357-5～363-22	有：（357-5）；有（363-22）。
358-21～370-5	實（竄）：竄（358-21）；竄（370-5）。
361-5～363-16	言：（361-5）；（363-16）。
363-16～365-1	言：（363-16）；（365-1）。
363-22～369-5	有：有（363-22）；有（369-5）。
368-16～369-2	行：（368-16）；行（369-2）。
369-5～371-6	有：有（369-5）；有（371-6）。
370-11～377-5	行：行（370-11）；（377-5）。
371-6～377-12	有：有（371-6）；（377-12）。
371-11～373-5	言：（371-11）；（373-5）。
373-5～377-15	言：（373-5）；（377-15）。
377-4～380-5	脩：（377-4）；脩（380-5）。
377-12～386-4	有：（377-12）；有（386-4）。
378-1～378-11	新（薪）：薪（378-1）；薪（378-1注）；薪（378-11）。
380-5～383-15	脩：脩（380-5）；（383-15）。
382-18～383-24	來：來（382-18）；來（383-24）。
383-24～390-16	來：來（383-24）；來（390-16）。

385-15～386-16	下：☐（385-15）；☐（386-16）。
386-4～387-15	有：有（386-4）；☐（387-15）。
386-11～388-14	喜：喜（386-11）；☐（388-14）。
386-16～387-6	下：☐（386-16）；☐（387-6）。
387-15～399-22	有：☐（387-15）；有（399-22）。
388-14～396-21	喜：☐（388-14）；喜（396-21）。
389-26～390-20	友：友（389-26）；友（390-20）。
390-20～391-24	友：友（390-20）；友（391-24）。
391-9～391-13	今：今（391-9）；今（391-13）。
391-13～395-24	今：今（391-13）；今（395-24）。
391-17～391-21	并（並）：并（391-17）；並（391-21）。
391-21～401-23	并（並）：並（391-21）；并（401-23）。
391-24～402-2	友：友（391-24）；友（402-2）。
394-3～397-8	脩：脩（394-3）；脩（397-8）。
397-8～397-21	脩：脩（397-8）；脩（397-21）。
397-22～413-10	行：行（397-22）；行（413-10）。
399-9～402-14	下：☐（399-9）；☐（402-14）。
399-22～400-23	有：有（399-22）；有（400-23）。
400-23～401-7	有：有（400-23）；☐（401-7）。
403-5～408-3	有：☐（403-5）；有（408-3）。
403-25～411-1	下：☐（403-25）；☐（411-1）。
406-4～411-5	問：問（406-4）；☐（411-5）。
407-5～407-18	聞：☐（407-5）；聞（407-18）。
407-14～410-8	眾：眾（407-14）；眾（410-8）。
407-17～417-13	并（並）：并（407-17）；並（417-13）。
408-21～410-3	來：來（408-21）；来（410-3）。
409-8～416-8	友：友（409-8）；友（416-8）。

410-3～411-25	來：来（410-3）；本（411-25）。
411-5～411-12	問：冏（411-5）；問（411-12）。
411-12～411-23	問：問（411-12）；冏（411-23）。
411-23～412-18	問：冏（411-23）；問（412-18）。
412-12～421-4	眾：眾（412-12）；𠑆（421-4）。
412-18～414-11	問：問（412-18）；冏（414-11）。
413-10～422-1	行：行（413-10）；𠆢（422-1）。
414-11～415-14	問：冏（414-11）；問（415-14）。
415-14～417-6	問：問（415-14）；冏（417-6）。
415-17～416-5	深：𣲦（415-17）；深（416-5）。
416-5～420-20	深：深（416-5）；𣲦（420-20）。
417-20～418-16	中：中（417-20）；中（418-16）。
417-21～419-8	有：有（417-21）；𣤶（419-8）。
418-16～419-20	中：中（418-16）；中（419-20）。
419-3～438-20	脩：脩（419-3）；脩（438-20）。
419-20～420-11	中：中（419-20）；中（420-11）。
419-21～421-12	有：𣤶（419-21）；有（421-12）。
420-11～425-3	中：中（420-11）；中（425-3）。
421-12～425-4	有：有（421-12）；𣤶（425-4）。
425-4～427-24	有：𣤶（425-4）；有（427-24）。
426-19～439-11	惱：惚（426-19）；惚（439-11）。
427-24～430-13	有：有（427-24）；𣤶（430-13）。
433-1～436-3	眾：𠑆（433-1）；眾（436-3）。
436-3～441-15	眾：眾（436-3）；𠑆（441-15）。
436-24～439-19	言：言（436-24）；言（439-19）。
438-20～443-24	脩：脩（438-20）；脩（443-24）。

443-24～448-8	脩：備（443-24）；腌（448-8）。
444-12～446-23	言：言（444-12）；言（446-23）。
448-8～452-3	脩：腌（448-8）；備（452-3）。
449-15～453-15	有：有（449-15）；有（453-15）。
451-21～455-15	非：非（451-21）；非（455-15）。
454-9～458-10	有：有（454-9）；有（458-10）。
454-22～455-18	受：受（454-22）；受（455-18）。
457-21～470-11	五：五（457-21）；五（470-11）；五（470-11注）。
462-7～479-20	寂（寐；家）：寐（462-7）；家（479-20）。
462-19～463-22	有：有（462-19）；有（463-22）。
463-22～465-16	有：有（463-22）；有（465-16）。
465-13～470-15	義：義（465-13）；義（470-15）。
466-15～472-4	有：有（466-15）；有（472-4）。
472-4～474-14	有：有（472-4）；有（474-14）。
473-12～483-14	言：言（473-12）；言（483-14）。
477-15～478-12	而：而（477-15）；而（478-12）。
478-12～479-5	而：而（478-12）；而（479-5）。
479-20～482-19	寂（寐；家）：家（479-20）；寐（482-19）。
480-12～483-7	非：非（480-12）；非（483-7）。
483-14～483-23	言：言（483-14）；言（483-23）。
483-23～486-16	言：言（483-23）；言（486-16）。
484-19～484-23	非：非（484-19）；非（484-23）。
484-20～488-18	有：有（484-20）；有（488-18）。
484-23～485-6	非：非（484-23）；非（485-6）。
485-6～486-11	非：非（485-6）；非（486-11）。
486-11～491-11	非：非（486-11）；非（491-11）。

486-16～494-6	言：言（486-16）；言（494-6）。
488-18～489-13	有：有（488-18）；言（489-13）。
489-13～490-7	有：言（489-13）；有（490-7）。
489-20～493-19	義：義（489-20）；義（493-19）。
491-22～492-5	非：非（491-22）；非（492-5）。
492-16～492-22	不：不（492-16）；不（492-22）。
492-20～494-3	有：有（492-20）；言（494-3）。
492-22～503-23	不：不（492-22）；不（503-23）。
494-3～494-18	有：言（494-3）；有（494-18）。
495-7～514-14	脩：脩（495-7）；脩（514-14）。
509-8～514-24	非：非（509-8）；非（514-24）。
510-19～513-7	有：有（510-19）；言（513-7）。
513-21～521-6	有：言（513-21）；有（521-6）。
519-16～519-23	言：言（519-16）；言（519-23）。
520-5～520-23	言：言（520-5）；言（520-23）。
520-23～522-3	言：言（520-23）；言（522-3）。
521-6～535-3	有：有（521-6）；言（535-3）。
522-3～523-11	言：言（522-3）；言（523-11）。
526-6～536-24	聞：聞（526-6）；聞（536-24）。
526-20～527-18	脩：脩（526-20）；脩（527-18）。
529-9～531-21	言：言（529-9）；言（531-21）。
531-21～533-16	言：言（531-21）；言（533-16）。
532-6～540-6	於（于）：於（532-6）；于（540-6）。
534-21～538-9	我：我（534-21）；我（534-21注）；我（538-9）。
536-24～543-21	聞：聞（536-24）；聞（543-21）。
538-9～539-2	我：我（538-9）；我（539-2）；我（539-2注）。

538-13～557-5	并（並）：〔538-13〕；并（557-5）。
540-2～556-1	流：流（540-2）；流（556-1）。
540-6～541-9	於（于）：于（540-6）；扵（541-9）。
541-23～542-4	受：受（541-23）；受（542-4）。
542-4～548-16	受：受（542-4）；受（548-16）。
542-14～546-18	有：有（542-14）；有（546-18）。
543-4～560-13	盡：盡（543-4）；盡（560-13）。
544-16～551-11	脩：脩（544-16）；脩（544-16 注）；脩（551-11）。
546-24～547-12	聞：聞（546-24）；聞（547-12）。
547-5～554-14	下：下（547-5）；下（554-14）。
547-12～548-3	聞：聞（547-12）；聞（548-3）。
548-9～552-16	言：言（548-9）；言（552-16）。
548-16～549-18	受：受（548-16）；受（549-18）。
549-13～552-1	有：有（549-13）；有（552-1）。
549-18～565-21	受：受（549-18）；受（565-21）。
551-8～558-2	深：深（551-8）；深（558-2）。
551-11～561-5	脩：脩（551-11）；脩（561-5）。
552-1～556-16	有：有（552-1）；有（556-16）。
552-15～557-2	經（经）：經（552-15）；經（557-2）。
552-16～565-5	言：言（552-16）；言（565-5）。
554-14～555-22	下：下（554-14）；下（555-22）。
556-23～557-6	問：問（556-23）；問（557-6）。
557-2～560-9	經（经）：經（557-2）；經（560-9）。
558-2～560-16	深：深（558-2）；深（560-16）。
558-16～562-3	中：中（558-16）；中（562-3）。
560-9～561-21	經（经）：經（560-9）；經（561-21）。

561-5～562-20	脩：晻（561-5）；循（562-20）。
561-21～562-17	經（經）：経（561-21）；䋖（562-17）。
562-20～564-2	脩：循（562-20）；脩（564-2）。
563-19～563-22	有：有（563-19）；�（563-22）。
565-21～567-12	受：受（565-21）；受（567-12）。
568-5～571-3	經（經）：経（568-5）；経（571-3）。  

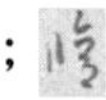

上表可見，寫卷幾乎平均每一兩行就會更換寫手，多至一行之內、數字之間。

從異體字、通假字、單字及行間同字異寫等可見，P.2325 號《法句經疏》為多人主書、多人旁書、集體完成。即使非常保守地估算，其書寫者更換頻率之高，也應有數百人次之多。

與此同時，有的書寫者的筆跡在寫卷中數次出現，而有的書寫者的筆跡僅出現一兩次或極有限次數〔註2〕。例如寫卷第 25 行之「𡘜」（就，古同「就」），其餘所現均作「就」（如第 79 行之「就」）；第 29 行之「愍」（愍，古同「愍」），其餘均作「愍」；第 43 行之「尒」（尒，古同「尔」），其餘均作「尔」（古同「尔」）；第 53 行之「聞」（聞），其餘均作草書之「聞」（第 48 行）或「聞」（第 49 行）；第 76 行之「袘」（袘，此處通「施」），其餘均作「施」；第 79 行之「茍」（苐，古同「第」），其餘均作「弟」（此處同「第」）；第 81 行之「高」（高，古同「高」），其餘均作「高」；第 84 行之「弘」（弘）及第 425 行之「弘」（弘，古同「弘」）；第 110 行之「釋」（釋），其餘均作草書之「釋」（如第 42 行之「釋」）；第 117 行之「勾」（勾，此處同「句」），其餘均作「句」；第 122 行之異體字「観」（觀），其餘均作「觀」；第 125 行之「重」（重），其餘均作草書之「重」（如第 27 行之「重」）；第 156 行之「宩」（實）、第 157 行之「實」（實）及第 370 行之「寔」（寔，古同「實」），其餘均作草書之「實」（如第 62 行之「實」）；第 179 行之「闇」（闇，古同「暗」），其餘均作「暗」；第 206 行之「勢」

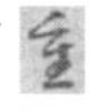

〔註 2〕因第 1 紙（第 1 至 24 行）為後補之隸書，此處僅討論寫卷主體部分（第 25 至 571 行）的書寫特徵。

－225－

（羍，古同「契」），其餘均作「羍」（古同「契」）；第 238 行之「▨」（當），其餘均作草書之「當」（如第 41 行之「▨」）；第 289 行之「▨」（空），其餘均作草書之「空」（如第 29 行之「▨」）；第 314 行之「▨」（無），其餘均作「无」；第 341 行之「▨」（洩，此處同「復」），其餘均作「復」；第 306 行之「▨」（搹，古同「憑」）及第 381 行之「▨」（馮，古同「憑」）；第 376 行之「▨」（標），其餘均作「橴」（此處同「標」）；第 391 行之「▨」（今），其餘均作草書之「今」（如第 25 行之「▨」）；第 422 行之「▨」（嗔），其餘均作草書之「嗔」（如第 126 行之「▨」）；第 478 行之「▨」（而），其餘均作草書之「而」（如第 29 行之「▨」）；第 540 行之「▨」（于），其餘均作「於」；第 543 行之「▨」（盡），其餘均作草書之「尽」（如第 37 行之「▨」）；第 546 行之「▨」（褺），其餘均作「熟」，等，這些字的寫法均為在寫卷中僅現一次。又如第 69 及 72 行之「天」（第 69 行作「天」），其餘均作草書之「天」（如第 26 行之「▨」）；第 100 及 102 行之「會」，其餘均作草書字「会」；第 104 及 188 行之「憘」（第 104 行作「憘」，古同「喜」），其餘均作「喜」（如第 127 行之「喜」）；第 104 及 120 行之「良」（第 104 行作「良」），其餘均作草書之「良」（如第 35 行之「▨」）；第 109 及 129 行之「凡」（第 109 行作「凡」），其餘均作「凢」（如第 148 行之「▨」）；第 114 及 116 行之異體字「授」（第 114 行作「授」），其餘均作「授」（如第 82 行之「授」）；第 115 及 119 行之「明」（第 115 行作「明」），其餘均作行書之「明」（如第 27 行之「明」）或草書之「明」（如第 27 行之「▨」）；第 139 及 324 行之「借」，其餘均作「藉」；第 279 及 497 行之「足」（如第 279 行之「▨」），其餘均作「昰」（古同「足」）；第 298 及 479 行之「家」（古同「寂」），其餘均作「寂」（古同「寂」）；第 394 及 395 行之「諕」（第 394 行作「諕」，古同「號」），其餘均作「号」；第 426 及 503 行之「惚」（第 426 行作「惚」，此處同「惱」），其餘均作「惚」（此處同「惱」），等，這些字的寫法則均為在寫卷中僅現兩次。這證明其中的一些書寫者僅參與了一兩行甚至若干字的書寫。可見，這些書寫者的關注點並不是在於能否盡快完成這份寫卷，而是在於能否切實地參與書寫的過程。也就是說，幾乎疏文中的每一個字都成為了人們爭奪的「稀

缺資源」。

那麼，為什麼人們會競相書寫這部《法句經疏》呢？

二、寫經之功德——「如佛，若次佛」

數百人次競相書寫這部萬餘字經疏的唯一可能，即是將書寫這部經疏視作無上功德。

（一）關於「競相書寫」

念誦佛經被佛教徒們認為功德無量。就像印度人相信念誦史詩《摩訶婆羅多》「是一件功德；即使是誠心相信學習一句，也洗淨了一切罪過，毫無剩餘。」「純潔的人若每一月變日誦讀這一章（第一章），我認為他就學習了全部《婆羅多》。若有人心懷誠信經常誦讀這仙書，他將獲得長壽、名聲並升天。四部吠陀在一方，《婆羅多》在另一方，從前天神和仙人曾經聚集一起放上天平衡量；在偉大和重要上這比那都勝過；由於更大和更重，它被稱為《摩訶（大）婆羅多》。」〔註3〕佛陀涅槃之後，伴隨著佛教的幾次結集，寫經功德被放置在與誦經同樣甚至更為重要的位置。

佛教三藏中有大量關於寫經功德的敘述。很多佛典在傳承的過程中也都包含了宣揚寫經功德的內容。例如：

> 《大集經》云：「菩薩有四種施具足智慧。」何等為四？一，以
> 紙筆墨與法師令書寫經；二，種種校飾莊嚴妙座以施法師；三，以
> 諸所須供養之具奉上法師；四，無諂曲心贊嘆法師。〔註4〕

「紙筆施」即與寫經功德相連。

又如《增一阿含經》稱：

> 佛經微妙極甚深，能除結使如流河；
> 然此《增一》最在上，能淨三眼除三垢。
> 其有專心持《增一》，便為總持如來藏；
> 正使今身不盡結，後生便得高才智。
> 若有書寫經卷者，繒彩花蓋持供養，

〔註3〕金克木、趙國華、席必莊譯，《摩訶婆羅多（一）》，中國社會科學出版社，2005
年12月第一版，北京，第14～15頁。
〔註4〕《法苑珠林》（T2122）卷八一，《大正藏》第53卷，第886頁第1欄第25至
28行。

此福無量不可計，以此法寶難遇故。〔註5〕

《正法華經》稱：

> 若讀誦寫經，歡喜如信樂，
>
> 其得福無量，超餘福之上。〔註6〕

更有甚者，《大智度論》稱：

> 有人書寫經卷與人，復有人於大眾中廣解其義，其福勝前；視
>
> 是人如佛，若次佛。〔註7〕

書寫經卷者，捐贈經卷者，宣講經卷者，幾乎與佛陀本人相等。這已是對寫經講經之人的最高評價。

同樣，敦煌《法句經》和《法句經疏》也論及傳經功德。敦煌《法句經》稱：

> 若聞此經名，及解一句義，
>
> 必生諸佛國，何況讀誦者？
>
> 若有此經處，我恆在其中，
>
> 為護如是人，令得無上道。〔註8〕

對此，P.2325 號《法句經疏》第 543 至 544 行釋稱：「明纔聞經名，聊解一句，便生淨土。何況久蘊心口，如說修行也！」聽聞經名，聊解一句，即可往生佛國，何況讀誦者？何況持經者？更何況寫錄與宣說者？

誦經，為的是誦讀者本人之福德。寫經，則是為了包括自己在內的更多信眾之福祉，無論從個人信仰的角度還是佛教的傳播與發展的角度，都要更勝一籌。這便是「競相書寫」之因。

（二）關於「這部經疏」

又為什麼是這部《法句經疏》呢？這部經疏正是上述「競相書寫」功德之延伸。

〔註5〕《增一阿含經》（T0125）卷一，《大正藏》第 2 卷，第 550 頁第 3 欄第 1 至 6 行。

〔註6〕《正法華經》（T0263）卷八，《大正藏》第 9 卷，第 117 頁第 2 欄第 25 至 26 行。

〔註7〕《大智度論》（T1509）卷五九，《大正藏》第 25 卷，第 481 頁第 1 欄第 26 至 28 行。

〔註8〕《法句經》（T2901）普光問如來慈偈答品第十一，《大正藏》第 85 卷，第 1435 頁第 2 欄第 3 至 5 行。

　　敦煌《法句經》見於《大唐內典錄·歷代所出疑偽經錄》及《開元釋教錄·偽妄亂真錄》，實為一部中土之人借托佛言編撰之偽經。〔註9〕P.2325號《法句經疏》則是現存唯一的對於敦煌《法句經》的完整注疏，亦即偽經之疏，事實上與真經之佛言早已大相徑庭。然而精深的真經、律、論，或許只是為高僧大德修習之用。普通信眾並沒有足夠的判斷力與覺悟。他們或許只是單純地相信，只要是一部與佛教相關的文獻，只要能夠參與書寫，就已經得以分享佛陀的莊嚴，就已足夠。

　　如敦煌《法句經》所稱：

　　　　爾時文殊師利菩薩前白佛言：「世尊！此等當來在何等人手？以何恩緣得聞此經？」佛言：「善男子！此經甚深，難可得聞。譬如金剛，一切凡夫不能覩見，唯除帝釋。此經亦爾。聲聞緣覺所不能見，唯除菩薩。譬如師子，一切禽獸無敢向者，唯除龍王。此經亦爾。聲聞緣覺斷絕悕望，唯除菩薩。假使有人純以真金滿四天下以用佈施，不如聞此經名得福萬倍。假使有人純以七寶作詣床榻，以頗梨衣供養眾生滿閻浮提界於一劫，不如聞此經名得福萬倍。若有善男子善女人得聞此經者，當知是人親侍無數諸佛，殖眾德本，乃能得聞。善男子！此經當來至於八地菩薩之手。」〔註10〕

及P.2325號《法句經疏》第560至565行釋稱：

　　　　良由此經，文勢起盡，唯明深法，法性功德，究竟无盡。聞之脩習，福亦无窮也。下，第二，答聞法因緣，持經功德。於中，初，明親侍多佛，文值善根，方得聞經。随分脩習，而未能證，會佛即答聞因緣。二，明七地已還，猶爲空有，相間有功用。脩八地已上，證會无生，不假功用，雙行无間，方爲究竟持經之人。故言「至八地菩薩之手」。

　　修行至八地之菩薩方能持經、聞經、隨分修習。普通信眾無緣得聞。或許他們也只有通過寫錄《法句經疏》來最大限度地接近佛典，也接近自己心中的信仰。由是他們將滿腔信仰的熱情傾注於這部偽經之疏一字一句的書

〔註 9〕敦煌《法句經》之概況，參見張遠《敦煌遺書〈法句經〉略考》，《世界宗教文化》2020 年第 5 期。

〔註10〕《法句經》（T2901）傳持品第十三，《大正藏》第 85 卷，第 1435 頁第 2 欄第 15 至 27 行。

寫之中。

三、信仰之凝聚——供養寫卷百衲衣

　　若是一人寫經，經卷的力量更多來自經文本身。而眾人寫經，則是將信眾信仰的力量悉數匯聚在經卷之上，彷彿投入功德箱的一點一滴的佈施，彷彿信眾集體供養僧團的百衲衣。P.2325 號《法句經疏》這份寫卷也確是由 22 紙拼接而成，且第 1 紙後補，遑論數百人次之接力書寫，確實可以稱之為「百衲寫卷」。

　　數百人次的書寫事實上使得書寫者與經卷之間產生了某種微妙的互動。其一，並非只有信眾在寫經過程中獲得了功德與滿足，經卷本身也因凝聚了信眾的信仰力而如同受到加持，並有足夠的力量將寫經功德分佈給寫經者。其二，寫經的目的並非僅只為收藏與保存。書寫即是一種表達信仰的宗教實踐，而寫卷本身則是一次次講習過程中的「活」的文本。寺廟的活動兼具儀式性與重復性。這部寫卷很可能正是某座寺廟在特定時期的每日必修課程。一部無人寫錄和實踐的經典，將會是一部多麼孤獨的經典，就像菩薩也需要人們的信仰和膜拜才不會寂寞。而這些虔誠的書錄者們盡了自己最大的努力，在書寫接力中，在一次次的講習、校勘和注釋中，完成了這部萬餘字經疏的記錄，從而留給了我們這部《法句經疏》唯一傳世卻並不寂寞的完整記錄。

　　從異體字、通假字、單字及行間同字異寫等可見，P.2325 號《法句經疏》為多人主書、多人旁書、集體完成，其書寫者之更換頻率高達數百人次。其中的一些書寫者僅參與了一兩行甚至若干字的書寫。這些書寫者所關注的並非盡快完成這份寫卷，而是切實參與書寫過程。這部萬餘字的經疏，卻經由數百人次競相書寫，既因一字一句，皆為功德，將寫經視作無上福德，亦是將信仰寄託於佛教文獻之上。即使一部偽經之疏，亦不妨礙普通信眾宗教情感的表達。眾人接力寫經，使書寫者與經卷之間產生了深層互動，促進了佛教文獻的生成與流傳。在信眾通過寫經獲得功德與滿足的同時，寫卷也因凝聚了信眾的信仰力而更加神聖。這不僅是信眾佈施方式的創舉——從佈施財物到佈施經文字句，也是佛教傳播與發展模式的創新——從誦經到寫經再到眾人寫經。書寫即是一種宗教實踐，而寫卷本身亦是「活」的文獻，與僧團或信眾的信仰活動緊密相連。由此也可見出 P.2325 號《法句經疏》是一部流傳過程中的文獻，注重講習傳承，具有宗教的實用性與實踐價值。

第十二章 《法句經疏》之學術價值

　　疑偽經在佛教中國化的進程中應運而生，是外來宗教匯入、中國佛教發展和中印文化交流的寶貴遺產，其實質是中印文化的深層互動。〔註1〕一直以來，佛教和佛經研究重視和突出所謂「原典」，輕視非原典；重視印度，輕視印度以外的地區；重視被視為原典的巴利文、梵文經典，輕視翻譯的經典，特別是漢譯經典。〔註2〕當疑偽經現象從宗教領域走入學術視野，原本被視為「今宜秘寢，以救世患」的疑偽經，因其能反映當時當地社會及思想的真實形態而成為研究者眼中重要的佛教研究資料。〔註3〕這也是敦煌《法句經》在佛教研究和疑偽經研究的背景之下，對於考察佛教傳入中國和被國人接納的過程中反映出的社會、歷史、文化問題所具有的重要價值。作為現存唯一的對於敦煌《法句經》的完整注疏，P.2325 號《法句經疏》在研究敦煌《法句經》等敦煌文獻的生成與流傳，唐代佛教的發展狀況，敦煌文獻的書寫儀式，大乘空觀和般若思想的演變，攝論宗等中國部派佛教的沿革，禪宗思想的形成與發展，佛教與中國文人的關聯，乃至敦煌寫卷特別是敦煌草書寫卷的書寫特色等方面，都具有不可替代的學術價值。

〔註1〕方廣錩《從「文化匯流」談中國佛教史上的疑偽經現象》，載：方廣錩主編，《佛教文獻研究（第一輯）》，廣西師範大學出版社，2016年6月，桂林，第24，47頁。

〔註2〕王邦維《疑偽經研究：從真問題到假問題再到真問題》，載：方廣錩主編，《佛教文獻研究（第一輯）》，第176頁。

〔註3〕方廣錩《從「文化匯流」談中國佛教史上的疑偽經現象》，載：方廣錩主編，《佛教文獻研究（第一輯）》，第40頁。

第一，P.2325 號《法句經疏》是研究敦煌《法句經》的重要史料，有助於考察佛教典籍的接受、漢化與流傳，亦可與另外四件注疏殘卷互參。

敦煌《法句經》雖有別於藏內《法句經》，然而從現存二十餘件副本和五件疏文，足以見出當時人們對它的喜愛和重視，其傳播之廣和影響之深在特定時期甚至可能超過了藏內《法句經》。正如陳寅恪先生在《金明館叢稿二編》之《敦煌本心王投陀經及法句經跋尾》中所述，「倫敦博物館藏敦煌寫本……斯坦因第貳仟貳壹號（S.2021）《佛說法句經》一卷。又，巴黎國民圖書館藏敦煌寫本伯希和第貳叁貳伍號（P.2325）《法句經疏》一卷，今俱刊入大正續藏疑似部中。……經文雖偽撰，而李唐初葉即已流行民間矣。」〔註4〕作為現存唯一的對於敦煌《法句經》的完整注疏，P.2325 號《法句經疏》是研究敦煌《法句經》及其流傳的不可多得的重要史料，對於考察唐代佛教發展狀況、中土對於佛經的接受歷史以及「偽經」或編譯經在佛教典籍的漢化與流傳過程中的地位和作用等方面意義匪淺。

第二，P.2325 號《法句經疏》是研究敦煌文獻的生成與流傳的重要史料，在考察寫本時代古典文獻的書寫儀式、誦讀實踐、文化傳承等方面都具有重要價值。

P.2325 號《法句經疏》這部「口傳筆錄」之「百衲寫卷」，不僅是民間口傳與民間書傳相結合的產物，而且為多人主書、多人旁書、數百人次集體完成。其獨特的生成與流傳方式，不僅顛覆了我們對存於書面的古典文獻生成與傳播方式的認知，也為我們處理寫本時代的各類史料以及讀解其文本之外所承載的豐富的歷史文化訊息提供了寶貴參考。

第三，藏內《法句經》為小乘經典，而敦煌《法句經》則屬大乘。P.2325 號《法句經疏》不僅宣揚大乘精神，還受到般若思想的影響。

敦煌《法句經》第二、三、四品，均為闡釋大乘空觀思想，說諸法性空。第九品則稱「煩惱即菩提」。這些大乘思想已然深入漢地。疏文第 14 至 21 行將敦煌《法句經》歸入「大乘滿字教門」，稱：「雖復八万異徒十二事，則經論所明辯其二種。其二是何？一者，大乘滿字教門。二謂半字教門。大乘滿字教門者，辯其性法二空，无作因果，義足言周，理事備舉，說應大機，進成大行，運物中極，故名『大乘』。言周義足，稱為滿字。小乘半字教門

〔註 4〕陳寅恪著，《金明館叢稿二編》，生活·讀書·新知三聯書店，2001 年 7 月，北京，第 201 頁。

者，遍明生空，有作四諦，談因果未窮，理事未備，說應小機，進成小行，運物未極，故曰『小乘』。言局義隱，名為半字。今此《經》者，文雖簡略，義包群典，眾經之總要，至極之深法，即是大乘滿字教門。」這種「大判唯二」的說法，見於《金剛般若義記》：「大判唯二。一曰大乘滿字法門。二曰小乘半字法門。大乘滿字法者，如來始從得道，終至涅曰。大行之徒，諸菩薩等，說《華嚴》、《十地》、《大雲》、《法鼓》、《摩訶般若》、《大集》、《涅槃》，如是無量諸修多羅海。是等諸經，皆辨生法二空，無作四諦，說應大機，進成大行，運物中極，故曰『大乘滿字』。言周義足，稱曰『滿字』。小乘半字教者，如來始欲鹿苑，終至娑婆羅。為聲聞緣覺，小行之徒，說戒律毘曇，阿含雜藏，如是無量小乘契經。是等諸經，但明生空，及有作四諦，說應小機，進成小行，運物未極，稱曰『小乘』。言局義隱，名為『半字』。」〔註5〕或可見出唐朝時期般若思想的發展。

第四，P.2325 號《法句經疏》具有大乘攝論學派的諸多特色，為研究中國部派佛教的發展提供了重要材料與佐證。

例如疏文第 253 至 255 行，在論及敦煌《法句經》第四品「空谷響、芭蕉堅、水中月、空中花、石女兒、電久住、水龜毛、走兔腳」八喻証「究竟无實」時稱：「喻雖有八，義判為兩。初之四喻，約依他性，顯現似塵。後之四喻，就分別性，究竟是无。故《攝論》言『幻等顯依他，說无顯分別』」〔註6〕也。」其中援引了攝論宗的經典《攝大乘論》卷二的內容。

又如疏文第 333 至 340 行稱：「諸佛菩薩證之究竟，了知眾生与己同體，愍而不已，發大慈悲，遂語眾生：『汝之身心，本來无生，究竟寂滅，与我无別。何故自生迷或，沉溺三有？』然，以眾生謂有，念動生滅，我所差別，目屬无明心之解了功力，猶是本覺。用諸佛菩薩所有言教，從最清淨法界慈悲心流，亦是本覺。用此二體同，而復用融。以體同用融故，聞便信受。随分思量，久思不已，遂悟自心，緣境故生。生由於境，則起不屬心，未曾是生。境不自生，復從心起，雖非是生，亦不是滅。既无生、无滅，本來空寂，豈非涅槃？」小乘立「眼、耳、鼻、舌、身、意」六識；大乘唯識等宗立八識，為上述六識加上「末那識」和「阿賴耶識」；而攝論宗復舉第九識「阿摩羅識」

〔註5〕《金剛般若義記》（T2740），《大正藏》第 85 卷，第 137 頁第 3 欄第 22 行至第 138 頁第 1 欄第 4 行。

〔註6〕《攝大乘論》（T1593），《大正藏》第 31 卷，第 120 頁第 3 欄第 10 行。

（amalavijñāna），意譯作「無垢識」，也就是疏文中所稱之「本覺」。

在疏文釋「空」的部分，第 155 至 159 行，討論了「毗曇人」、「成實人」及「大乘學者」的三種觀點：「申理正破，但執見不同。泛說有三。初一是毗曇人計，謂淨色爲眼，非實，天眼所見，是不障礙有對色。識住眼中，以瞻諸塵，名自分眼見色。第二，成實人計。識在眼門，分別青黃，即以識爲見。第三，大乘學者，隨文取義立，根塵和合，方能見色。良由未達深旨，各隨已執，計法有性，並云能見也。」「毗曇」是「阿毗曇」之略稱，梵語爲 abhidharma，又譯「阿毗達磨」，意爲「對法」，原是佛教三藏中論藏的總稱。此處指以《阿毗達磨俱舍論》、《阿毗達磨大毗婆沙論》等論藏爲宗旨的毗曇宗。由此可見，疏者否定毗曇宗人「分眼見色」和成實宗人「以識爲見」的觀點，肯定大乘學者之「根塵和合，方能見色」。

第五，敦煌《法句經》受到禪家重視，見於諸多禪宗語錄，對中國禪宗影響深遠。P.2192 號《法句經疏》（擬）（殘卷）來自禪宗北宗〔註7〕，P.2325 號《法句經疏》亦具有禪宗色彩，爲研究中國禪宗的形成與發展提供了新的視角。

敦煌《法句經》自唐代以來不僅被淨土、華嚴等諸多宗派的佛教理論家援引，而且尤其受到禪家重視，見於眾多禪宗語錄，如《歷代法寶記》、《禪源諸詮集都序》、《宗鏡錄》、《五燈會元》、《聯燈會要》、《頓悟入道要門論》、《圓覺經大疏》、《達磨禪師論》、《禪林僧寶傳》、《指月錄》等，產生過較大影響。〔註8〕

P.2325 號《法句經疏》開篇（第 2 至 5 行）稱：「夫至理无言，稱謂斯斷，玄宗幽寂，心行莫緣。稱謂斯斷故，則有言傷其旨。心行莫緣故，則作意失其真。所以掩室摩竭，用啓息言之際，杜口毗耶，以通得意之路。斯皆理爲神御故。聖以之默，豈曰无辯？辯所不能言也！」東晉（後秦）僧肇著《肇論》中有類似表述：「然則言之者失其真，知之者反其愚，有之者乖其性，無之者傷其軀。所以釋迦掩室於摩竭，淨名杜口於毗耶，須菩提唱無說以顯道，釋梵絕聽而雨華；斯皆理爲神御，故口以之而默，豈曰無辯？辯所

〔註7〕伊吹敦《關於禪宗系的〈法句經疏〉》，載：《戒幢佛學（第二卷）》，岳麓書社，2002 年 12 月，湖南長沙，第 189～199 頁。

〔註8〕參見曹凌編著，《中國佛教疑僞經綜錄》，第 289～300 頁；《敦煌學大辭典》，第 742 頁；《佛教大辭典》，第 828 頁。

不能言也。」〔註9〕掩室摩竭，意為世尊釋迦牟尼掩室於摩竭〔註10〕，指以坐思的方式說法。掩室，即閉門不出。杜口毗耶，意為維摩詰（淨名）居士杜口於毗耶〔註11〕，指以不語的方式說法。杜口，即緘口不言。二者均頗具禪宗色彩。

又如《五燈會元》卷二稱：「《法句經》云：『若起精進心，是妄非精進。若能心不妄，精進無有涯。』」〔註12〕即是引自敦煌《法句經》第十四品第14偈：「若起精進心，是妄非精進，若能心不妄，精進無有崖。」對於此偈及第13偈，P.2325 號《法句經疏》第 507 至 513 行注解稱：「初一偈半，明說所為。但未得謂得，名增上慢。佛為此人說涅槃大果，非精進不剋。然，眾生存有所得，斯並虛妄，何精進！故也云：『若起精心，是妄非精』也。下半偈，次明智者了知，生死涅槃，因緣幻起，從本一如，究竟空寂。故《大品》云：『縱令有法過於此者，尚談如幻，何況涅槃？』是則心外無法，竟無所得。法外無心，復無能得。能所平等，進而無懈。行合理成，不可以限而為量。故言『若能心不妄，精進無有崖』也。」經文及疏文均契合禪宗的精進思想，飽含禪宗色彩。

第六，中國文人亦受到敦煌《法句經》的影響。通過《法句經疏》研究敦煌《法句經》，有助於加深理解佛教與中國文人的關聯及彼時文學創作的風格與取向。

陳寅恪先生在《金明館叢稿二編》之《敦煌本心王投陀經及法句經跋尾》中指出，「鐵琴銅劍樓本《白氏文集》貳《和答元微之》詩十首之一《和思歸樂》云：『身委逍遙篇，心付頭陁經。』同書壹肆《和〔元微之〕夢遊春詩一百韻》結句云：『法句與心王，期君日三復。』自注云：『微之常以《法句》及《心王頭陀經》相示，故申言以卒其志也。』寅恪昔日讀白詩至此，以未能得其確詁為憾。今見此佚籍，始知白詩之《心王頭陀經》即敦煌寫本之《佛為心王菩薩說投陀經》（即英藏 S.2474 號《佛為心王菩薩說投陀經卷上》一卷），至其所謂《法句經》，即敦煌寫本之偽《法句經》，復是一偽書，

〔註 9〕《肇論》（T1858），《大正藏》第 45 卷，第 157 頁第 3 欄第 11 至 16 行。

〔註 10〕摩竭，印度古國名，即摩竭（揭）陀國之略稱，梵語為 magadha。

〔註 11〕毗耶，印度古國名，即毗耶離（又譯毗舍離）國之略稱，意譯為廣嚴城，梵語為 vaiśalī。

〔註 12〕《五燈會元》（X1565），《卍新續藏》第 80 卷，第 54 頁第 3 欄第 24 行至第 55 頁第 1 欄第 1 行。

而非今佛藏所收吳晉以來相傳之舊本也。」〔註13〕並在《元白詩箋證稿》中稱，「夫元白二公自許禪梵之學，叮嚀反復於此二經。今日得見此二書，其淺陋鄙俚如此，則二公之佛學造詣，可以推知矣。」〔註14〕

白居易和元稹所讀之《法句經》，均為敦煌《法句經》。元白在此經之上，切磋交流，吟詩相和，也可見出二人對於敦煌《法句經》的喜愛。如前文所述，敦煌《法句經》頗具文學性和可讀性，妙喻連珠，淺顯易懂，起承轉合，引人入勝。其或許如陳寅恪先生所述，在佛學造詣上「淺陋鄙俚」，然而從佛教文學創作與影響傳播的角度，則實非「下品」。這也是敦煌《法句經》雖為借托佛言編撰而成卻廣受僧俗二眾甚至文人墨客青睞的重要原因。通過 P.2325 號《法句經疏》研究敦煌《法句經》，既有助於加深理解佛教與中國文人的關聯及彼時文學創作的風格與取向，亦有助於考察佛教對中國世俗文化的滲透與影響。

第七，P.2325 號《法句經疏》主體部分以草書形式書寫，是研究敦煌書法特別是敦煌草書的重要史料。

本書釋文部分儘量保持寫卷原貌，研究部分對寫卷異體字、草書字、通假字等做了集中探討，附錄部分提供了完整的寫卷原圖以便對照參詳，以期使讀者感受到原汁原味的敦煌草書。這些極具敦煌遺書特色的草書字、異體字、通假字等非常規情況的出現，對於敦煌文獻及書法的研究者和愛好者而言，亦不啻為一場盛宴。

揚・阿斯曼曾說：「不斷增多的文獻……遠遠超出了一個時代的社會所能回憶和銘記的限度。那麼這個文本就變成了一個空殼甚至墳墓，因為它已經埋葬了原來在活生生的交往中起到的作用和意義。」〔註15〕敦煌文獻一度受到重視和喜愛，卻沉睡千年。然而這些「被遺忘的角落」，一如以 P.2325 號《法句經疏》為代表的敦煌寫卷之中所記錄的文化訊息，雖已湮沒於歷史煙塵，卻並非全然等同於「未知」。發黃的故紙沉默無言，卻以它獨具文化質感的呈現，訴說著自己的完整過往，等待著可以讀懂它的人。

〔註13〕陳寅恪著，《金明館叢稿二編》，第 201～202 頁。

〔註14〕陳寅恪著，《元白詩箋證稿》，生活・讀書・新知三聯書店，2001 年 4 月，北京，第 103 頁。

〔註15〕〔德〕揚・阿斯曼（Jan Assmann）著，金壽福、黃曉晨譯，《文化記憶：早期高級文化中的文字、回憶和政治身份》，北京大學出版社，2015 年 5 月，北京，第 95 頁。

參考文獻

1. 《百論》（T1569），《大正新脩大藏經》（大藏出版株式會社，簡稱《大正藏》）第 30 卷。

2. 《長阿含經》（T0001），《大正藏》第 1 卷。

3. 《出曜經》（T0212），《大正藏》第 4 卷。

4. 《大般涅槃經》（T0374），《大正藏》第 12 卷。

5. 《大般若波羅蜜多經》（T0220），《大正藏》第 7 卷。

6. 《大寶積經》（T0310），《大正藏》第 11 卷。

7. 《大乘起信論》（T1666），《大正藏》第 32 卷。

8. 《大乘起信論》（T1667），《大正藏》第 32 卷。

9. 《大唐內典錄》（T2149），《大正藏》第 55 卷。

10. 《大智度論》（T1509），《大正藏》第 25 卷。

11. 《法華論疏》（T1818），《大正藏》第 40 卷。

12. 《法華文句記》（T1719），《大正藏》第 34 卷。

13. 《法華傳記》（T2068），《大正藏》第 51 卷。

14. 《法集要頌經》（T0213），《大正藏》第 4 卷。

15. 《法句經》（T0210），《大正藏》第 4 卷。

16. 《法句經》（T2901），《大正藏》第 85 卷，第 1432～1435 頁。

17. 《法句經疏》（T2902），《大正藏》第 85 卷，第 1435～1445 頁。

18. 《法句譬喻經》（T0211），《大正藏》第 4 卷。

19. 《法門名義集》（T2124），《大正藏》第 54 卷。

20. 《法苑珠林》（T2122），《大正藏》第 53 卷。

21. 《佛般泥洹經》（T0005），《大正藏》第 1 卷。

22. 《佛說佛名經》（T0441），《大正藏》第 14 卷。

23. 《佛所行讚》（T0192），《大正藏》第 4 卷。

24. 《高僧傳》（T2059），《大正藏》第 50 卷。

25. 《廣弘明集》（T2103），《大正藏》第 52 卷。

26. 《金剛般若義記》（T2740），《大正藏》第 85 卷。

27. 《開元釋教錄》（T2154），《大正藏》第 55 卷。

28. 《六臣註文選》，景上海涵芬樓藏宋刊本。

29. 《攝大乘論》（T1593），《大正藏》第 31 卷。

30. 《釋淨土群疑論探要記》（D8914），《國家圖書館善本佛典》（國家圖書館）第 44 冊，第 8914 號。

31. 《四十二章經》（T0784），《大正藏》第 17 卷。

32. 《維摩詰所說經》（T0475），《大正藏》第 14 卷。

33. 《五燈會元》（X1565），《卍新纂續藏經》（株式會社國書刊行會，簡稱《卍新續藏》）第 80 卷。

34. 《姚和上金剛五禮一本》（ZW0059a），《藏外佛教文獻》（方廣錩主編）第 07 冊，第 60 頁。

35. 《姚和上金剛五禮一本》（錄文二），《金剛五禮》（ZW0059b），《藏外佛教文獻》第 07 冊，第 62 頁。

36. 《增一阿含經》（T0125），《大正藏》第 2 卷。

37. 《肇論》（T1858），《大正藏》第 45 卷。

38. 《肇論疏》（T1859），《大正藏》第 45 卷。

39. 《正法華經》（T0263），《大正藏》第 9 卷。

40. 《中論》（T1564），《大正藏》第 30 卷。

41. 《諸法無行經》（T0650），《大正藏》第 15 卷。

42. 《宗鏡錄》（T2016），《大正藏》第 48 卷。

43. Giles, L, *Descriptive Catalogue of the Chinese Manuscripts from Tunhuang in the British Museum*. London: British Museum, 1957.

44. Hinüber, Oscar von, & K. R. Norman. *Dhammapada*. Oxford: Pali Text Soceity, 1995.

45. Lenz, Timothy. *A New Version of the Gāndhārī Dharmapada and a Collection of Previous-Birth Stories　（British Library Kharoṣṭhī Fragments 16+25）*. Seattle（U. S.）& London （U. K.）: University of Washington Press, 2003.

46. Willemen, Charles. *A Collection of Important Odes of the Law: The Chinese Udānavarga Fa ji yao song jing 法集要頌經（Taisho 213）*. Berkeley, CA: Institute of Buddhist Studies and BDK America, 2013.

47. 阿斯曼，揚（Jan Assmann）著，金壽福、黃曉晨譯，《文化記憶：早期高級文化中的文字、回憶和政治身份》，北京大學出版社，2015 年 5 月，北京。

48. 北京大學圖書館、上海古籍出版社編，《北京大學圖書館藏敦煌文獻②》，上海古籍出版社，1995 年 10 月，上海。

49. 曹凌編著，《中國佛教疑偽經綜錄》，上海古籍出版社，2011 年 12 月，上海。

50. 陳寅恪著，《金明館叢稿二編》，生活・讀書・新知三聯書店，2001 年 7 月，北京。

51. 陳寅恪著，《元白詩箋證稿》，生活・讀書・新知三聯書店，2001 年 4 月，北京。

52. 程同根編著，《中國書法大字典・敦煌草書大字典》，江西美術出版社，2017 年 7 月，南昌。

53. 敦煌學會編印，《敦煌學（第二輯）國立中央圖書館藏敦煌卷子專輯》，香港新亞研究所敦煌學會，1975 年 12 月，中國香港。

54. 敦煌研究院編，《敦煌遺書總目索引新編》，中華書局，2000 年 7 月，北京。

55. 方廣錩主編，《佛教文獻研究（第一輯）》，廣西師範大學出版社，2016 年 6 月，桂林。

56. 方廣錩《從「文化匯流」談中國佛教史上的疑偽經現象》，載：方廣錩主編，《佛教文獻研究（第一輯）》。

57. 甘肅藏敦煌文獻編委會編，《甘肅藏敦煌文獻》，甘肅人民出版社，1999

年，蘭州。

58. 胡紹煐撰，蔣立甫校點，《文選箋證》，黃山書社，2007 年 3 月，安徽合肥。

59. 黃寶生著，《巴漢對勘〈法句經〉》，中西書局，2015 年 5 月，上海。

60. 黃永武主編，《敦煌寶藏》（全 140 冊），新文豐出版公司，1981～1986年，中國臺北。

61. 黃徵、張崇依著，《浙藏敦煌文獻校錄整理》（全二冊），上海古籍出版社，2012 年 6 月，上海。

62. 磯部彰編，《台東區立書道博物館所藏中村不折舊藏禹域墨書集成》卷中，株式會社二玄社，2005 年 3 月 18 日。

63. 季羨林主編，《敦煌學大辭典》，上海辭書出版社，1998 年 12 月，上海。

64. 季羨林等校注，《大唐西域記校注》，中華書局，2000 年 4 月，北京。

65. 季羨林、饒宗頤主編，《敦煌吐魯番研究（第八卷）》，中華書局，2005 年 1 月，北京。

66. 金克木、趙國華、席必莊譯，《摩訶婆羅多（一）》，中國社會科學出版社，2005 年 12 月，北京。

67. 陸宗達、王寧著，《訓詁方法論》，中華書局，2018 年 1 月，北京。

68. 馬德著，《敦煌古代工匠研究》，文物出版社，2018 年 4 月，北京。

69. 潘重規編，《國立中央圖書館藏敦煌卷子》（全六冊），石門圖書公司，1976 年 12 月，中國臺北。

70. 任繼愈主編，《佛教大辭典》，江蘇古籍出版社，2002 年 12 月，南京。

71. 申國美編，《中國散藏敦煌文獻分類目錄》，北京圖書館出版社，2007 年 10 月，北京。

72. 水野弘元著，劉欣如譯，《佛典成立史》，東大圖書公司，2009 年 1 月，中國臺北。

73. 水野弘元著，《偽作の法句經について》，載：《駒澤大學佛教學部研究紀要（第十九號）》，昭和三十六年三月（1961 年 3 月），日本東京。

74. 藤枝晃編著，《吐魯番出土仏典の研究──高昌殘影釋錄》（高昌殘影──出口常順藏吐魯番出土佛典斷片圖錄），法藏館，1978 年，日本京都。

75. 田中良昭、程正《敦煌禪宗文獻分類目錄（3）注抄・偽經論類（2）》，

載：《駒澤大學佛教學部論集（第四十四號）》，2013 年 10 月，日本東京。

76. 田中良昭《偽作の法句経と疏の異本について》，載：《印度學佛教學研究（第二十三卷）》，1974 年 12 月，日本東京

77. 王邦維《疑偽經研究：從真問題到假問題再到真問題》，載：方廣錩主編，《佛教文獻研究（第一輯）》。

78. 王先謙撰，沈嘯寰點校，《莊子集解》，中華書局，1987 年 10 月，北京。

79. 翁利著，《敦煌書法研究》，化學工業出版社，2018 年 11 月，北京。

80. 武紹衛《無名僧人的名山事業：中古時期僧人的日常抄經與校勘活動》，載：《中國史研究》2021 年第 2 期。

81. 武田科學振興財團杏雨書屋編，《敦煌秘笈》，武田科學振興財團，2012 年，日本大阪。

82. 姚建行編著，《敦煌書法冷僻字釋讀》，西泠印社出版社，2018 年 1 月，杭州。

83. 伊吹敦《關於禪宗系的〈法句經疏〉》，載：《戒幢佛學（第二卷）》，岳麓書社，2002 年 12 月，湖南長沙。

84. 張涌泉著，《敦煌寫本文獻學》，甘肅教育出版社，2013 年 12 月，蘭州。

85. 張遠著，《戒日王研究》，社會科學文獻出版社，2018 年 4 月，北京。

86. 張遠《敦煌遺書〈法句經〉略考》，載：《世界宗教文化》2020 年第 5 期。

87. 張遠《梵語、巴利語、犍陀羅語佛典研究現狀及前景展望》，載：《佛學研究》2015 年第 1 期（總第 24 期）。

88. 中國國家圖書館編，《國家圖書館藏敦煌遺書》（全 250 冊），北京圖書館出版社，2012 年 5 月，北京。

附錄一　P.2325 號《法句經疏》原圖

（第1紙）

（第 2 紙）

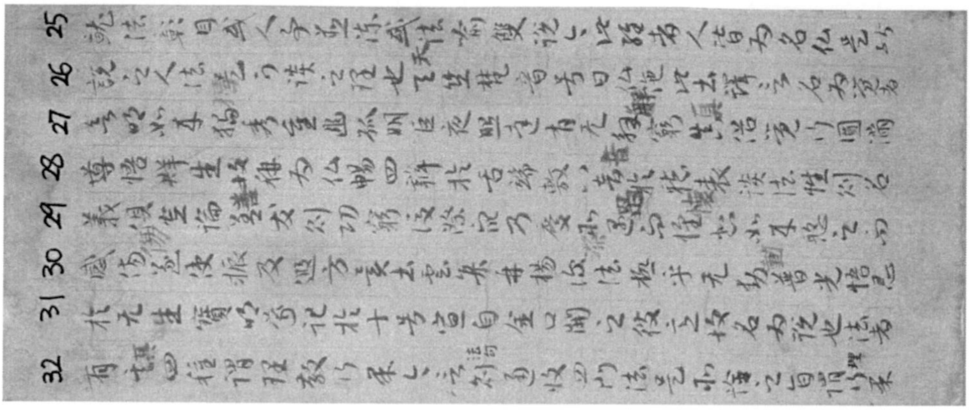

（第3紙）

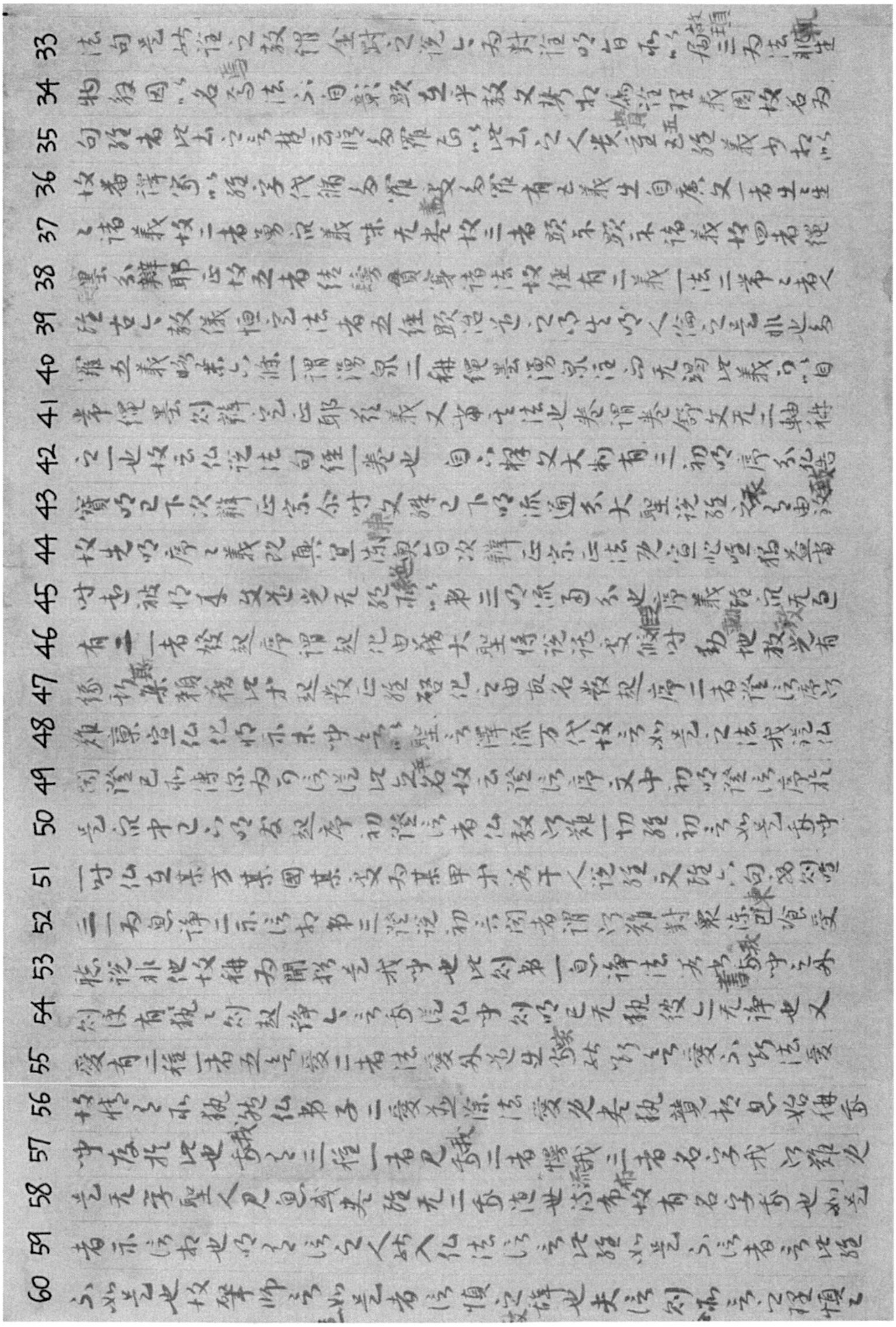

（第 4 紙）

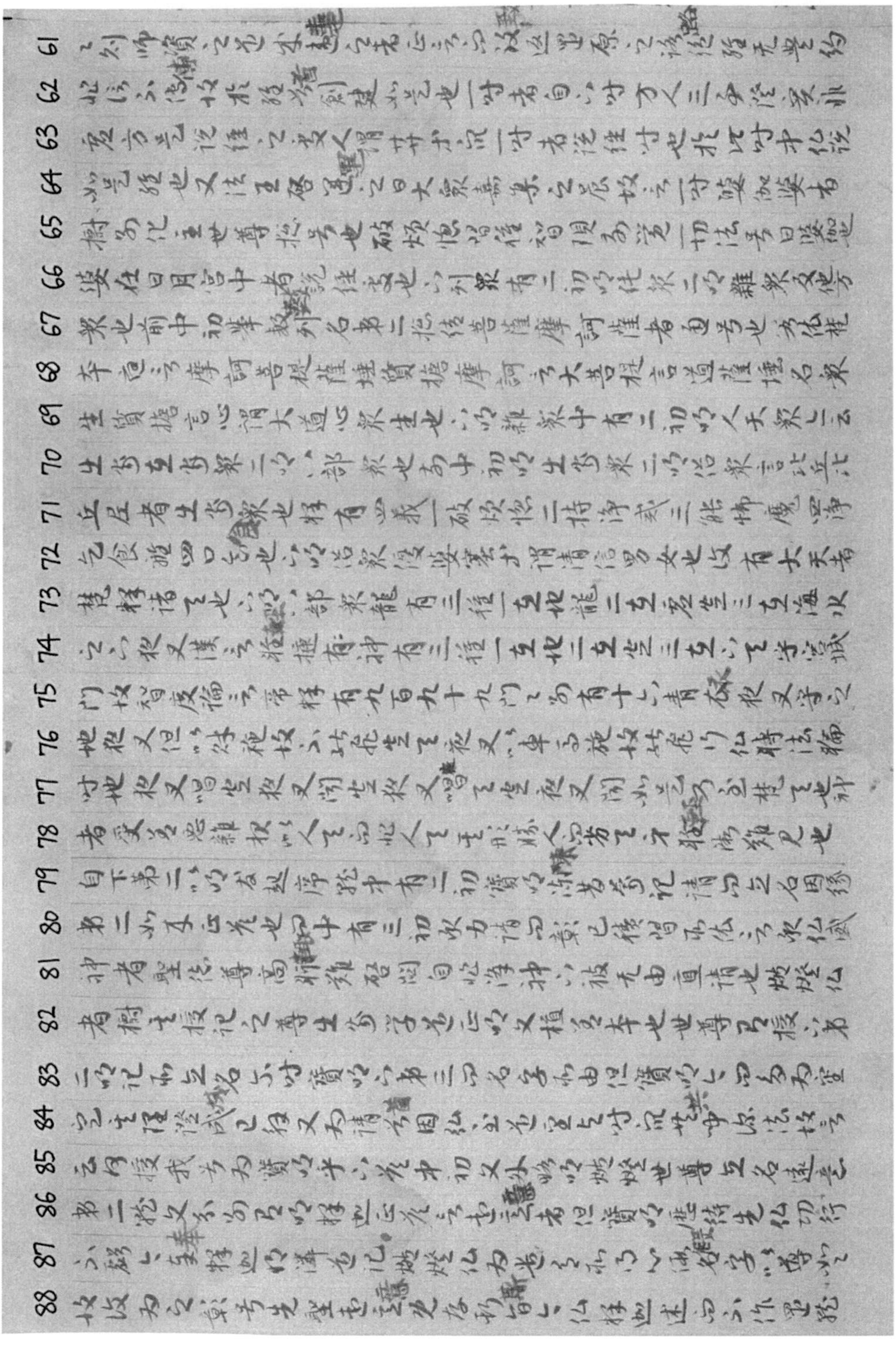

（第 5 紙）

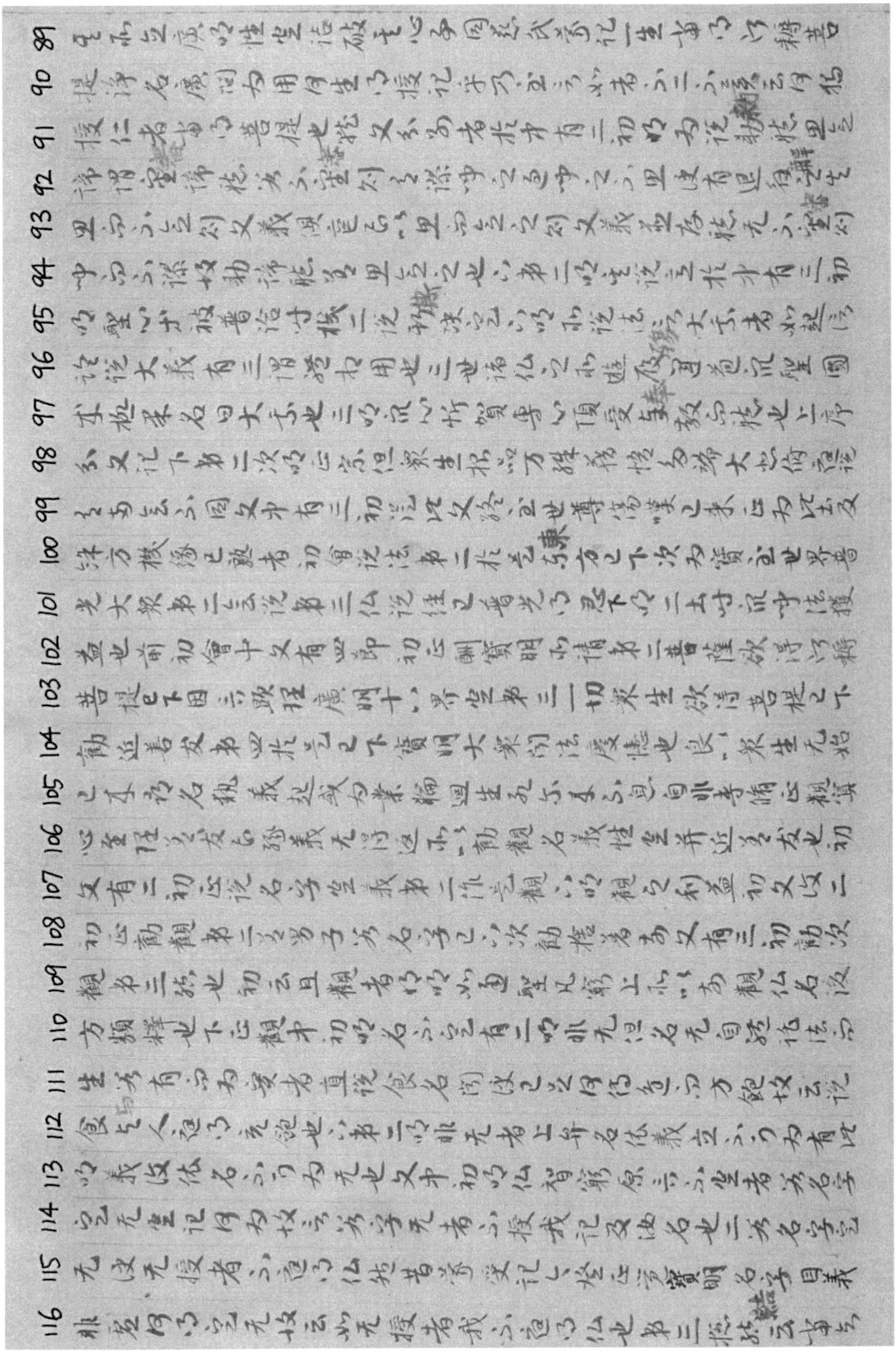

（第 6 紙）

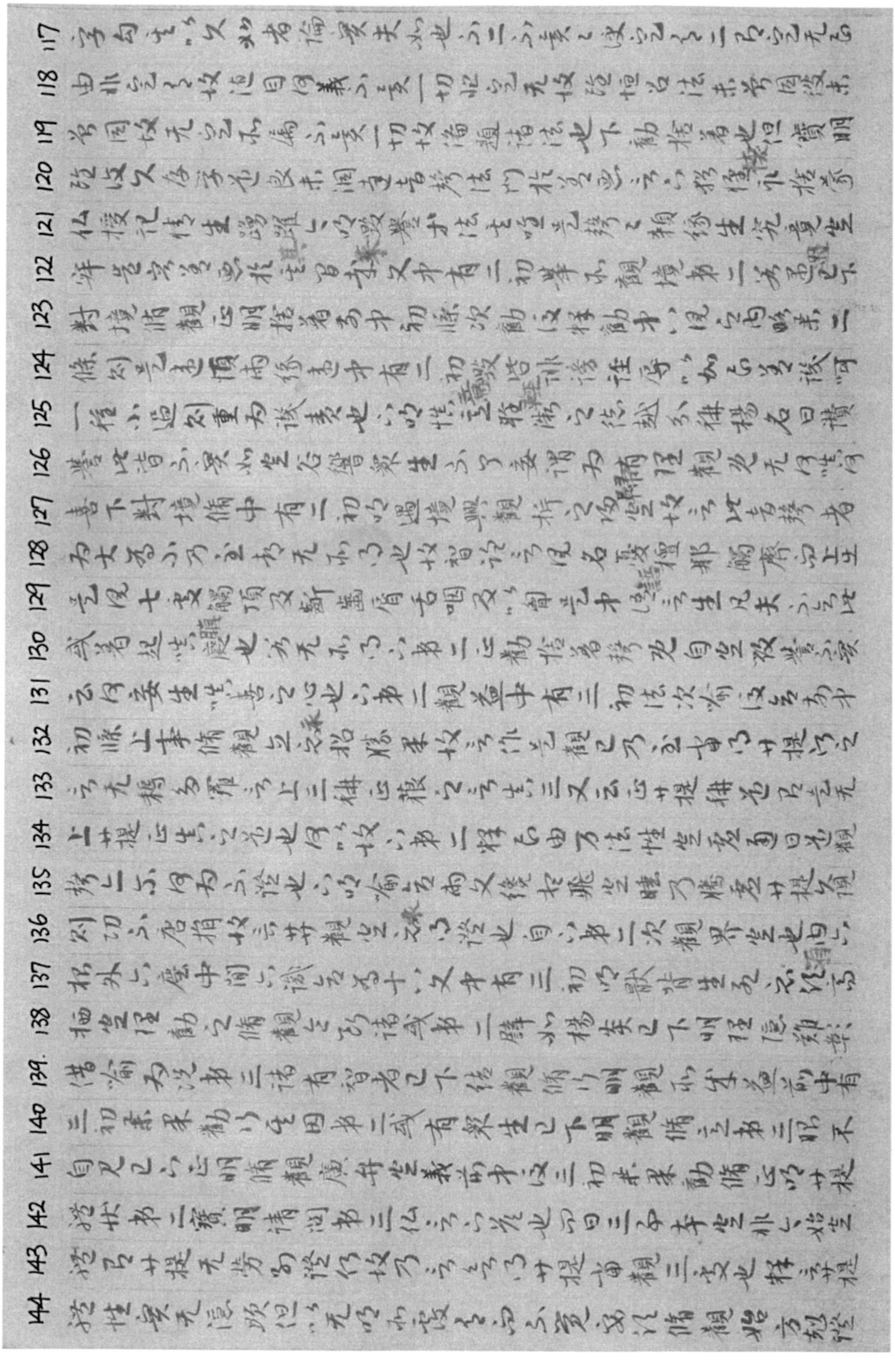

（第 7 紙）

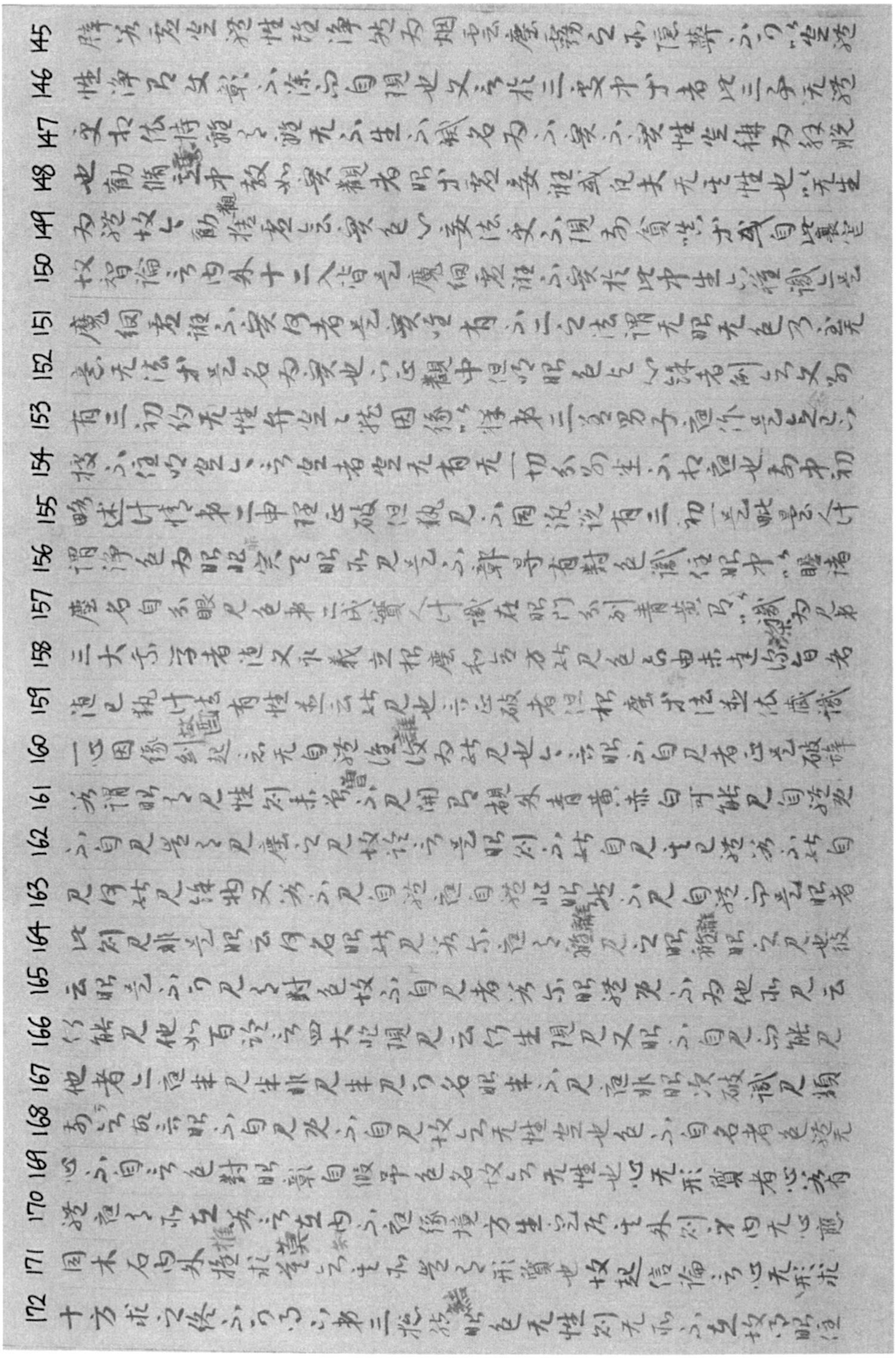

（第 8 紙）

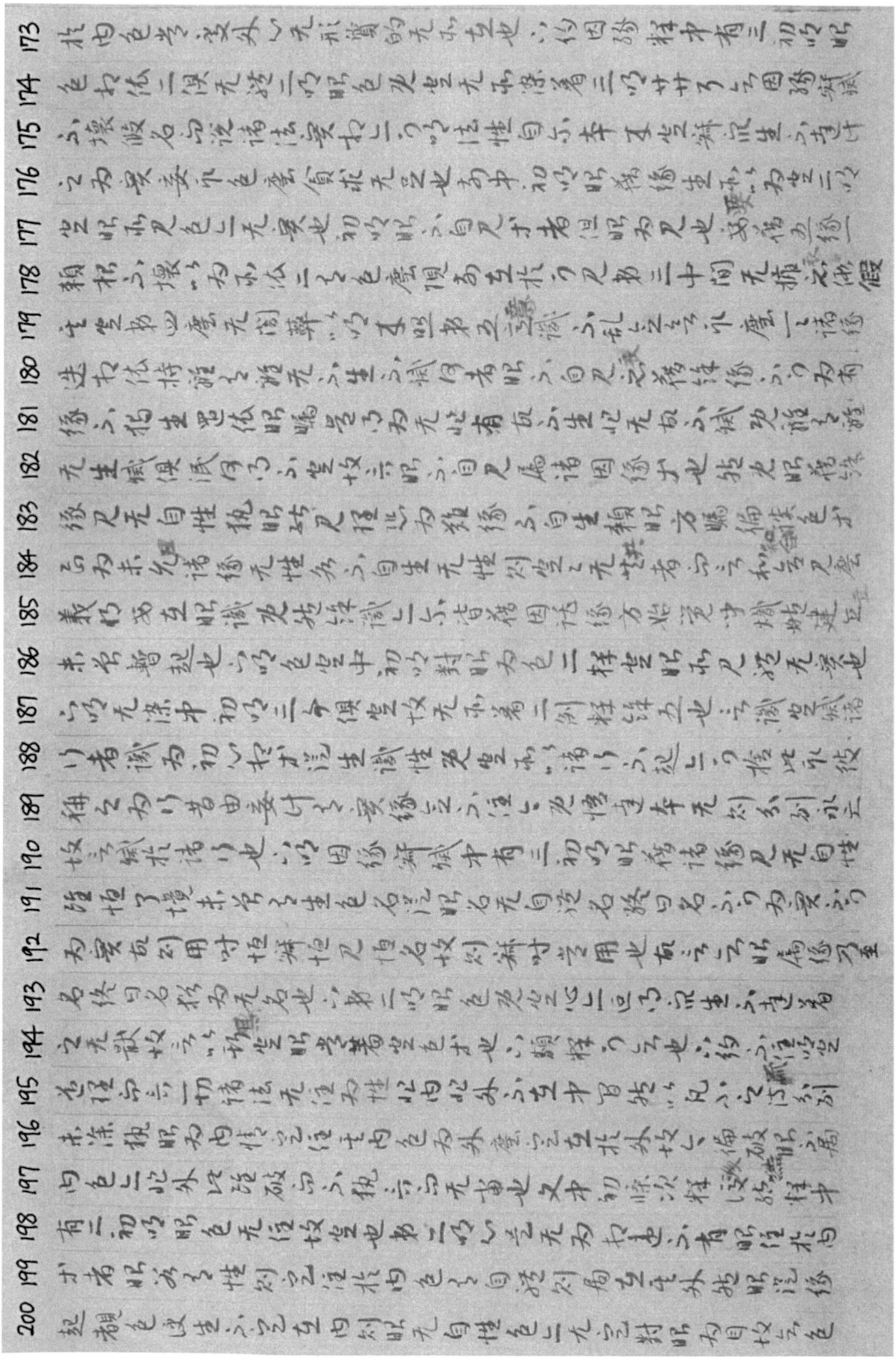

（第9紙）

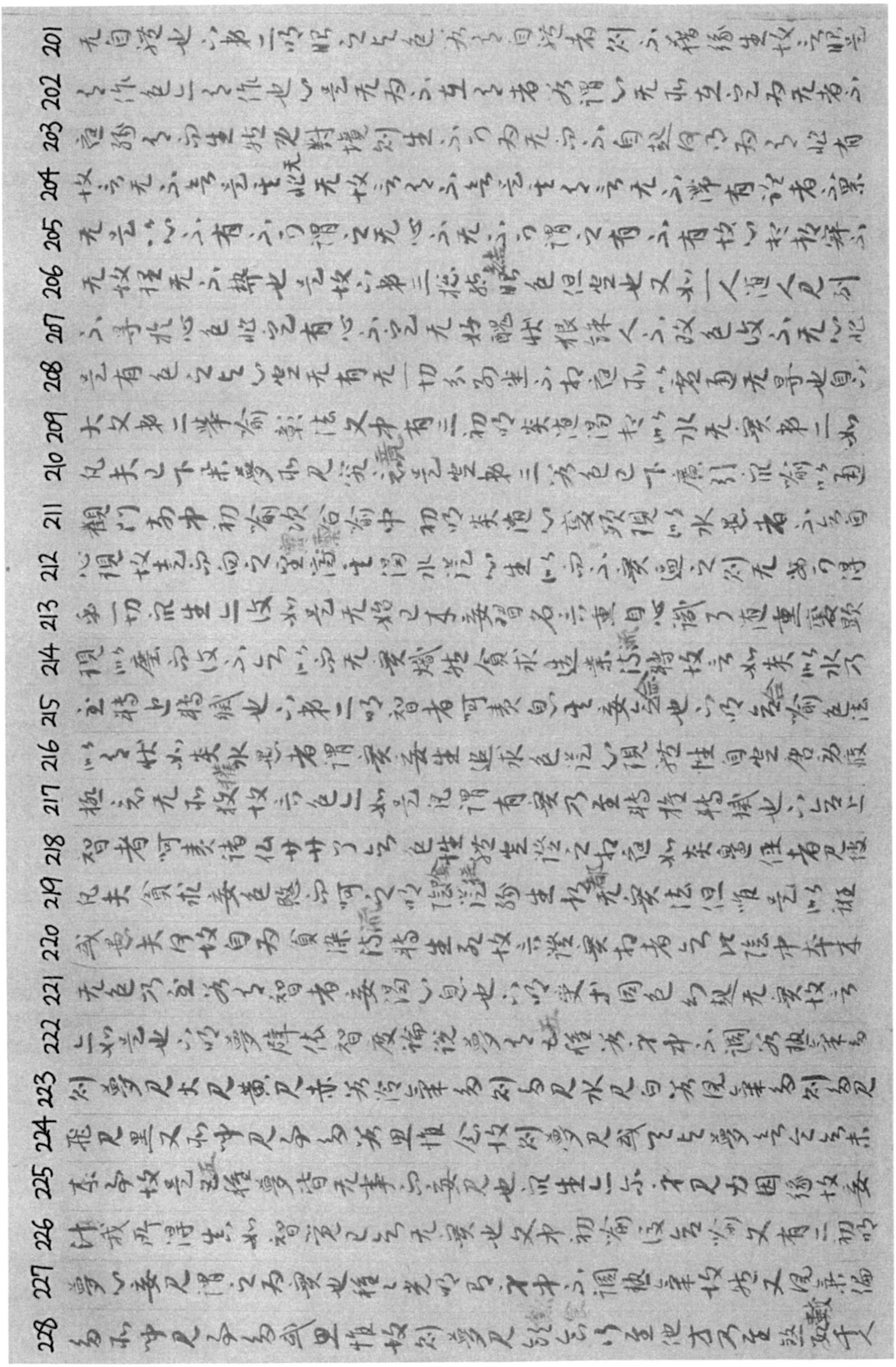

（第10紙）

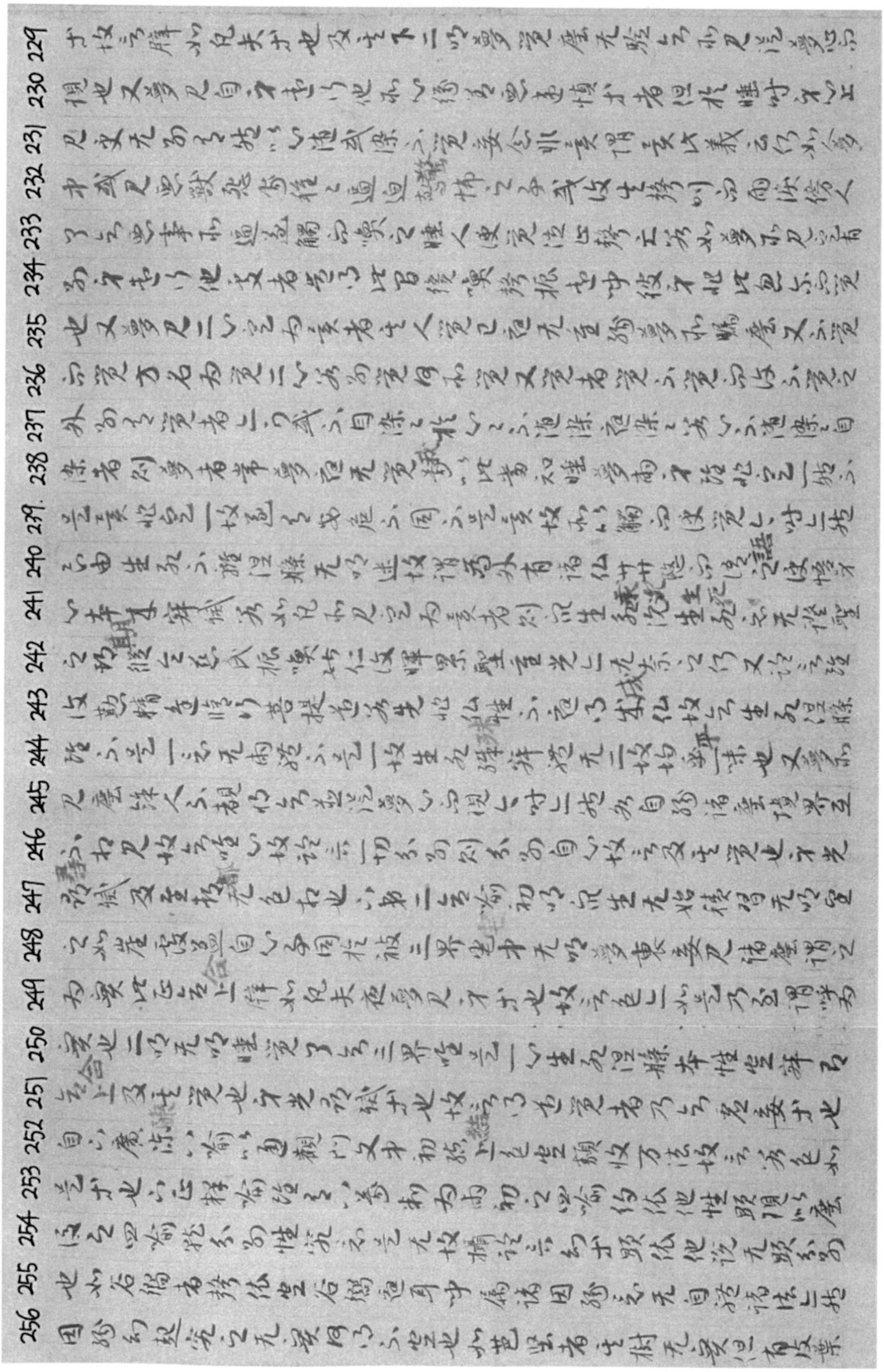

（第11紙）

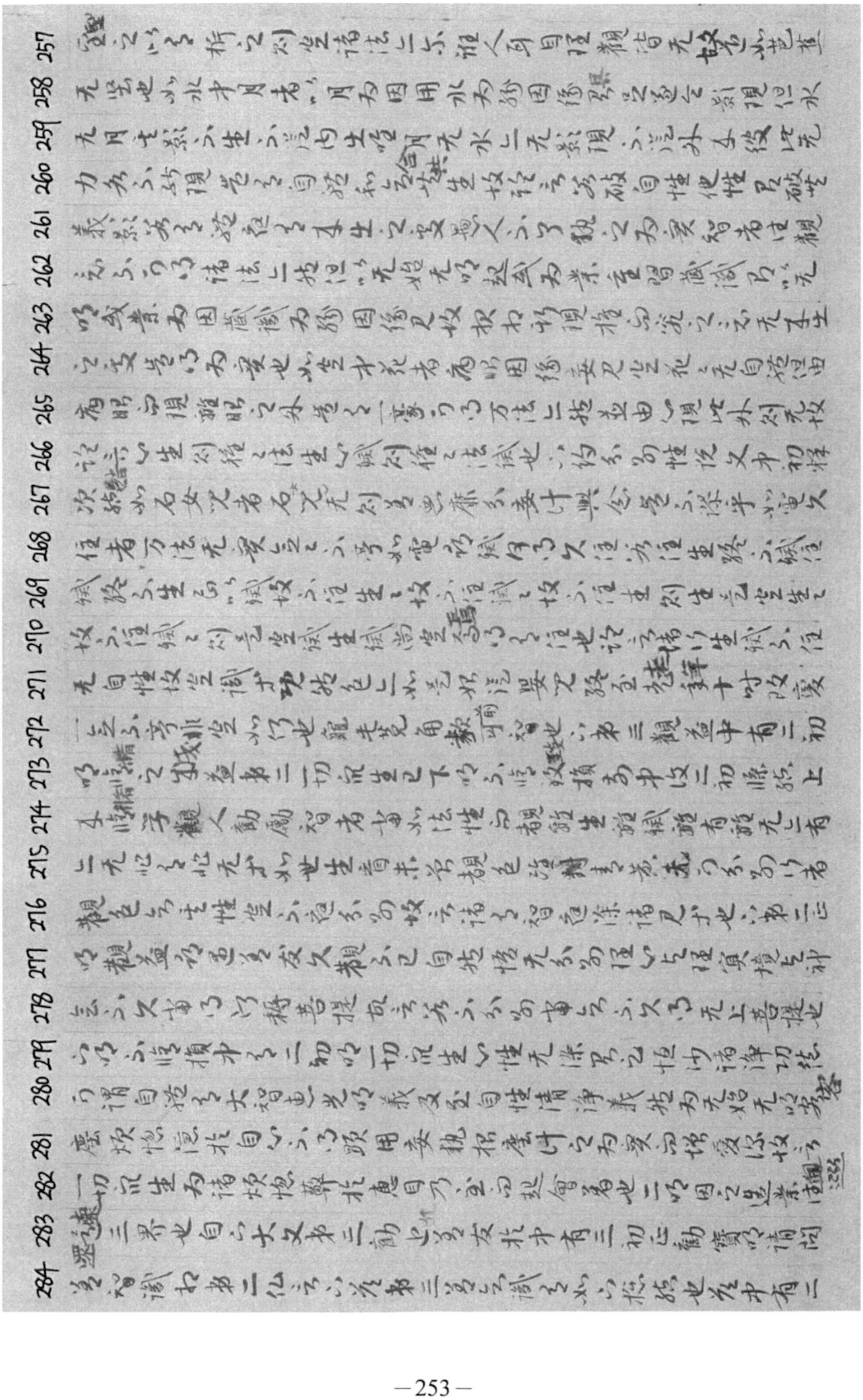

（第 12 紙）

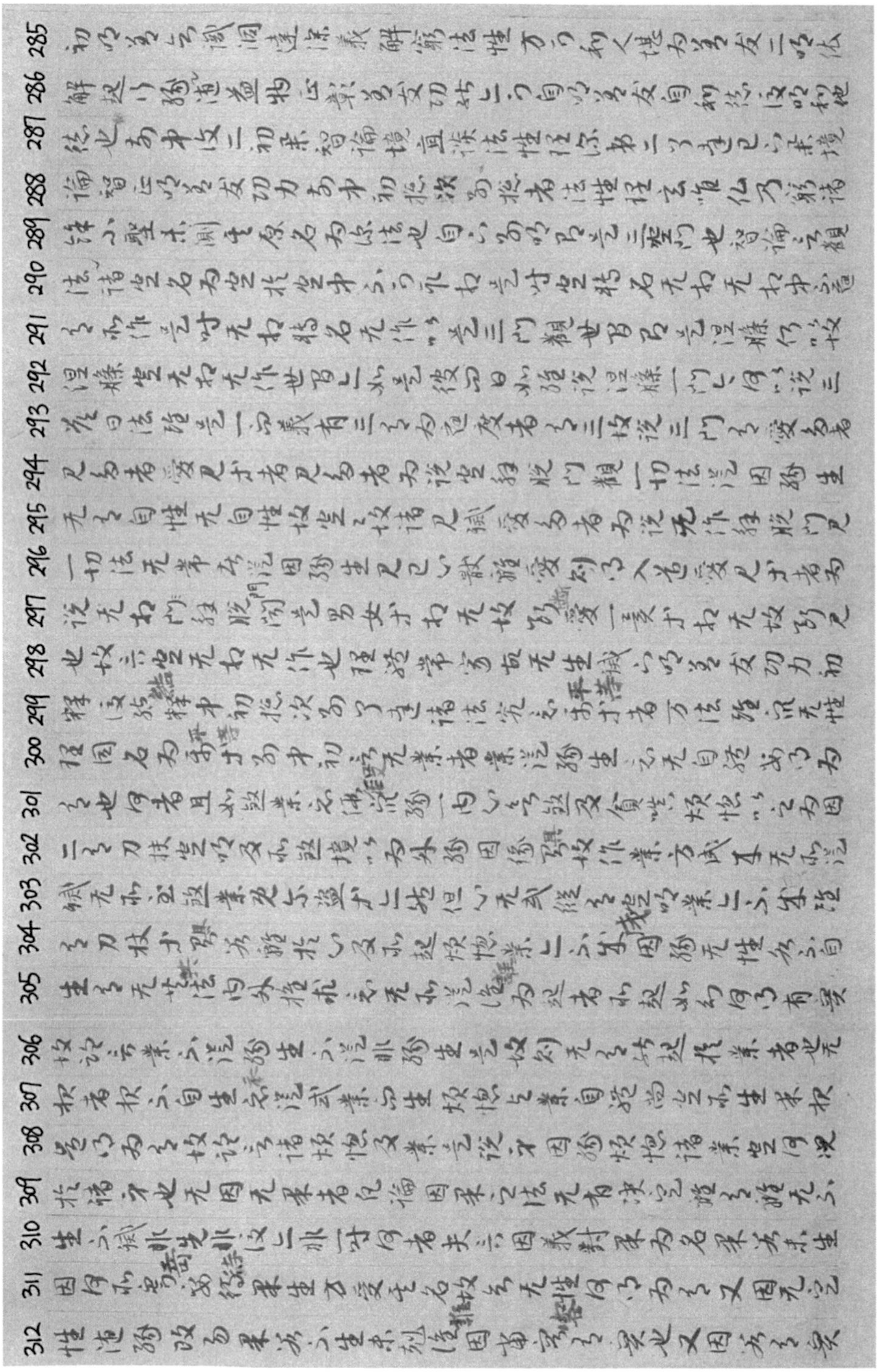
285
286
287
288
289
290
291
292
293
294
295
296
297
298
299
300
301
302
303
304
305
306
307
308
309
310
311
312

（第13紙）

313 314 315 316 317 318 319 320 321 322 323 324 325 326 327 328 329 330 331 332 333 334 335 336 337 338 339 340

（第 14 紙）

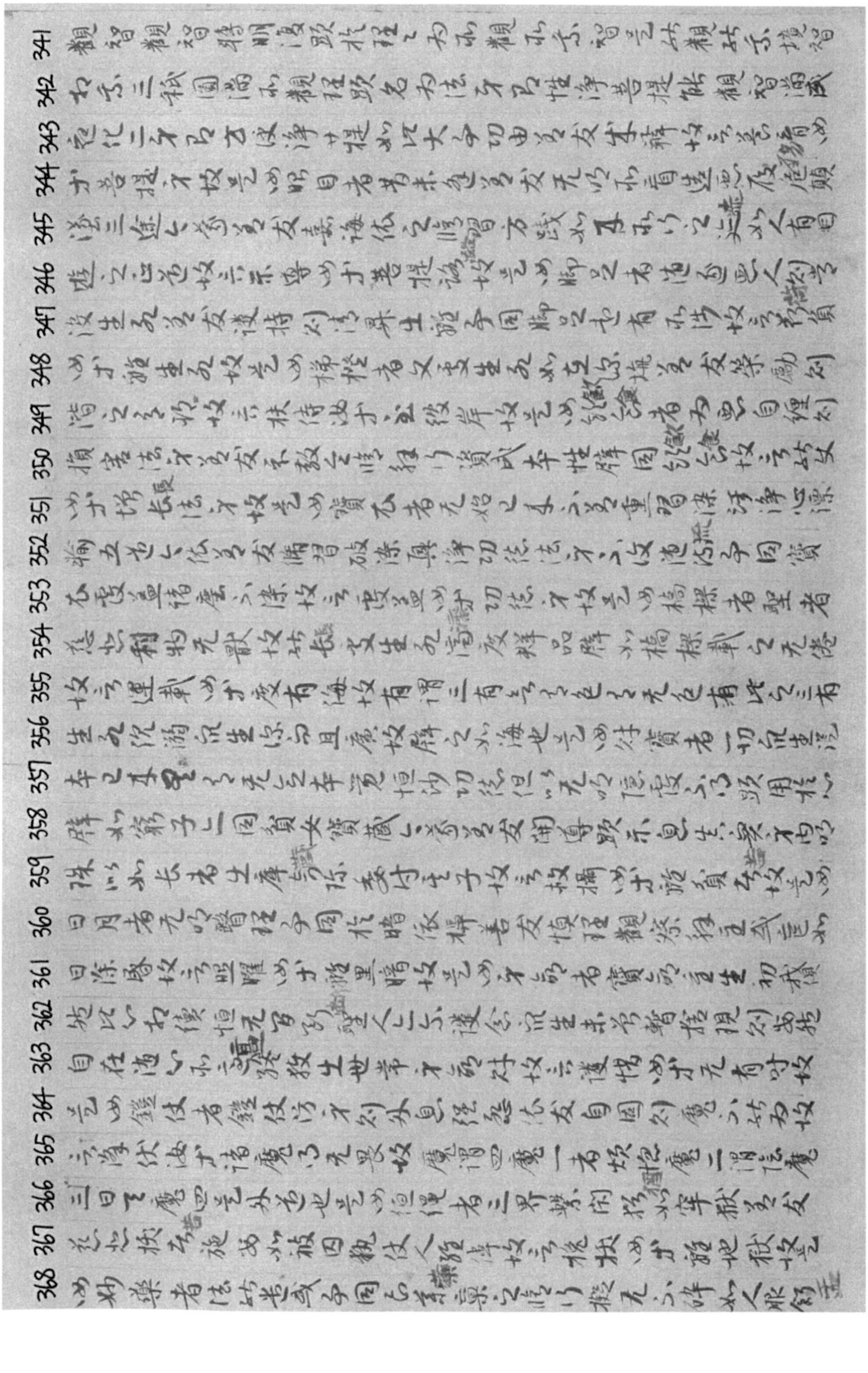

（第15紙）

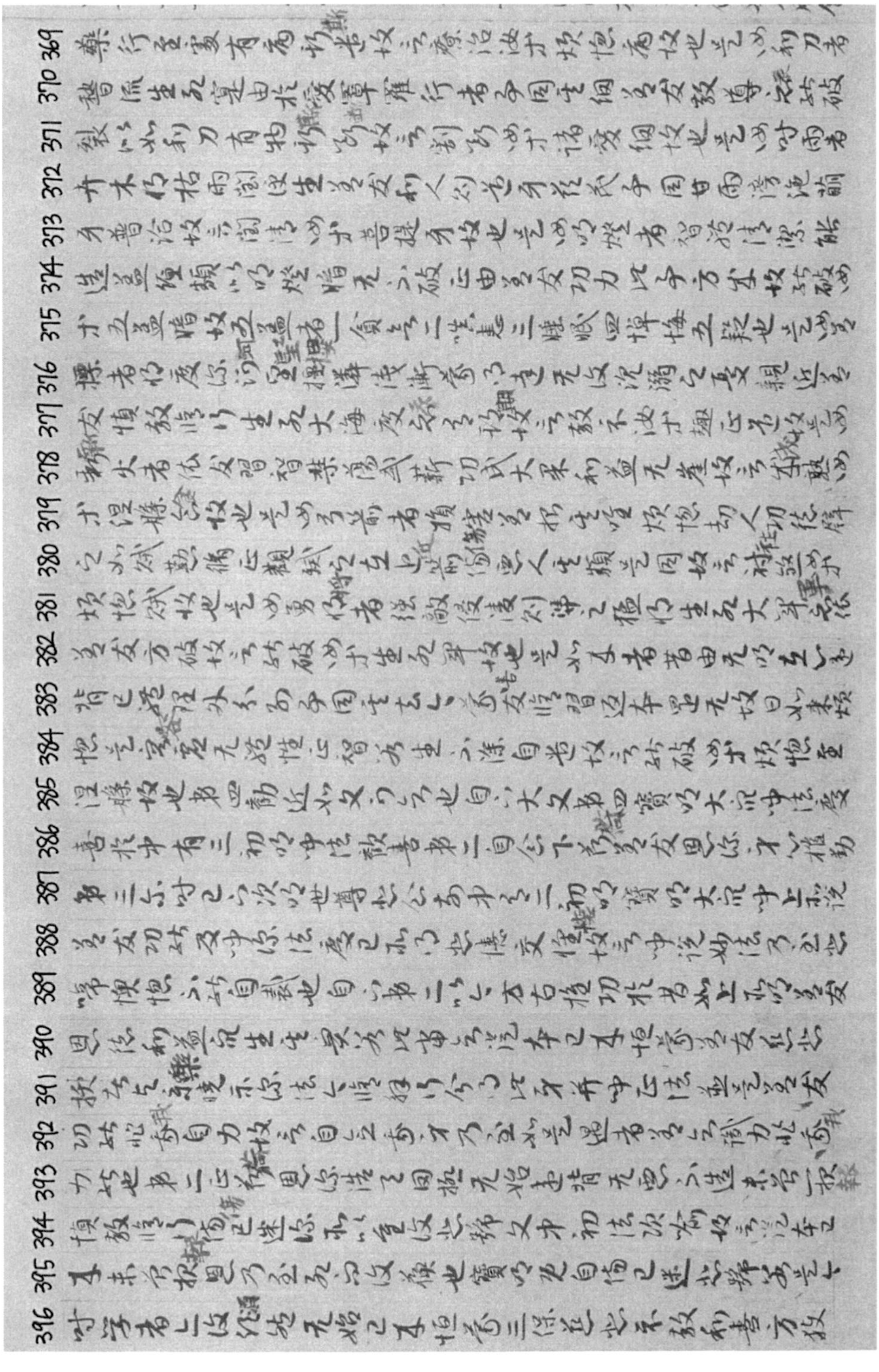

（第 16 紙）

397 398 399 400 401 402 403 404 405 406 407 408 409 410 411 412 413 414 415 416 417 418 419 420 421 422 423 424

（第17紙）

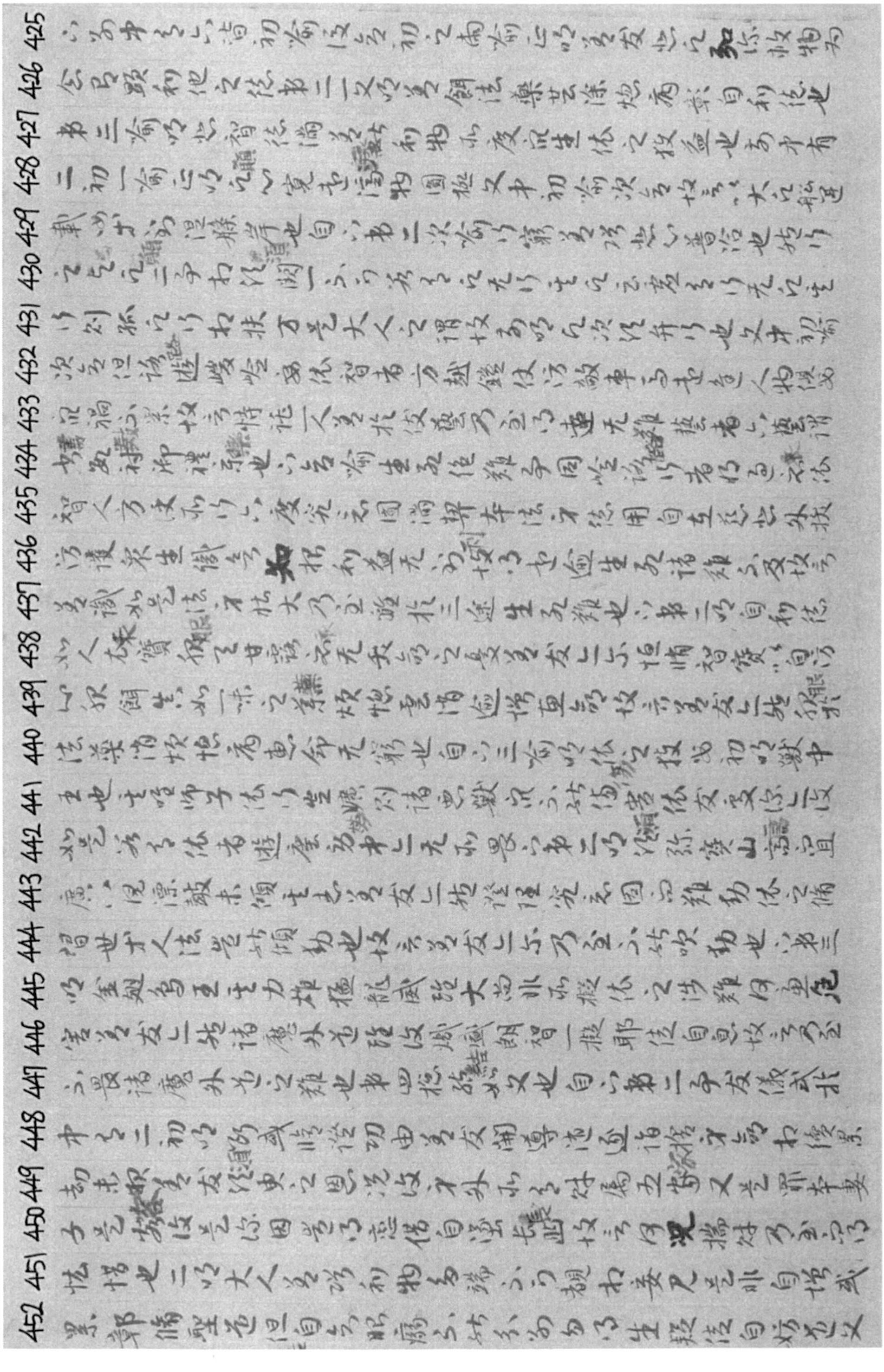

（第18紙）

453 454 455 456 457 458 459 460 461 462 463 464 465 466 467 468 469 470 471 472 473 474 475 476 477 478 479 480

（第 19 紙）

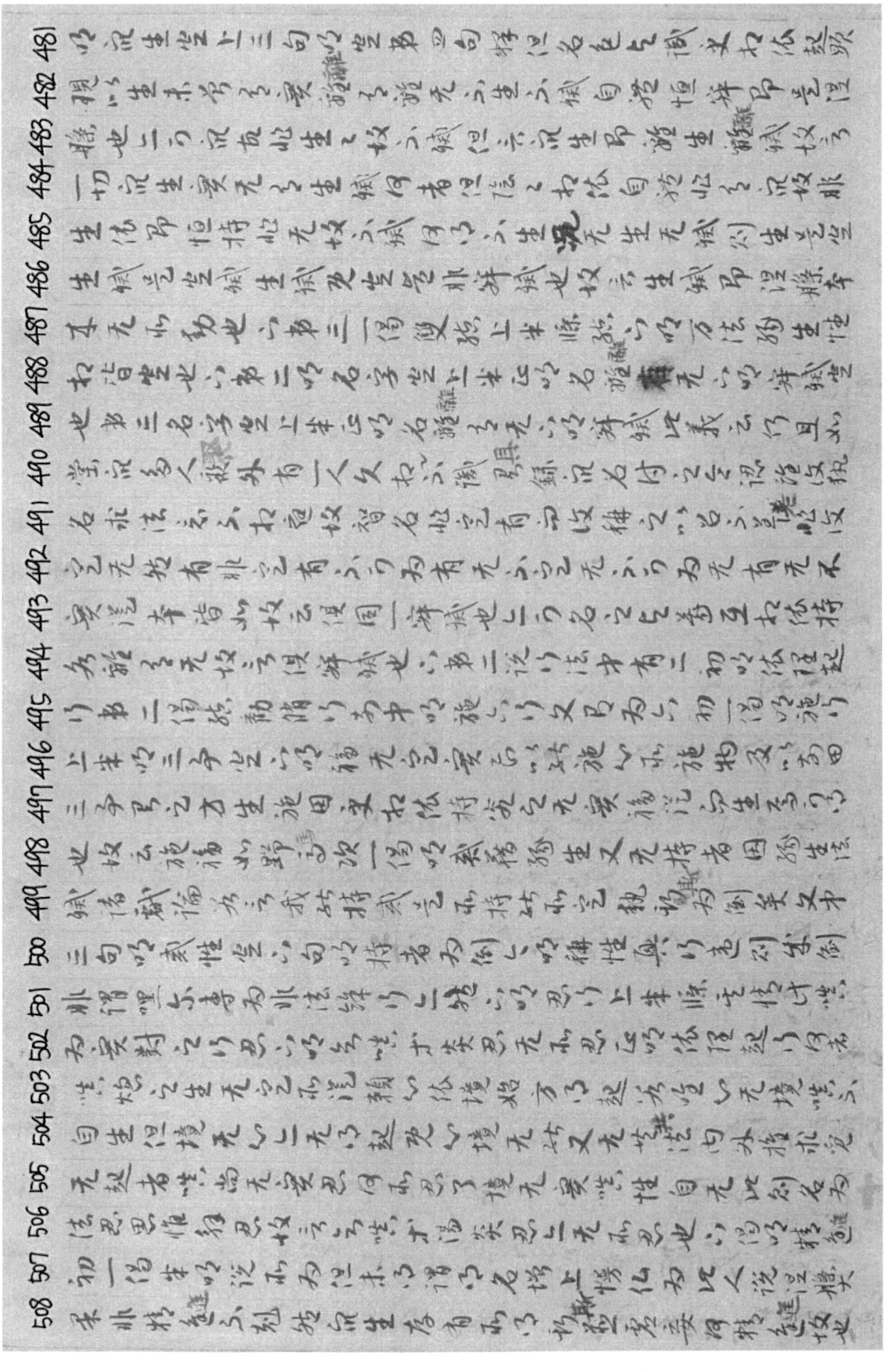

（第 20 紙）

509 510 511 512 513 514 515 516 517 518 519 520 521 522 523 524 525 526 527 528 529 530 531 532 533 534 535 536

（第21紙）

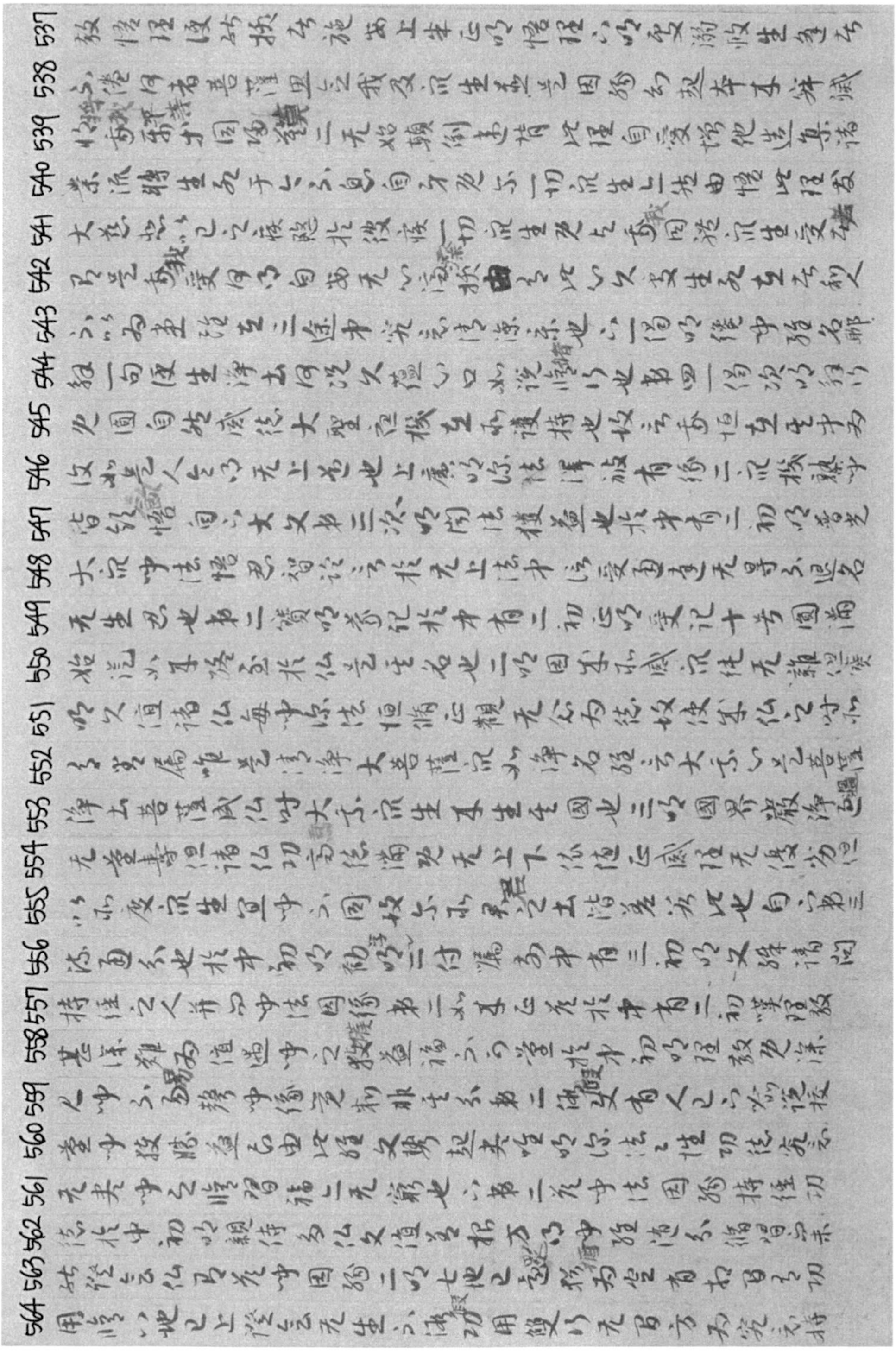

（第22紙）

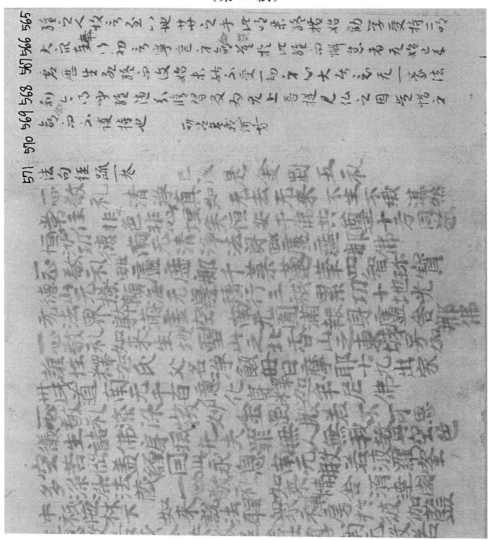

附錄二 S.6220 號《法句經疏》（殘卷）錄文

S.6220 號《法句經疏》（殘卷）錄文，依《敦煌寶藏》第 45 卷第 135 頁 S.6220 號圖版，存 17 行。並參 P.2325 號《法句經疏》第 29 行第 3 字至第 44 行第 25 字。

1. 〔前缺〕〔俱〕泯〔註1〕，論善友〔註2〕則〔？〕〔註3〕

2. 〔前缺，依 P.2325 號則缺 40 字：窮後際。眾乃慶所遇而懷悲，如來愍之而感傷。遂使振及遐方，異土雲集，再揚深法，極乎无動。普光悟忍〕於无生，寶明蒙記於十号。宣自金口，開〔註4〕之彼

3. 〔前缺，依 P.2325 號則缺 6 字：意，故名爲「説」也。〕法有四種〔註5〕，謂理、教、行、果。今言法句〔註6〕，則通收

4. 〔前缺，依 P.2325 號則缺 4 字：四門。法是〕〔所詮〕之盲，謂理行〔註7〕果。法句〔註8〕是能詮之教，謂金對〔註9〕之〔説〕。

〔註1〕「泯」，P.2325 號《法句經疏》第 29 行作「空」。
〔註2〕「友」，原文為「友」，古同「友」。
〔註3〕P.2325 號《法句經疏》第 29 行作「切」。
〔註4〕「開」，《大正藏》誤作「聞」。
〔註5〕「法有四種」，P.2325 號《法句經疏》第 31～32 行作「法者有其四種」。
〔註6〕「句」，形同「勾」，此處同「句」。
〔註7〕「理行」，《大正藏》誤作「行理」。
〔註8〕「句」，形同「勾」，此處同「句」。
〔註9〕「對」，古同「剛」。

5. 〔前缺，依 P.2325 號則缺 2 字：今為〕對詮明旨，所以局〔註10〕
三為法，軌〔註11〕生物解，因以名焉。法不自弘〔註12〕，顯在乎
〔註13〕

6. 教，文勢相屬，詮理義周，故名為「句」〔註14〕。「經」者，此土言之
〔註15〕，梵云脩多〔羅〕。

7. 良以此土之人，貴重五經，義少相似〔註16〕，故翻譯家以經字代脩多

8. 羅處〔註17〕。多羅〔註18〕五義，出自《廣》〔註19〕文。一者出生，出生
〔註20〕諸義故。二者涌泉〔註21〕，義味无

9. 盡故。三者顯示，顯示〔註22〕諸義故。四者繩〔註23〕墨〔註24〕，分辯
〔註25〕耶〔註26〕正故。五者結鬘〔註27〕，貫穿〔註28〕

〔註10〕「局」，古同「局」。
〔註11〕「軌」，古同「軌」。
〔註12〕「法不自弘」，P.2325 號《法句經疏》第 34 行作「法不自彰」。「弘」，此處同「弘」。
〔註13〕「乎」，《大正藏》誤作「平」。
〔註14〕「句」，形同「勾」，此處同「句」。
〔註15〕「言之」，P.2325 號《法句經疏》第 35 行作「之言」。
〔註16〕「似」，《大正藏》誤作「以」。
〔註17〕「處」，《大正藏》誤作「修」。
〔註18〕 P.2325 號《法句經疏》第 36 行此處多一「有」字。
〔註19〕 此處應指《廣弘明集》。《廣弘明集》卷十九稱：「此是天竺音，經是此土語。外國名為修多羅。此言法本。具含五義。一出生。二涌泉。三顯示。四繩墨。五結鬘。」見《廣弘明集》（T2103），《大正藏》第 52 卷，第 239 頁第 1 欄第 10 至 12 行。
〔註20〕「出生」，原文二字為重文符。
〔註21〕「泉」，P.2325 號《法句經疏》誤作「昂」。《大正藏》誤作「眾」。
〔註22〕「顯示」，原文二字為重文符。
〔註23〕「繩」，古同「繩」。
〔註24〕「墨」，原文為「墨」，古同「墨」。
〔註25〕「辯」，此處通「辨」。佛經中「辯」與「辨」常通用。
〔註26〕「耶」，此處通「邪」。
〔註27〕「鬘」，原文為「鬚」，古同「鬘」。
〔註28〕「穿」，《大正藏》誤作「窮」。

10. 諸法故。〔註29〕經有二義，一法，二常。常〔註30〕者，人雖古今，教儀恒定。始終莫易，

11. 故謂之常。〔註31〕法者，五經，顯治道之得失，明人倫之是非，可為軌用，

12. 釋為法〔註32〕也。多羅五義，略舉二〔註33〕條。一謂涌泉，二稱繩〔註34〕墨〔註35〕。涌泉注而

13. 无竭，此義可以自常。繩〔註36〕墨〔註37〕則辯〔註38〕定正耶〔註39〕，茲義又當其法，此則兩

14. 言一會，內外寞扶〔註40〕也。卷謂卷舒，文无二軸，稱之為一〔註41〕。故言〔註42〕《仏説法

15. 句〔註43〕經》一卷也。□□〔註44〕自下釋文，大判有三。初明序分。「仏告寶明」

16. 〔前缺，依 P.2325 號則缺 1 字：已〕〔下〕，次釋〔註45〕正宗。「尒〔註46〕

〔註29〕隋代吉藏撰《法華論疏》卷一釋「修多羅者凡有五義」稱：「一者顯示，謂顯示諸義故。二涌泉，謂義味無盡故。三出生，諸義出生故。四者繩墨，裁諸邪顯正故。破十病名曰裁邪，顯十種義所謂顯正。五者結鬘，貫穿諸佛法。」參見《法華論疏》（T1818），《大正藏》第 40 卷，第 786 頁第 2 欄第 23 行至第 3 欄第 3 行。

〔註30〕「常」，原文為重文符。

〔註31〕「始終莫易，故謂之常」，P.2325 號《法句經疏》無此八字。

〔註32〕「可為軌用，釋為法」，P.2325 號《法句經疏》無此七字。「軌」，古同「軌」。

〔註33〕「二」，P.2325 號《法句經疏》及《大正藏》誤作「六」。

〔註34〕「繩」，古同「繩」。

〔註35〕「墨」，原文為「墨」，古同「墨」。

〔註36〕「繩」，古同「繩」。

〔註37〕「墨」，原文為「墨」，古同「墨」。

〔註38〕「辯」，此處通「辨」。《大正藏》作「辨」。

〔註39〕「耶」，此處通「邪」。

〔註40〕「此則兩言一會，內外寞扶」，P.2325 號《法句經疏》無此十字。「寞」，古同「冥」。

〔註41〕「為一」，P.2325 號《法句經疏》第 42 行作「一也」。

〔註42〕「言」，P.2325 號《法句經疏》第 42 行作「云」。

〔註43〕「句」，形同「勾」，此處同「句」。

〔註44〕原文此處似空二格。

〔註45〕「釋」，P.2325 號《法句經疏》第 43 行作「辯」。《大正藏》作「辨」。

〔註46〕「尒」，古同「尔」。

時弥勒〔註47〕」已下，明流通分。大聖説經衣〔註48〕有由致，故先

17. 〔前缺，依 P.2325 號則缺 19 字：明序。序義既興，亘陳奧旨，次辯正宗。正法既宣，非〕〔唯獨〕益當〔後缺〕

〔註47〕「弥勒」，P.2325 號《法句經疏》第 43 行作「文殊」。

〔註48〕原文似為「衣」或「必」。P.2325 號《法句經疏》第 43 行作「衣」。此處通「亦」。《大正藏》誤作「之依」。